Das kulinarische Erbe der Schweiz
Miniaturen von Paul Imhof

Band 3

Band 3
Appenzell Ausserrhoden und Innerrhoden – Sankt Gallen –
Schaffhausen – Thurgau

Das kulinarische Erbe
der Schweiz

Miniaturen von Paul Imhof

Mit Bildern von
Hans-Jörg Walter, Markus Roost und Roland Hausheer

Echtzeit Verlag

Futterautomaten auf Bahnhöfen sind praktisch und informativ. Nur wenige öffentliche Installationen zeigen so unbeschönigt den Geschmack des Augenblicks wie sie. Das Angebot ist schlicht und entspricht vermutlich vor allem den Ansprüchen des Wochenendes. Dabei kann man sich heute kaum mehr vorstellen, dass einmal Bierdosen, Zigarettenschachteln und Früchte in die Fächer eingefüllt wurden, und früher hätte man sich in seinen kühnsten Träumen nicht auszumalen gewagt, sich dereinst per Münzeinwurf mit Kondomen, Schwangerschaftstests oder Jointpapierchen eindecken zu können.

Wer nun denkt, dass solche Automaten weiter nichts als Kleinkioske ohne Personal seien, täuscht sich. Sie bieten weit mehr, sie zeigen die Richtung an, sie sind Bedürfnis-Indikatoren, gepusht von der Lebensmittelindustrie. Wochenlang prangte auf diesen blechernen Zeitgeistspendern eine Gleichung von überragender Gerechtigkeit: «Finde Deinen Snack, finde Deinen Style.» Gemeint waren aromatisierte Knusperchen mit Speck-, Zwiebel- und weiteren Würznoten. Magenstopfer, die wenig kosten. Diesen «Style» kann sich auch ein armer Schlucker leisten.

Angesichts solch abstruser Sprüche wirkt es ziemlich merkwürdig, von einem kulinarischen Erbe zu sprechen – es tritt auf wie ein anachronistisches Melodram um Grossmütter, die bei Kerzenlicht mit der Kelle Butter schaumig schlagen. Im digitalen Einerlei der Moden und «Styles» stehen die Omamas kaum verkehrter in der Landschaft als Köche, die im Werbespot für ein Schokoladeunternehmen in Zeitlupe von Hand Pralinen füllen.

Vor gut einem Jahrzehnt war dieses kulinarische Erbe ein Sammelsurium an Rezepten und Erinnerungen, das nirgends in kompakter Form erfasst worden war. Heute mutet dieses Manko fahrlässig an, ja bizarr. Das ganze System von Regierung und Verwaltung hat alles Mögliche vermessen, gewogen und archiviert, von der Pfahlbausiedlung über Steuererklärungen, von Denkmälern bis zum Flugstrassennetz, hat Gebote und Verbote geschaffen, um das tägliche Leben zu organisieren – aber an das enorme Wissen über Essen und

Trinken, das hier während Jahrhunderten angehäuft wurde, hat man, abgesehen von Streitereien über landwirtschaftliches Planwirtschaften, kaum einen substanziellen Gedanken verloren. Eigentlich unfassbar. Was gibt es Wichtigeres als Ernährung? Nur gut gefütterte Snobs und Ignoranten können Essen und Trinken mit Verachtung begegnen. Die Banalität der Erkenntnis, dass der Mensch nicht leben kann, wenn er seinem Körper den Treibstoff verweigert, dürfte der Grund sein, warum in der Schweiz so spät begonnen wurde, ein Inventar des kulinarischen Erbes zu erstellen.

Der Waadtländer Abgeordnete Josef Zisyadis gab 2000 im Nationalrat den Anstoss, der Bund übernahm das Postulat und überwies es ans Bundesamt für Landwirtschaft, das 2004 den Verein Kulinarisches Erbe der Schweiz gründen liess; dieser engagierte eine Equipe, die bis Ende 2008 das Inventar mit rund 400 ausführlich beschriebenen Produkten realisierte. Ein Anfang.

«Das Geschick der Nationen hängt von ihrer Nahrung ab», schrieb Europas Ikone der gepflegten Tafel, der Franzose Jean Anthelme Brillat-Savarin 1825 in seinem Werk *Physiologie des Geschmacks*. Umgekehrt lässt sich sagen, dass die Nahrung nicht von den Nationen abhängt, sie ist universell, sie lässt sich nicht in politische Grenzen einpacken wie in eine Tragtasche. Besiedlung ist ein komplexer Prozess, eine Entwicklung, die sich über Jahrtausende hinzieht. Funde führen auch in der Schweiz weit zurück, in ein Land ohne Landesgrenzen. «Vollkornbrötchen aus Sauerteig sind seit circa 3600 Jahren nachgewiesen», steht im *Historischen Lexikon der Schweiz*. «Der Wintervorrat bestand aus Getreide, Dörrfrüchten (vor allem Äpfeln) und dem Fleisch von im Herbst geschlachteten Haustieren, das möglicherweise geräuchert wurde.»

Zeit seiner ersten Schritte beherrschte die Nahrung die Verrichtungen des Menschen, sie trieb Europäer in neue Welten, liess sich verfeinern und bereichern. Erst gegen Ende des 20. Jahrhunderts begann eine Art Zerfall, das tägliche Brot war so selbstverständlich geworden, dass es seine ideelle Bedeutung verlor.

Fabriken spucken Essen aus. Im Dickicht der E-Nummern und der Notwendigkeit von Inhaltsdeklarationen als vertrauensbildendes Entgegenkommen sind die Ursprünge wichtiger denn je. Die Leistungen jener Menschen, die den Boden des guten Essens als Erste beackert haben: Bäuerinnen, Mägde und später Köchinnen. Sie gaben ihr Wissen mündlich weiter. Die Römer, die Europa nördlich der Alpen entwickelt hatten, und später Mönche, die das Erbe der Römer fortführten, notierten ihre Erkenntnisse. So reichen die ältesten Produkte wie Lebkuchen in die Klöster zurück, aber nicht in die Bauernküchen. Im Kloster St. Gallen werden die *Benedictiones ad mensas* aufbewahrt, Segenssprüche, die der Mönch Ekkehart IV. um das Jahr 1000 geschrieben hat: Der älteste Text in der Schweiz, auf dem detailliert Nahrungsmittel aufgeführt werden.

Im dritten Band der Reihe «Das kulinarische Erbe der Schweiz» führen die Wege in die Ostschweiz, in drei Kantone, die auf ihren nördlichen und östlichen Seiten von den Wassern des Rheins gestreift werden. Nur die beiden Appenzell liegen etwas abseits, dafür erhöht und mit den schönsten Aussichten auf Rheintal und Bodensee. Band 1 enthält 84 Einträge, Band 2 weitere 96 und in Band 3 folgen Appenzell Ausser- und Innerrhoden, Sankt Gallen, Schaffhausen und Thurgau mit 64 Produkten von nationaler Bedeutung wie Honig, Landjäger und Most bis zu lokalen Spezialitäten wie *Surchäs, Schwinigi Stöckli* oder *Schlaatemer Rickli*.

Das kulinarische Erbe ist nicht Auswurf eines verschrobenen Nationalismus, keine Hitparade essbarer Kreationen – die wenigsten Lebensmittel sind «erfunden» worden. Sondern Ausdruck von Identität, von Verwurzelung in der Familie, im Gemeinwesen, im persönlichen Erleben. Die Produkte sind aus dem täglichen Bedarf erwachsen, aus den Vorgaben von Topografie und Klima, aus sozialem Austausch wie Korrespondenz und Reisen – automatische Lebensmittelspender auf Bahnhöfen sind heute so kommun wie einst die *Table d'hôte* in einer Sust.

Das überlieferte Wissen vom Essen und Trinken ist in der Kleinräumigkeit entstanden. Dort gedeiht Identität. Ein charakteristisches Beispiel ist das Appenzellerland mit seinen Bräuchen und Produkten. Es war ein langer Weg von den *Benedictiones* zu den Lebensmittelautomaten, von einer geschlossenen Gesellschaft hinter gesegneten Mauern zum demokratisierten Industrieprodukt im öffentlichen Raum.

Das kulinarische Erbe der Schweiz ist ein laufender Prozess. Es wächst und gedeiht. Es hört nie auf.

Zum Buch: Die Texte in diesem Buch basieren auf den Ergebnissen des Inventars des kulinarischen Erbes der Schweiz. Das Inventar beschreibt Nahrungsmittel, die für die Menschen einer Region, eines Kantons oder der ganzen Schweiz wichtig sind, mindestens eine Generation weitergegeben wurden (seit minimal 40 Jahren) und die immer noch produziert und konsumiert werden. Das Inventar wurde im Auftrag des Bundes von einer Equipe von 2005 bis 2008 erstellt und ist auf dem Internet einsehbar unter www.kulinarischeserbe.ch; dort sind auch zahlreiche Quellenangaben zu finden.

Der Autor hat weitere Quellen und Material aus seinem Archiv genutzt sowie eigene Recherchen und persönliche Erfahrungen eingebaut.

Das Inventar ist nach Produktekategorien geordnet. Im vorliegenden Buch sind die Produkte nach ihrer Herkunft verteilt und in den entsprechenden Kantonen unter den Kategorien gelistet. Kantonale Herkunft lässt sich nicht immer präzise bestimmen, im ganzen Inventar gibt es gut 90 Produkte, die national oder überregional bekannt sind, etwa in den Sprachregionen. Solche Produkte hat der Autor nach verschiedenen Kriterien Kantonen zugeordnet: nach ersten Erwähnungen, nach Produktionsgebieten, nach besonderen Aspekten oder um den einen oder anderen Kanton kulinarisch etwas aufzurüsten.

Appenzell Ausserrhoden und Innerrhoden: «Öserig ond frönt» — 9 bis 68

St. Gallen: Das Bürli und die Diva — 69 bis 134

Schaffhausen: Im Geist des Terroirs — 135 bis 159

Thurgau: Ein Sinn fürs Unaufgeregte — 161 bis 210

✳

Register und Verzeichnisse — 211

«Öserig ond frönt»

Fleisch- und Wurstwaren: Appenzeller Mostbröckli *(Seite 12)*,
Appenzeller Pantli *(Seite 18)*, Appenzeller Siedwurst *(Seite 20)*,
Schwinigi Stöckli *(Seite 22)*

✳

Käse- und Milchprodukte: Appenzeller Käse *(Seite 25)*, Molke *(Seite 30)*,
Schlipfechäs *(Seite 33)*, Schwägalpkäse *(Seite 35)*

✳

Konditorei- und Backwaren: Agathabrot *(Seite 36)*,
Appenzeller Biber und Biberli *(Seite 38)*, Biberfladen *(Seite 44)*, Bröötis *(Seite 48)*,
Landsgmendchrempfli *(Seite 51)*, Hosenknöpfe *(Seite 54)*,
Leckerli *(Seite 55)*, Motschelle *(Seite 57)*, Zimtfladen *(Seite 59)*

✳

Süss- und Confiseriewaren: Appenzeller Nidelzeltli *(Seite 61)*

✳

Getränke: Appenzeller Alpenbitter *(Seite 65)*

Keine Ecke der Schweiz zieht so stark die verklärten Sehnsüchte nach
den guten alten Zeiten an wie das Appenzellerland. Zäuerli, Hackbrett
und Mutterwitz. Mit dieser Insel der Seligen lässt sich's ganz im Sinne Jean-Jacques Rousseaus «in den Reizen der Natur berauschen und
sich in einem Schweigen sammeln, das nur vom Schrei der Adler, dem
zeitweiligen Gezwitscher einiger Vögel und dem Rauschen der Bäche,
die vom Berge herabstürzen, unterbrochen wird». Die Hymne galt
zwar der St. Petersinsel, die Begeisterung indessen dem unverdorbe-
nen Sein in der Natur (1782).

«Das Appenzellerland ist eine Welt für sich», erfährt man im
Reiseführer *Schweizerische Alpenposten,* publiziert 1952 von der PTT
in Bern. «Alle Wunder der Schöpfung, die anderswo meilenweit auseinander liegen, sind hier auf engem Raum vereinigt: grüne, mit
dunklen Tannenwäldern gekrönte Hügel, saftige Matten, tiefe To-
bel, stotzige Felswände, klarblaue Alpenseelein, ewiger Schnee.»

Eine Schweiz im Kleinformat? Etwas gar idealisiert. Rasch
kommt der Hinweis, dass beide Appenzell explizit zwei verschiedene

GITZIPACHES

ZICKLEIN NACH APPENZELLER ART

Arbeitsaufwand: 40 Minuten
Ruhezeit: einige Stunden
Kochzeit: 50 Minuten

Für 4 Personen
250 g Weissmehl
4 dl Milch
1 TL Salz, schwarzer Pfeffer
1 Prise Muskat
1 EL flüssige, lauwarme
  Butter
4 Eier
1 kg Gitzifleisch (Schulter
  oder Hals)
2 l Wasser
3 dl trockener Weisswein
1 gespickte Zwiebel
1 mittelgrosser Lauch-
  stängel
2 Rüebli
1 kleines Stück Sellerie
2 EL Mehl
1 Zitrone

Das Mehl in eine Schüssel geben, eine Vertiefung formen und mit der gewürzten Milch von der Mitte aus zu einem Teig rühren. Die Butter zufügen und einige Stunden ruhen lassen. — Zuletzt die verquirlten Eier beigeben. — Das Fleisch in Würfel schneiden und würzen. — Wasser mit Weisswein, gespickter Zwiebel, Lauchstängel, Rüebli und Sellerie aufkochen. Die Fleischstücke hineingeben und 50 Minuten bei mittlerer Hitze kochen. — Abgiessen und abkühlen lassen. — Die Fleischwürfel zuerst im Mehl, dann im Ausbackteig wenden und im heissen Öl bei 180 °C schwimmend ausbacken. — Mit Zitronenschnitzen garniert anrichten.

Gebilde seien, mögen sie noch so bescheiden an Fläche und Einwohnerzahl auftreten. In dieser Gegend zählt Mass, nicht Masse. Eine merkwürdige Mischung aus Selbstgewissheit und Widerborstigkeit ist bislang mit allen Fährnissen fertig geworden, die sich gestellt haben: den Fürstabt aus St. Gallen vertrieben, die Österreicher abgewehrt und sich selber, am Glauben in zwei Bekenntnisse zerbrochen, 1597 pragmatisch getrennt – 84 Jahre nach dem Beitritt zur Eidgenossenschaft. Daran hat sich nichts geändert: zwei Hälften bilden in Bern einen ganzen Stand, zu Hause aber pocht jede für sich auf ihre Republik. So erinnert sich ein Zeitgenosse aus Hundwil, wie ihn seine Mutter zurückpfiff, als er zu weit weg vom Haus in der Matte nahe Innerrhoden spielte: «Pass auf, die Kantonsgrenze!»

Die Abgeschiedenheit, einst der Grund für die relativ späte Besiedlung des Gebiets am Alpstein, hat dem Land Zeit und Raum geboten, Eigenständigkeit zu bilden und zu wahren. Vor allem Innerrhoden, das auf der einen Seite vom Säntis begrenzt und auf der andern von Ausserrhoden gegen St. Gallen abgeschottet wird. Das Brauchtum hat sich da länger gehalten als anderswo, stärker auch als in Ausserrhoden, das zumindest während einer Epoche dank der Textilindustrie den Blick nach aussen forciert hat. Tourismus drängt nach Innerrhoden, das deshalb einem gewissen Imagedruck ausgeliefert ist.

Ausdruck geordneten Eigenlebens sind einige Produkte, die im Rhythmus kalendarischer Etappen die Tische bereichern wie *Bröötis,* Motschellen oder *Schwinigi Stöckli*. Mit anderen Spezialitäten haben die Appenzeller die Schweiz erobert – so umfassend, dass sie nun um die Verlässlichkeit der Herkunft kämpfen müssen, insbesondere beim Mostbröckli.

Es ist müssig zu fragen, wie lange sich diese ausgeprägten Züge im *Hämetli* oder *Heemetli* im Zeitalter von digitaler Vernetzung noch halten werden – sie behaupten sich allein schon in der Schweiz respektabel, so dass sich Träumereien von guten alten Zeiten, die im Rest des Landes mit Bauermalerei, gelben Trachtenhosen und Silvesterchläusen verbunden werden, einleuchtend begründen lassen. Auch dank der Mundart, vorgetragen in beneidenswertem Selbstverständnis. Als ein Bub gefragt wurde, wie viele Sprachen in der Schweiz gesprochen würden, erklärte er knapp und klar: *«Zwee, öserig ond frönt».*

Appenzeller Mostbröckli

Gepökeltes, geräuchertes und getrocknetes Stück Rind- oder Kuhfleisch *(Abbildung Seite 16)*.

Würde man das würzige Stück mit der feinen Säure nur Mostbröckli nennen, die geografische Deklaration «Appenzeller» also weglassen, wäre die ganze Diskussion um die Identität der Herkunft keine Zeile wert. Doch es heisst nun einmal «Appenzeller Mostbröckli», und da klaffen Wahrnehmung und Wirklichkeit weit auseinander. Die Präsenz des Wortes «Appenzeller» überragt Fläche und Bevölkerung des Stammgebietes um eine Vielfaches, man denke nur an den Appenzeller Käse, der punkto Bekanntheit mit Emmentaler oder Gruyère auf gleicher Höhe steht. Es ist erstaunlich, dass ein so enges Gebiet eine so weitreichende Ausstrahlung hat, plakativ wie das satte Gelb der männlichen Trachtenhose.

Das Renommee des Appenzellerlandes stellt die Grösse seiner Fläche schwer in den Schatten. Dieses Ungleichgewicht führt zu Komplikationen, so beim Mostbröckli, das längst nicht mehr zu 100 Prozent sein kann, was drauf steht: «Appenzeller» – es sei denn, man bezeichnet mit dem Attribut «Appenzeller» allein die Veredelungsmethode, das Rohprodukt Fleisch exklusive. Nimmt man von beiden Hinterbeinen nur die Nuss, laut eines Experten der Idealfall, erhält man pro Tier gut fünf Kilo Fleisch; im Normalfall braucht man eher 20 Kilo. In einem Jahr gelangen um die 400 Tonnen Mostbröckli auf den Markt (2013), was 20 000 Tieren entspricht. Wo im Appenzellerland sollen die Platz finden – neben all den Milchkühen, Ziegen und andern Nutztieren, Einwohnern und Touristen?

Die 400 Tonnen produzieren ein gutes Dutzend Appenzeller Metzger und zwei Grossbetriebe im Kanton St. Gallen. Die beiden Grossbetriebe schaffen 90 Prozent; die Appenzeller Metzger zehn Prozent, und nicht einmal für sie reicht das originäre Appenzeller Vieh – also braucht es Tiere aus der ganzen Schweiz, gar (günstigeres) aus dem Ausland. Die Frage der Herkunft im Rahmen der komplexen, strittigen Swissness-Diskussion in den nationalen Parlamenten verhindert bis dato (Ende 2014), dass die drei Appenzeller Fleischwahrzeichen Mostbröckli, Pantli und Siedwurst das eidgenössische Label GGA (Geschützte Geografische Angabe) erhalten. Zu Recht, betonen jene, die eine möglichst facettenreiche originale Vielfalt höher einschätzen als die reine Masse; zu Unrecht, sagen jene, die vom Produkt ihren Lebensunterhalt bestreiten.

Von allen Konservierungsmethoden ist das Trocknen, kombiniert mit Salzen, die einfachste und die wirtschaftlichste. Wenn ein Stück Fleisch gegen die Hälfte seines Gewichts dank Wasserentzug durch Salzen und Trocknen verliert, lässt sich am Ende bei gleichbleibendem Gesamtgewicht fast die doppelte Menge an Substanz stapeln. Bei der Herstellung von Mostbröckli verliert ein Kilo frisches Rindfleisch 40 bis 45 Prozent seines Ausgangsgewichts, bei Bündnerfleisch und Walliser Trockenfleisch etwas mehr. Man kann das Fleisch allerdings nicht einfach an die frische Luft hängen und warten, bis es trocken ist. Der Metzger muss den Prozess gestalten – das Fleisch parieren, pökeln, würzen, eventuell räuchern – und begleiten: Die Oberfläche darf nicht zu rasch eintrocknen, sonst verschliesst sie sich zu einer luftdichten Kruste, worauf der Kern des Fleischstückes erstickt und verdirbt.

Trocknen und Salzen dürften auf der ganzen Welt die ältesten Konservierungsmethoden sein. Trotzdem kennt man das Mostbröckli aus Rindfleisch noch nicht sehr lange – es gilt als Nachfolgeprodukt von analog veredeltem Schweinefleisch. Die früheste bekannte Erwähnung findet sich in einem der Bände des Schweizerdeutschen Wörterbuchs *Idiotikon*. Im Jahr 1905 ist zu lesen, das Mostbröckli sei «ein exquisites Stück aus dem Rücken des Rindes, welches gedörrt als Leckerbissen zu Most genossen wird». Stammt der Most im Namen also vom Getränk als Begleitung? Die Nähe zu «Mostindien», dem Kanton Thurgau, lässt sich nicht von der Hand weisen, freilich liegen im Appenzellerland auch Weingebiete (um die vier Hektaren) wie auch in der näheren und weiteren Umgebung, speziell im Rheintal und am Bodensee. Oder eher vom (sauren) Most als Teil der Marinade? Säure macht Fasern mürbe, eine Notwendigkeit bei zähem Fleisch etwa von Kühen, und hemmt die Besiedlung durch Bakterien.

Rind war lange billiger als Schwein, weil man auch ausrangierte Milchkühe mit der passenden Methode zu Delikatessen verarbeiten konnte – wie im Jura, wo Rind- und Kuhfleisch auf eine fast identische Art und Weise wie Mostbröckli konserviert wird *(Braisi, Band 2)*.

Aus der Sicht von Kosumentinnen und Konsumenten im 21. Jahrhundert mutet es seltsam an, dass bei einem Verarbeitungsprozess das Rind dem Schwein folgt. Schwein und Huhn waren noch nie so billig wie jetzt, in den 2000er-, 2010er-Jahren. Früher war es umgekehrt: Noch in den 1960er-Jahren schob die Grossmutter die Poularde nur sonntags in den Ofen oder bestenfalls zum Festmahl. Poulet war teuer. Und Schweinezucht mit Massentierhaltung wie heute gab es damals nicht, im Gegenteil, wie der Historiker François de Capitani in seinem Buch *Festliches Essen und Trinken im alten Bern* festhielt: «Beim Fleisch ist meist von Kalb- oder Schaffleisch die Rede. Rindfleisch war selten. [...] Schweinefleisch war teurer als das Kalbfleisch, wurde meist geräuchert, und die unproblematische Zubereitung des gesalzenen und geräucherten Fleisches hat kaum Niederschlag in den Kochbüchern gefunden.»

Was für die mächtige Republik Bern im *Ancien Régime* galt, dürfte auch kleinere Gebiete wie das Appenzell beschäftigt haben. Das Schwein konkurriert mit seinem Nahrungsspektrum dem Menschen, deshalb wurde die Saumast vor allem im Winter zum Problem, auch wenn man einst nur zwei, drei Tiere durchfüttern musste. Im Appenzellerland dominierte die Viehhaltung lange die Wirtschaft; Getreideanbau wurde schon früh zugunsten der Bedürfnisse des Rindviehs aufgegeben, von dessen Milch und Fleisch man lebte. «Die auf Vieh- und Milchwirtschaft ausgerichtete, auf kleinen und mittleren Gütern betriebene Landwirtschaft Innerrhodens verharrte bis in die 1930er-Jahre in der eigenwilligen Produktionsweise, die auf einer Arbeitsteilung zwischen Bauern und Sennen beruhte. [...] Bis zur Einführung der Milchsammelstellen in den 1930er-Jahren wurden die Produkte von Gremplern abgesetzt, meist auf regionalen Märkten. Der Käse wurde auch ins Ausland exportiert. Neben der Milchwirtschaft nahm die Viehzucht eine wichtige Stellung ein» *(Historisches Lexikon der Schweiz, HLS)*. Erst mit dem Aufkommen der Dorfkäsereien (in AR), die eine Verkäsung der Milch während des ganzen Jahres ermöglichten und mit der anfallenden Sirte (Molke, Schotte) neue Schweinenahrung lieferten, wandelte sich die Schweinehaltung vom Luxus zum normalen, alltäglichen Erwerb.

Für das Mostbröckli pariert der Metzger Fleisch vom Stotzen (Hinterbein), vorzugsweise Nuss, entfernt Sehnen und Fett und portioniert es. Früher wogen die Stücke um die 150 Gramm, heute sind sie manchmal schwerer als ein Kilo. Die Stücke werden mit einer Salz-Pökelstoff-Gewürzmischung eingerieben und möglichst dicht in Standen geschichtet; Standen sind Behälter wie Zuber und können aus unterschiedlichem Material sein wie Holz, Steingut oder mit Glas beschichteter Beton. Jeder Metzger verarbeitet seine eigene Gewürzmischung, die Pfeffer, Lorbeer, Wacholder, Knoblauch, Ingwer, Piment sowie Most oder Wein enthalten kann. Die eingeschichteten Stücke werden bedeckt und mit Gewicht beschwert, so dass der Saft austreten und als Eigenlake wirken kann. Dieser Prozess dauert gut vier Wochen; die Stücke werden regelmässig umgeschichtet.

Mit einem Vakuumtumbler kann der Metzger (insbesondere im Grossbetrieb) den Vorgang beschleunigen. Im Tumbler massieren sich die purzelnden Stücke gegenseitig die Salz-Pökel-Würzmischung ins Fleisch. Ausserdem wird der Saft, den das Salz dem Fleisch entzieht, durch die Bewegungen schleimig-leimig, also bindiger, denn im Saft reichert sich Eiweiss an. Bei geschlossenem Deckel (30 bis 48 Stunden) saugt man dann die Luft temporär aus dem Tumbler, der Unterdruck presst das Fleisch zusammen und den Pökelsaft hinein.

Nach der Pökelung hängt man die Stücke ein paar Stunden auf, lässt den Saft abtropfen und das Fleisch ein bis vier Tage gekühlt ruhen. Anschliessend wird es geräuchert (bis 40 Grad Celsius) und getrocknet. Nach rund fünf Wochen kann man das im Kern weiche Mostbröckli anschneiden. Es wird in dünnen Tranchen an Apéros gereicht, mit Brot, Wein oder Most gegessen. Das Appenzeller Filet ist ein Schweinsfilet, gefüllt mit einer Farce aus dünn geschnittenen Mostbröckli, Karotten, Sellerie, Lauch und Käse; Mostbröcklitranchen ersetzen den Speck beim Fleischvogel *(Band 2)* und kleiden ihn als Appenzeller Fleischvogel ein.

Das Mostbröckli ist in der ganzen Schweiz bekannt geworden, nachdem die Grossverteiler in den 1960er-Jahre das delikate Stück in ihr Sortiment aufgenommen hatten.

— *Siehe auch: Braisi (Band 2), Bündnerfleisch (Band 4), Walliser Trockenfleisch (Band 5).*

ppenzeller Pantli *(Seite 18)*, Molke *(Seite 30)*, Appenzeller Mostbröckli *(Seite 12)*

Appenzeller Pantli

Geräucherte oder luftgetrocknete, kantige Rohwurst aus Rind- und Schweinefleisch *(Abbildung Seite 16)*.

Pantli – ein seltsamer Name für eine Wurst, wenn auch nicht merkwürdiger als etwa «Cervelat« oder «Salsiz». Einträge im Schweizerdeutschen Wörterbuch *Idiotikon* weisen auf die Form als Ursprung hin. *Bantli* oder *Pantli* ist ziemlich breit angelegt, schweizweit auch in unterschiedlicher Bedeutung: vom männlichen Personennamen (St. Pantaleon, griechischer Arzt und Märtyrer, enthauptet anno 307) bis zum Hundenamen bzw. Synonym für Stier, von der Vogelscheuche zur «dicken Strohpuppe, die in der Fastnachtzeit begraben wird», hin zur «Weibsperson von unordentlichem, unreinlichem Äussern», kurz «ein sehr grosses, dickes, plumpes Ding in seiner Art», ausserdem «so auch als Bezeichnung einer etwa ein Pfund schweren, dicken und ziemlich langen Knackwurst». Das «Zürcher Tagblatt» erklärt 1892 den Pantli als «Appenzeller Landjäger». Weitere Bedeutungen sind «einfältiger Kerl, grober, ungeschliffener Mensch, hartköpfiger, stöckischer Junge, Kind» und, *last, but not least,* «uneheliches Kind». Nicht zu vergessen Familiennamen: Benteli, die älteste Benennung, geht auf 1390 zurück.

Man könnte jetzt lange darüber spekulieren, wo am Ende der Bezug zur Wurst zu finden wäre – wohl am ehesten in der Bedeutung als Form. Unhandlich, gar «plump» sind Pantli in heutiger Ausführung zwar nicht, und wie weit man «dick» fassen möchte, ist eine Frage der Perspektive. Doch früher hat man vermutlich weniger aufs Äussere geschaut als heute, da die straffe Form der Wurst auch der Platzersparnis dient. Fotos von einer Gewerbeausstellung Ende des 19. Jahrhunderts zeigen, dass der Pantli über 100 Jahre alt ist. Doch man kann durchaus annehmen, dass diese Art Wurst – gekörntes, gewürztes Fleisch in Darm verpackt, durch Trocknen und/oder Räuchern haltbar gemacht – eine alte Konservierungsmethode ist. Ob sie von Anfang an Pantli hiess, spielt keine Rolle.

Interessant ist der Zusammenhang mit dem Mostbröckli, denn für den Pantli (wie auch für Siedwürste) verwendet man Reste und Abschnitte von den edlen Stücken, die zu Mostbröckli verarbeitet werden. Weil die Schweinezucht im Appenzellischen bis Anfang des 20. Jahrhunderts eine untergeordnete Rolle spielte, das Schweinefleisch indessen begehrt und teuer war, versuchten die Metzger, den gewünschten Geschmack auch mit Rind und Kuh zu erreichen – unterstützt von etwas Schweinefleisch, Speck vor allem, denn ohne Fett kein richtiger Geschmack. In seinem Buch *Alles ist Wurst* zitiert Fritz von Gunten aus einer Umfrage des Metzgermeisterverbandes Appenzellerland: «Gemäss einer Viehzählung von 1876 hielten die Innerrhoder Bauern damals neben 8000 Stück Rindvieh und 4000 Ziegen nur gerade 3500 Schweine», und fährt weiter: «Was also lag näher, als die besten Rindfleischstücke so zu veredeln, dass sie im Geschmack nahe an eine gute Qualität vom ‹gräuchte Schwinis› herankommen? Damit konnte auch der Preis dem teureren Schweinefleisch angeglichen werden.»

Die Zusammensetzung aus Kuh- und Schweinefleisch, die Grösse der Körnung sowie die Gewürzmischung – vor allem die Proportionen von Knoblauch, Kümmel und Wein – variieren nach Metzger. Laut Schweizer Fleischfachverband setzt sich die Masse aus 50 Prozent Kuhfleisch, 25 Prozent Schweinefleisch und 25 Prozent Rückenspeck zusammen. Das Fleisch wird bei einer Körnung von drei bis vier Millimeter gescheffelt, mit Kochsalz, Nitritpökelsalz, Pfeffer, Kümmel und Knoblauch(pulver) vermischt, in Rindskranz- oder Kunstdärme gefüllt, kantig gepresst und bei 15 bis 20 Grad kalt geräuchert. Nimmt man frischen Knoblauch, geht man die Gefahr der Fermentierung ein. Zum Formen schichtet man die noch runden Würste in engen, dichten Lagen in die Rohwurstpresse und drückt sie drei bis zehn Tage lange zusammen. Nachher hängt man die Würste auf zum Trocknen und gibt immer wieder etwas Rauch dazu. Pantlis werden von gut 20 gewerblichen (zusammen 54 Tonnen Pantli, 2005) wie zwei industriellen Metzgereien (zusammen 48 Tonnen, 2005) produziert, deshalb gibt es deutliche geschmackliche Unterschiede und dauert die Herstellung vier Tage bis zwei Wochen. Der Pantli wiegt 80 bis 400 Gramm je nach Länge von 30 bis 50 Zentimetern.

Der Klübler oder Klüpler ist der kleinere Bruder des Pantlis; nur etwa halb so gross und schwer, dafür mit Rind- statt Kuhfleisch. Wie bei andern Appenzeller Fleischspezialitäten auch, reicht das

Produktionsgebiet über die beiden Appenzell hinaus ins angrenzende Sankt-Gallische, wo sich die Grossmetzgereien befinden. Eine natürliche Grenze bildet der Alpstein.

Pantli isst man kalt mit Brot, Salat und Saft (Saurer Most, Apfelwein). Natürlich passen auch Wein und Bier bestens.

— *Siehe auch: Landjäger, Seite 171.*

Appenzeller Siedwurst

Helle Brühwurst aus feinem Brät von Rind- und Schweinefleisch mit Knoblauch und Kümmel.

Bei der Appenzeller Siedwurst muss der Gast die Ohren spitzen, wenn er aus der Benennung der Wurst ihren genauen Ursprung heraushören will: Ausserrhodisch heisst sie *Südwoescht,* innerrhodisch *Südwooscht.* Hat man die akustischen Nuancen einmal verinnerlicht, weiss man sofort, in welchem Halbkanton Aktivurlauber eine eigene Wurst fabrizieren können, wenn Appenzellerland Tourismus einen Kurs unter dem Titel «*Wooschte säät me bi ös*» anbietet.

Die Siedwurst mit ihrem fein geblitzten Brät lässt sich nicht ins Mittelalter zurückverfolgen, aber mit Sicherheit ins 19. Jahrhundert, zusammen mit Mostbröckli und Pantli. Dieses «Dreigestirn der Fleischspezialitäten dokumentiert das Geschick der einheimischen Fleischhandwerker, durch Trocknen, Räuchern und Wursten das Fleisch zu konservieren und zu veredeln», schreibt Andreas Heller, selber ein Ostschweizer, in seiner schweizerischen Metzgergeografie *Um die Wurst.*

Die Siedwurst gehört ausserdem zum Viergestirn der ostschweizerischen Feinstbrätwürste, der Königinnen des hellen, also nicht mit Pökelsalz geröteten Bräts, zusammen mit der St. Galler Kalbsbratwurst, der Glarner Kalberwurst und dem Glarner Schüblig. Nur zwei von diesen Würsten, die St. Galler Kalbsbratwurst mit Olma- und Kinderfest-Varianten sowie die Kalberwurst, haben das GGA-Siegel (Geschützte Geografische Angabe) erhalten, während die Siedwurst im Verbund mit dem Appenzeller Dreigestirn seit

2003 auf der Wartebank schmort (2014). Dies deshalb, weil die Metzger, insbesondere die Grossbetriebe, auch auf Fleisch ausländischer Provenienz angewiesen sind.

Noch in den 1980er-Jahren nannte man die Siedwurst mancherorts einfach Rinderwurst. Die früheste schriftliche Erwähnung stammt aus einem Brief von 1873. Darin steht, dass im Appenzellerland gedörrte Rinderdärme als Wursthüllen verwendet wurden. Im *Idiotikon* tauchen Rinderwürste im Jahr 1924 auf; die *Oekonomische Encyklopädie* von Krünitz (erstellt 1773–1858) beschreibt eine deutsche Rinderwurst, die eher der einstigen bündnerischen Variante ähnelt, einer Geschlinge- oder Kaldaunenwurst aus Innereien *(Dicziunari Rumantsch)*. Mittlerweile hat die Appenzeller Siedwurst die Bündner Konkurrentin kolonisiert, so dass man nun auch dort eine Siedwurst kennt. Entscheidend für die Siedwurst war wie bei allen Würsten mit Feinbrät die technische Entwicklung im 19. Jahrhundert.

In den 1830er-Jahren wurde der Fleischwolf erfunden, durch dessen gelochte Scheiben man mit Kurbeldruck das Fleisch dreht (scheffelt); vorher gab es Entwicklungsschritte wie das zweifache Wiegemesser, später das riemenbetriebene Wiegegatter: Ein Block von sechs, sieben nebeneinander montierten Wiegemessern (Gatter) zerkleinerte, angetrieben durch Dampfkraft, auf einer runden Fläche das Fleisch. Damit liess sich sehr feinkörniges Brät herstellen, aber noch keine emulsionsartige Masse. Dies wurde erst möglich, nachdem der Cutter oder Blitz entwickelt worden war, eine Art Riesenmixer, der mit scharfen Messern das Fleisch hochtourig zerschneidet, seine Zellmembranen zerschlägt und es in eine teigige Emulsion verwandelt. Der erste elektrisch betriebene Blitz mit etwa 1000 Touren Leistung kam wie der Haushaltsmixer in den 1930er-Jahren auf; leistungsstärkere Versionen gab es nach dem Zweiten Weltkrieg. Wie das Blitzen funktioniert, kann man selber ausprobieren: Eiskaltes Hühnerfleisch mit etwas Rahm in den Haushaltscutter geben und würzen, dann mixen, bis es sich in eine feine Paste ohne spür- und sichtbare Körnung verwandelt hat. Mit dem Löffel *Quenelles* formen und in Gemüsebrühe oder *Bouillon de volaille* garen.

Die Siedwurst blieb eine lokale, regionale Spezialität, solange der Kühlschrank nicht flächendeckend verbreitet war. Ab Mitte des 20. Jahrhunderts waren immer mehr Haushalte mit Kühlschränken ausgestattet, verderbliche Lebensmittel wie Würste liessen sich ein paar Tage aufbewahren. So fand auch die Siedwurst ein gewisses Renommee und erhielt, der Herkunft Präzisierung zollend, den Beinamen «Appenzeller».

In den Blitz füllt der Metzger Muskelfleisch von Rind, Schwein und manchmal Kalb sowie Schweinespeck; gewürzt wird mit Kochsalz, Zwiebel, Knoblauch, Kümmel und Pfeffer. Je nach Produktionsstil und Tourenzahl des Cutters gibt der Metzger auch Eiswasser dazu, um zu verhindern, dass die Fleischmasse zu heiss wird und die Proteine «verbrennen». Die geblitze Masse stösst man in gedörrte, aufgeweichte Rinderdärme und verschliesst die Zipfel mit Hölzchen oder Metallclips.

Die Würste kann man grün (roh), gewellt oder pasteurisiert kaufen. Die Innerrhoder, die ihre *Südwooscht* mit *Chäsmaggerone* zwischen Brotsuppe und Zimtfladen an der Landsgemeinde und weiteren offiziellen Festlichkeiten geniessen, ziehen die gesottene Variante vor. Die Ausserrhoder, etwas risikofreudiger aufgestellt, die rohe, nicht bissfeste. In Rädchen schneiden kann man sie allerdings nicht. Wie soll man sie dann essen? Wie einen Brei, eine Paste? Beinahe. Der Tipp von Vreni Giger, Appenzellerin und Köchin des Jahres 2003 («Vreni Giger's Jägerhof», St. Gallen, 17 *Gault-Millau*-Punkte): frisches Brät aus der rohen *Südwoescht* auf ein Stück gebuttertes Schwarzbrot streichen, Zwiebelringe darauf verteilen, pfeffern.

— *Siehe auch: St. Galler Kalbsbratwurst, Seite 72; Glarner Kalberwurst, Glarner Schüblig (Band 4).*

Schwinigi Stöckli

Geräucherte, kotelettartige Stücke vom Schweinshals mit Speck und Knochen.

Noch vor einem halben Jahrhundert wäre kaum einem Menschen in den Sinn gekommen, das Schwein, *Sus scrofa domestica,* mit der Belobigung «Besser als sein Ruf» zu verteidigen. Schon gar nicht im Appenzellischen, wo das Borstentier bis ins 20. Jahrhundert fast schon eine Rarität war, jedenfalls kein Massenvieh. Der domestizierte Allesfresser rivalisierte mit den Menschen so stark um Nahrung, dass sie ihn nur in beschränktem Rahmen halten konnten. Eine Kuh liess sich vier, fünf Jahre oder länger melken, bevor sie als letzte Gabe auch noch ihr eigen Fleisch und Blut ablieferte. Das Schwein tritt nur einmal zum Zahltag an: am Schlachttag.

Bis es zum hochgezüchteten Massenprodukt aufstieg und dann als Fettmacher verschrien wurde und seinen guten Ruf verlor, galt es als Delikatesse, als Inbegriff von Fleisch. *Schwinigi Stöckli* sind ein prächtiges Beispiel dafür, sie sind pure Rosinenpickerei, denn die geräucherten Portionen vom Schweinshals, einer kurzen Körperpartie zwischen Kopf und Schulterblatt, ehren nicht nur das magere Fleisch, sondern auch den marmorierten Speck und das reine, feine Fett – das köstlichste «Bindemittel» neben Butter und Rahm, das die Aromen sammelt und speichert.

In seinem *Mundbuch* beschreibt Waverley Root das Schwein als Genuss, der in zahlreichen Nuancen und Facetten die Küchen bereichert: «In China bildete Schweinefleisch nicht eine, sondern zwei der acht Köstlichkeiten: Schweinefleisch und Schinken wurden extra aufgeführt. In den Abruzzen nennt man das Schwein andächtig das ‹Tier mit den dreizehnerlei Arten Fleisch›, doch Plinius der Ältere übertraf Chinesen und Italiener, als er in seiner *Naturalis historia* behauptete, 50 verschiedene Geschmacksrichtungen im Schweinefleisch feststellen zu können.»

Mit dem Römer Plinius kann das kulinarische Erbe der Schweiz nicht mithalten, aber es reicht dennoch für eine beeindruckende Auswahl: von Schinken wie Bauernschinken, *Jambon cuit dans l'asphalte*, *Jambon de la borne*, *Prosciutto crudo della Mesolcina* oder Bündner und Walliser Rohschinken; dann Speckvariationen vom weit verbreiteten Bauernspeck zu Spezialitäten wie *Lardo* und *Pancetta piana* oder *Lard sec du Valais*; weitere beliebte Teile wie *Füessli, Schnörrli, Öhrli, Schwänzli,* also Gnagi und *Oss in Bogia,* oder wieder richtige Fleischteile wie *Rippli* und *Schüfeli, Viandes fumées jurassiennes, Coppa*; und dann das Reich der Würste vom einfachen Schweinswürstchen über Bauernbratwurst bis zum Wonnebrocken *Boutefas,* von Blut- und Leberwurst, Schwartenwurst bis *Longeole* – alles zusammen eine würdige Entourage für *Schwinigi Stöckli.*

Das Schwein gilt von allen Tieren, die der Mensch sich gefügig gemacht hat, als das intelligenteste. Die heutigen Zuchtschweine stammen vom Wildschwein ab, von dem mehr als 20 Unterarten bekannt sind. Die ältesten Knochen von Schweinen in menschlicher Umgebung wurden in der südlichen Türkei gefunden; sie dürften rund 10 000 Jahre alt sein. Die Wildschweine sind relativ schlanke Tiere geblieben, hochbeinig, zäh und so schlau, dass sie Jäger und Bauern Jahr für Jahr zum Narren halten. So ist auch das Hausschwein während Jahrhunderten abgebildet worden: mit langem, flachem Nacken, geradem Rücken, schmalem Rüssel, kleinen, hochgestellten Ohren, langen Beinen. Das allgemeine Industrieschwein ist fast kugelrund, die Ohren hängen, der Nacken bildet eine Faltenlandschaft, der Kopf ist breit, der Rüssel kurz, die Beine zu knapp sichtbaren Trippelwarzen geschrumpft. Wie die Wildschweine gefügig gemacht wurden, darüber lässt sich spekulieren. Vermutlich wurden sie einfach mitgeführt, weil sie nichts kosteten und viel brachten: Als Allesfresser konnten sie sich selber ernähren – solange sie nicht über das Essen der Menschen herfielen. Mit der Zeit wurden sie gekreuzt, um mehr Fleisch auf die Knochen zu packen und sie den Lebensbedingungen in unterschiedlichen Klimazonen anzupassen. Vor allem in Britannien verstanden sich die Bauern früh aufs Schweinezüchten.

In Europa hielt man die Schweine in siedlungsnahen Wäldern, in China dagegen, wo von alters her am meisten Schweinefleisch verzehrt wird (Anfang 21. Jahrhundert gut 40 Prozent der globalen Schweineproduktion), dienten Schweine als Putzkolonnen. Sie verwandelten Abfälle, von verfaulten Äpfeln bis Exkrementen, in Protein. Auch in Europa frassen Schweine Strassen und Gassen sauber; mit der Installierung der Stadtreinigung wurden sie ausgemustert.

Durch die Rationalisierungen in der Landwirtschaft in den 1960er-Jahren wurde die Schweinezucht forciert und neuen Bedürfnissen angepasst. Das Fleisch sollte billiger werden, das Tier wurde zu einem Wirtschaftsfaktor. Heute enden die meisten Schweine auf der Welt nach etwa sechs Monaten auf der Schlachtbank, obschon sie gut und gerne 15 Jahre lang leben könnten. Das beste Fleisch stammt immer noch von Tieren, die wie im Mittelalter gehalten werden: im Freien, in Wäldern und Lichtungen, wo sie sich ein abwechslungsreiches Fressen zusammensuchen können.

Im Appenzellerland beschäftigte man sich bis in die 1930er-Jahre vor allem mit Kühen, Schweine hielt man nebenbei. Ihr Fleisch war ein Luxusprodukt, das man geräuchert am meisten schätzte. Im Normalfall ernährte sich eine Familie freilich eher von einem Kuhkopf, der Ende des 19. Jahrhunderts vier, fünf Franken kostete und zwei Wochen lang Fleisch und Suppe hergab.

Mitte des 19. Jahrhunderts überlegte sich der Urgrossvater des befragten Metzgers im Appenzeller Vorderland, das über dem Rheintal liegt, ob er mit den Abschnitten des Kotelettstrangs nicht etwas Besseres machen könne, als sie bloss zu verwursten. Er tranchierte die Reste wie Koteletts mitsamt Knochen und Fett, würzte die Stücke und hängte sie in den Kaltrauch (bis 25 Grad Celsius). Etwa ein Jahrhundert später war ein Gehilfe mit dem Kopf nicht bei der Sache und drehte die Temperatur in der Räucherkammer auf 100 Grad. Das Fleisch wurde heiss statt kalt geräuchert, seine Konsistenz folglich verändert – die *Schwinige Stöckli* waren weniger gummig als nach dem Kaltrauch, was ihnen ausgezeichnet bekam.

Heute portioniert der Metzger den Schweinehals in kotelettähnliche Stücke, bestreut sie mit Salz, Knoblauch und Gewürzen, stapelt sie im Kühlraum und lässt sie bei null bis zwei Grad vier bis zehn Tage ziehen. Dann werden sie etwa eine Stunde lang in 100 Grad heissem Buchenrauch gegart.

Schwinigi Stöckli geniesst man kalt mit Brot und Salat, Most oder Wein. Mit dem Fett – alles andere ist Sünde.

— *Siehe auch: Viandes fumées jurassiennes, Rippli und Schüfeli (Band 2).*

Appenzeller Käse

Halbhartkäse aus Rohmilch, gewaschen mit einer Kräutersulz.

Nur wenigen nichtfranzösischen Käsesorten gereicht es zur Ehre, im *Larousse gastronomique* Aufnahme zu finden. Der Appenzeller Käse hat es geschafft als eine der selektierten Schweizer Sorten, aufgeführt in der Liste der «*fromages étrangers*» und beschrieben in einem eigenen Eintrag als «*fruité sans être piquant*», fruchtig, ohne beissend-spitz zu schmecken. Dazu liefert der Klassiker der kulinarischen Enzyklopädien noch ein Rezept, «*une spécialité suisse, les chäshappen, spirales de pâte*» (siehe Rezept gegenüber). Joseph Favre, Walliser Koch und Autor in Paris, notierte zu *Fromage d'Appenzell* in seinem Werk *Dictionnaire universel de la cuisine pratique* (1894–1906): «In diesem Kanton wird eine reichlich unterschiedliche Anzahl Käse gemacht von der Gruyère-Imitation bis zum Ziger»; und Alan Davidson weist beim Appenzeller auf «*an exceptionally long history*» hin und schreibt: «Einige Autoritäten glauben, dass er bis ins 8. Jahrhundert zurückverfolgt werden kann» *(The Oxford Companion to Food)*.

Fragt sich, welcher Käse da gemeint sein könnte. Im 8. Jahrhundert begann vermutlich, so das *Historische Lexikon der Schweiz (HLS)*, «die alemannische Besiedlung des Appenzellerlandes». Sollten die Alemannen dort bereits Käse produziert haben, dann Sauerkäse, kaum den halbharten Appenzeller, wie wir ihn heute kennen. Das Käsen mit Lab ist im Appenzellerland seit dem 16. Jahrhundert bekannt. Zwar wandte man bereits in der Antike die Methode an, mit dem Enzym aus dem Kälbermagen die Milch zur Gerinnung zu bringen, doch mit dem Abgang der Römer verschwanden viele landwirtschaftliche Kenntnisse. Es kann allerdings durchaus sein, dass die Lab-Technik irgendwo und irgendwie überdauert hat, nur weiss man das nicht. Beim Sauerkäse trennt man die Feststoffe von der Flüssigkeit durch Beigabe von Säure oder man lässt die entrahmte Milch einfach scheiden *(Seite 86)*. Sauerkäse bietet nicht dieselbe Haltbarkeit wie kompaktere, süsslichere Labkäse (halbharte wie Appenzeller oder Tilsiter, harte wie Gruyère, extraharte wie Sbrinz).

Mit der Gründung der Pfarrei *abbatis cella* (Abtzelle) durch das Kloster St. Gallen 1069 begann das Hochland zwischen Bodensee und Alpstein als Siedlungsgebiet Konturen anzunehmen. Waldrodungen zugunsten von Weidegebieten sind aus dem 8. Jahrhundert bekannt. Ackerbau spielte in der coupierten Landschaft nie eine prägende Rolle. Noch heute gibt es, so die Sortenorganisation von Appenzeller Käse, «weit über 1000 Landwirtschaftsbetriebe im Appenzellerland. Fast 100 Prozent der bewirtschafteten Flächen sind Naturwiesen und Weiden für Viehzucht und Milchproduktion» *(www.appenzeller.ch)*. 1281 wird ein Käse aus dem Appenzellerland in einem

APPEZÖLLER CHÄSHAPPECH

GEBACKENE KÄSETEIGSPIRALEN

Den Käse in feine Scheibchen schnetzeln. — Die Milch erwärmen, den Käse zugeben und unter Rühren auflösen. Erkalten lassen. — Das Mehl in eine Schüssel sieben. Bier zufügen und gut verrühren. — Diesen Teig zur Käsemilch geben und die verquirlten Eier beifügen. Der Teig soll etwas dickflüssiger sein als gewöhnlicher Omelettenteig. Eine Stunde ruhen lassen. — Portionenweise durch einen Trichter schneckenförmig in die heisse Frittüre (170 °C) giessen. Hellgelb ausbacken.

Arbeitsaufwand: 30 Minuten
Ruhezeit: 1 Stunde
Backzeit: 2 Minuten

Für 4 Personen
300 g rässer Appenzeller Käse
4 dl Milch
500 g Mehl
1 TL Backpulver
3–4 dl Bier
8 Eier

Schriftstück des Klosters St. Gallen erwähnt. Die ersten Dokumente, die explizit auf den Appenzeller Käse Bezug nehmen, datieren erst aus dem 19. Jahrhundert. Vorher war Appenzeller Käse einfach Käse aus dem Appenzellischen, auch spielte die weitere Umgebung, etwa das Toggenburg, eine bedeutende Rolle bei der Geschmacksprägung. Der Appenzeller Käse von heute ist ein Marketing-Produkt. 1942, mitten im Zweiten Weltkrieg, wurden die Kräfte gebündelt, wurde die Geschäftsstelle für Appenzeller Käse gegründet, die heutige Sortenorganisation Appenzeller Käse. Durch regelmässige Degustationen versuchte man, den bestmöglichen Käse zu eruieren, legte sich auf eine Geschmackslinie fest und entwickelte daraus die drei Reifestufen «Classic» (mindestens drei Monate im Keller), «Surchoix» (vier bis fünf Monate) und «Extra» (garantiert sechs Monate); mit Abstand am gefragtesten ist Classic.

Die Gesetze des Marketings haben den Geschmack des Appenzeller Käses vereinheitlicht. Die 60 Käsereien (2014), die selbstständig und durchaus individuell arbeiten, markieren ihre Laibe zwar mit dem Käsepass, ihrer Identifikationsnummer, doch im Vertrieb werden ihre Werke zum anonymisierten Produkt; um die Herkunft erkennen zu können, müsste man schon einen ganzen Laib kaufen, und der wiegt sechs bis acht Kilo. Dieses stromlinienförmige Geschmacksspektrum sorgt für Diskussionen: nicht wenige Verehrerinnen und Verehrer des Ursprünglichen vermissen am Appenzeller Käse die aromatische Vielfalt, die einst sicher nuancenreicher war als heute. Doch die Marketingstrategie der Sortenorganisation hebelt die Kritik mit intelligenter, gewitzter Werbung aus.

Das Produktionsgebiet umfasst die beiden Appenzell sowie Teile der Kantone St. Gallen, insbesondere das Toggenburg, und Thurgau. Im Kanton Appenzell Innerrhoden wird kein Appenzeller Käse mehr produziert (2014), dafür Alpkäse. Ausserhalb der definierten Gebiete darf kein Appenzeller Käse hergestellt werden; er ist markenrechtlich geschützt, seit 2002 auch international. Laut Richtlinien dürfen die Transportwege der Milch zu den Käsereien höchstens 20 Kilometer messen; die Kühe dürfen kein Silofutter fressen.

Die teilentrahmte Milch wird im Kessi auf 31 Grad Celsius erwärmt, mit Lab und Milchsäurebakterien versetzt und auf 40 bis 42 Grad erhitzt (für Rohmilchkäse) oder auf 55 bis 68 Grad (thermisierte Milch). Die Milch gerinnt zur Gallerte, die mit der Käseharfe in etwa erbsengrosse Körner zerschnitten wird. Wenn die Körner eine bestimmte Konsistenz erreicht haben, verteilt man die Käsebruch-Masse in Formen von etwa 30 Zentimeter Durchmesser. Die Laibe sollen nicht voluminöser sein, damit bei der *Affinage* die Kräutersulz bis in den Kern eindringen kann. Auf einem Gestell werden die frischen Käse in ihren Formen einen Tag lang gepresst, um Flüssigkeit (Molke, Sirte, Schotte) auszudrücken; während dieses Vorgangs wird der Käsepass auf die Oberfläche gelegt. Dann taucht man die Laibe ins Salzbad, nimmt sie nach gut zwei Tagen heraus und lässt sie auf Holzbrettern im Käsekeller bei einer Temperatur von 15 Grad und einer relativen Luftfeuchtigkeit von 90 Prozent reifen. Sie werden regelmässig gewendet und mit einer Kräutersulz gebürstet.

Um diese Kräutersulz hat die Sortenorganisation eine Mauer der Geheimniskrämerei hochgezogen. Die Farbe des mystischen Elixiers, abgefüllt in ein Fläschchen, sieht auf der Website aus wie Pastis. Dazu steht: «Nur zwei Personen kennen ihr Rezept. Verraten wird jedoch Folgendes: In einem aufwändigen Verfahren entsteht aus einer Mischung von über 25 Kräutern, Wurzeln, Blättern, Blüten, Samen und Rinden ein einzigartiges Extrakt»; die Sulz enthält auch (Obst-)Wein, Hefe und Wasser.

Seit der Liquidation der Schweizerischen Käseunion 1999, seit die Produktion der drei erratischen Blöcke Emmentaler, Gruyère und Sbrinz nicht mehr durch Steuergelder abgefedert wird, haben zahlreiche Käsereien fusioniert, ihren Betrieb eingestellt oder sich auf neue Sorten kapriziert. Am ergiebigsten sind Halbhartkäse, die bei der *Affinage* zusätzlich gewürzt werden – also wie Appenzeller Käse. Normalerweise nimmt man nur Salzlake, doch Not macht erfinderisch: Einer streicht eine Lebensmittelpaste mit Hopfen auf die Rinde, ein anderer streut getrocknete Bergkräuter oder Heu darauf, ein weiterer bürstet mit Pinot noir, mit Chasselas oder gar Marc, andere mischen Bärlauch oder Peperoncini in den Teig. Die Sortenorganisation Appenzeller Käse hält ein wachsames Auge auf die Entwicklung, um Kopien zu verhindern.

Supplément: Das Wort «*räss*» wurde und wird so häufig und vielseitig gebraucht, dass Beispiele und Erläuterungen im *Idiotikon*, dem Schweizerdeutschen Wörterbuch, mehrere Seiten füllen. Die

Grundbedeutung bewegt sich bei scharf, schneidend, beissend; *räss* kann ein scharfes Messer sein: «Was zog er aus der Tasche? Ein Messer gar spitzig und *räss*. Und er steckt es seiner Geliebten gar weit ins Herz hinein (Altes Lied).» Eine andere Referenz aus dem 16. Jahrhundert lautet: Salzbäder «*seind räss, weil das Salz entsteht, wann das Wasser durch ein dürre bittere Erden flüsset*» (1578). Es gibt *rässe*, zähe Gräser, oder *rässe*, bärbeissige Menschen wie «*en rässi Trine*», aber auch das Gegenteil: «*Er het es rässes Tonner Fraueli, aber si ist treu und luegt im guet zur Sach.*» Worte fallen oft scharf und gesalzen aus, auch schmecken gewisse Nahrungsmittel *räss*: Jeremias Gotthelf (1797–1854) kannte aus den Tälern «einige Käslein für den Hausgebrauch oder für einen Wirt, der durch rässen Käse seinen sauren Steffisburger versüssen wollte».

Im Appenzellischen brauchte man das Wort «für den stark gesalzenen Magerkäse» – etwa den «Appenzeller ¼-Fett räss»? Die Sortenorganisation rückt seinen Ursprung 700 Jahre zurück und bezeichnet den kernigen, bröckeligen und ziemlich heftig schmeckenden fettarmen Diätkäse als «eine Erfindung der pfiffigen Appenzeller Sennen. Weil das Fett der Milch wertvoll war und auf dem Markt einen hohen Preis erzielte, verarbeiteten sie die Milch hauptsächlich zu Butter, die sie sofort verkaufen konnten. Den Käse aber, der bis zum Winter gelagert werden musste, bevor er das dringend benötigte Geld einbrachte, stellten sie mit dem Rest der Milch her.» Vor 700 Jahren, Anfang 14. Jahrhundert? Das war wohl eher Sauerkäse.
— *Siehe auch: Bloderchäs und Surchäs, Seite 86.*

Molke

Sirte, Schotte. Hochwertige milchzucker- und mineralienhaltige Flüssigkeit, die beim Käsen anfällt *(Abbildung Seite 16)*.

Ein verächtlicher Ton schwingt meistens mit, wenn von Molke (Sirte, Schotte) die Rede ist: dem Stoff, der von der Milch übrig bleibt, ruht der Käse endlich in seiner Form. *Petit lait* heisst die verbliebene Flüssigkeit auf Französisch. Das drückt allerhand aus, nur keine Begeisterung, obschon die Heilwirkung von Molke seit der Antike kein Geheimnis ist. Die Molke enthält restliches Fett, erstklassige Proteine, reichlich Milchzucker, Mineralstoffe und Vitamin C – eine ganze Reihe von Substanzen, die dem Körper wohl bekommen. Man muss den Saft nur trinken, es gibt ihn in Mengen, seit im 18. Jahrhundert die Talkäsereien ihren Betrieb aufnahmen und fortan während des ganzen Jahres Käse herstellen.

Milch enthält 87 Prozent Wasser und 13 Prozent Feststoffe (deshalb misst man die Milch in Kilo und nicht in Liter). Wenn aus zehn Kilo Milch ein Kilo Käse wird, bleiben sechs bis neun Kilo Molke übrig. Schweizer Käsereien produzieren in einem Jahr (2010) rund 180 000 Tonnen Käse, da fallen also gut 1,4 bis 1,6 Millionen Tonnen Molke ab. Wohin damit?

Die Steigerung der Käseproduktion kreierte im 18. Jahrhundert ein Problem, wie mit der Molke zu verfahren sei. Die wertvolle, trotzdem überflüssige Flüssigkeit floss in zwei Kanäle: Einmal als nahrhaftes Futter in die langsam entstehende Schweinezucht, und weiter erinnerte man sich an die Tugenden der Molke, an ihre gesunden Eigenschaften. Ein Paradox: Hie Schweinemast, da Homöopathie vom Mittel gegen Flechten bis zum Muskelpräparat für Bodybuilder.

Die Älpler, die Molke als ein Grundnahrungsmittel tranken, wussten gar nicht, welch *top functional food* sie da Tag für Tag zu sich nahmen, bis findige Köpfe zu Beginn des 18. Jahrhunderts einen Gesundheitstourismus auf Molkenbasis initiierten, die Molkenkur; so 1730 in Seewis im Prättigau oder 1749 in Gais, Appenzell Ausserrhoden. «Im Umfeld der aufklärerischen Geselligkeitskultur und der Bäder wurde die Molkenkur mit zeitgenössischen Diätvorstellungen, der Naturheilkunde sowie mit der Anwendung von Heilkräutern kombiniert» (HLS). Weitere Kurbetriebe entstanden 1803 in Interlaken, Wengen und Grindelwald oder 1829 auf dem Weissenstein im Soloturner Jura.

Im Appenzellischen schuf sich ein einfacher Schottenträger einen unvergesslichen Namen, der *Schottesepp,* Josef Anton Inauen aus Brülisau. «Er trug die wertvolle Fracht jeweils frühmorgens von der Mesmeralp nach Gais. Auf seine Anregung hin führte sein Sohn Karl Jakob 1790 in der Bäderanlage Weissbad Molkenkuren ein und schuf damit ein florierendes Unternehmen» (*www.ai.ch*). Zur Blütezeit der Molkenkuren gegen Ende des 19. Jahrhunderts existierten in der Schweiz fast 30 Molkenkurorte, doch bereits ein Jahrzehnt später stürzte die Kur komplett aus der Mode. Sie geriet in Vergessenheit, bis sie zu Beginn des 21. Jahrhunderts der grassierende Wellness-Wahn wieder zu neuem Leben erweckte.

Allerdings verschwand die Molke nie komplett, sie überlebte im weiten Feld der Naturheilkunde. So preist A. Vogel in seinem Bestseller *Der kleine Doktor* die Molke, «das eigentliche Milchserum» (1952; 71. Auflage 2004, Gesamtauflage von mehr als zwei Millionen Exemplaren in über zehn Sprachen). Vogel weiter: «Nicht vergebens sind in früheren Jahren Fürstlichkeiten und prominente Leute aus Frankreich und anderen Ländern in die Schweiz gefahren, um hier die bekannten Schweizer Molkenkuren durchzuführen. In der Regel hatten die Besucher mit Stoffwechselkrankheiten zu tun, waren zu dick, hatten Blutstauungen, waren mit Darmleiden behaftet oder ihre Bauchspeicheldrüse arbeitete schlecht, und sie hatten gegen Gärungen zu kämpfen.» Bei den Kuren trank man Molke und badete darin. Frische Luft und Bewegung gehörten ebenso zum Kurprogramm wie Festivitäten.

Die Molke entsteht durch die Gerinnung der Milch, ob mit Säure oder Lab bewirkt. Der grösste Teil des Milchfettes sowie der anderen Feststoffe verbindet sich zur Gallerte, die in der Molke schwimmt. Wenn der zerkleinerte Käsebruch in die Formen gefüllt wird, fliesst die Molke ab, wird aufgefangen und weiter verwendet. Im Waadtland produzierte man im 18. Jahrhundert aus Molke einen *second fromage;* heute kann man dank hochtouriger Zentrifugen aus Molke Sirtenrahm gewinnen und zu Sirten- bzw. Käsereibutter verarbeiten; ausserdem zu Ziger. Auch die kosmetische und pharmazeutische Industrie verwendet Molke, in der Nahrungsmittelindustrie ist sie legendär im Rivella (Basis Milchserum) und als Kraftgetränk wieder entdeckt worden, wobei der schale, milchig-gärige Geschmack der Molke mit Fruchtaromen überdeckt wird.

Auch Molkenkuren sind wieder aufgenommen worden, etwa in der Innerschweiz, wo ein «entspannendes Molkebad am Fusse des Titlis» genossen werden kann (Schweiz Tourismus) oder in der Ostschweiz, wo man sich zum fröhlichen Miteinander in den Gruppenzuber setzt, denn «äusserlich angewendet, pflegt Molke die Haut

und wird empfohlen bei Ekzemen, Hautausschlag, Schuppenflechten, Pilzerkrankungen und Hautjucken» (Eigenwerbung des Anbieters) – «wohl eine der gesündesten Sachen der Welt».
— *Siehe auch: Rivella, Band 1.*

Schlipfechäs

Weichkäse aus Rohmilch, vor dem Konsum in Lake eingelegt.

Der Käse heisst, wie er sich anfühlt: glitschig, eben *schlipfig, e schliferigi Sach*. Schlüpfrig wird er, weil man ihn vor dem Konsum in Scheiben schneidet und diese in Salzlake legt. Damit gewinnt der Frischkäse an Aroma und die Weichheit zurück, die er nach ein paar Tagen im Keller verloren hat, «so dass er beim Essen nicht mehr wie Gummi auf den Zähnen *gyret*», wie ein Käsehändler erklärt.

Schlipfechäs gibt es sicher seit 150 bis 200 Jahren, vermutlich schon länger. Er ist typisch für das Leben auf der Alp, als der Senn noch nicht vom Helikopter versorgt wurde, sondern seine tägliche Nahrung mit dem Essbaren bestreiten musste, das ihm an Ort zur Verfügung stand: «Die Sennen leben, zumal zur Sommerszeit, einzig von Milch, Molken, Zieger, Butter, Käse und Brot», steht in *Gemälde der Schweiz* über das Appenzellerland (1835). Während Milch und Butter rasch verbraucht werden müssen, lässt sich Käse lagern. Das Spektrum dazwischen ist recht breit von magerem Sauerkäse bis *rässem* Labkäse aus entrahmter Milch, den man bis Ende Alpsaison ausreifen lassen konnte. Mittlerweile ist der *Schlipfechäs* weicher geworden, weil die Milch nicht mehr entrahmt wird und der Käse mehr Fett enthält als nur 25 Prozent wie einst.

Der *Schlipfechäs* lässt sich mit *Mozzarella* vergleichen (dem meistkonsumierten Käse in der Schweiz, 2013), allerdings ohne dessen typische Faserigkeit aufzuweisen, die beim Längsziehen der gebrühten Masse entsteht (*pasta filata*, gezogener Teig). Bei Slow Food Ostschweiz rangiert der *Schlipfechäs* aus roher Kuhmilch auf der *Arche des Geschmacks,* der Liste der bedrohten Spezialitäten, an vorderster Stelle.

Die frische Kuhmilch wird im Kessi auf 30 Grad Celsius erwärmt, mit Milchsäurebakterien versetzt und eine gute halbe Stunde später mit Lab. Nach weiteren 30 Minuten ist die Milch stichfest, die Gallerte hat sich von der Sirte (Molke, Schotte) getrennt. Mit der Käseharfe zerstückelt der Senn die Gallerte in Körner und erhitzt das Ganze, den Bruch, auf 35 Grad. Die Körner ziehen sich zusammen und scheiden auf diese Weise weiter Wasser aus. «Wenn die Temperatur zu hoch ist, würde der Käse zu hart und man könnte daraus keinen *Schlipfechäs* mehr herstellen», erklärt der besuchte Produzent. Je höher die Temperatur, desto trockener und härter wird der Käse – zum Beispiel Sbrinz *(Band 1)* und Berner Alpkäse *(Band 2)*, beide Extrahartkäse. Die tiefe Temperatur bei der Herstellung von *Schlipfechäs* ist etwas Aussergewöhnliches, denn Weichkäse sind anfälliger auf Verderbnis als Hartkäse, weil sie mehr Wasser enthalten und so unerwünschten Mikroorganismen eine schönere Spielfläche bieten. Aus Sicherheitsgründen und der besseren Transportfähigkeit wegen werden fast alle Weichkäse thermisiert oder gar pasteurisiert. Da *Schlipfechäs* traditionell rasch konsumiert wird, kann man sich den Luxus der Rohmilch leisten.

Wenn der Käser mit der Konsistenz des Bruchs zufrieden ist, füllt er ihn in gelochte Röhren von etwa zwölf Zentimeter Durchmesser. Die Sirte fliesst durch die Löcher ab, durch Metallgewichte werden die Körner zu einer kompakten Masse zusammengedrückt, die der Käser später herausnimmt und in drei *Mutschli* zerschneidet. Er schiebt die Stücke wieder ins Rohr und verhindert mittels Kunststoffscheiben ein erneutes Zusammenwachsen. Nach sieben Stunden legt er die Laibe für ein paar Stunden ins Salzbad. Das Salz entzieht ihnen weiter Wasser; es entsteht keine Rinde. Nachher sind sie, 500 Gramm bis vier Kilo schwer, verkaufs- und verzehrbereit.

Die frischen Käselaibe sind zwar nicht frei von Geschmack, aber ziemlich fade. Vor dem Genuss schneidet man etwa einen halben Zentimeter dünne Scheiben, legt sie in ein flaches Gefäss oder einen Suppenteller und giesst Salzlake darüber, damit der Käse wieder weicher wird. Dank dieser Methode fühlt er sich *schlipfig* an. Man kann ihn einfach so essen, zum Beispiel aufs Brot schichten – so haben es einst die Sennen auf ihren Alpen gemacht – oder mit Öl und Essig, Pfeffer und frischen Kräutern aufpeppen. Man kann ihn an Stelle von

Mozzarella für einen Tomatensalat mit Basilikum einsetzen, aber auch mit Beeren und anderen Früchten zu einem Dessert veredeln.

Die Käser, die noch *Schlipfechäs* produzieren, sind an einer Hand abzuzählen. Die einen verkaufen den Käse während der Saison direkt auf der Alp, andere reichen ihn weiter an Appenzeller Käsegeschäfte oder Restaurants. Verwandt ist er mit dem Brühkäse aus dem St. Galler Rheintal, einem viertelfetten Käse mit einem Durchmesser von wenigen Zentimetern, der ebenfalls in Flüssigkeit eingelegt wird.

Schwägalpkäse

Halbharter Alpkäse aus thermisierter Milch.

Der Schwägalpkäse ist ein untypischer Alpkäse, weil seine Milch thermisiert wird. Normalerweise muss ein Alpkäse aus der Rohmilch einer entsprechenden Alp produziert werden. In der modernen Käserei auf der Schwägalp indessen wird die Milch von 50 Alpbetrieben verarbeitet. Würde jede einzelne Alp ihren eigenen Käse herstellen, könnte man aufs Thermisieren verzichten. Doch bei so vielen unterschiedlichen Lieferanten besteht ein gewisses Risiko, dass einmal unsaubere Milch ins Kessi fliesst – es muss nicht, kann aber geschehen, trotz aller Kontrollen. Deshalb erhitzt man die Milch auf 55 bis 68 Grad Celsius statt auf 31–32 Grad, wie bei Rohmilchkäse üblich. Ein Käser aus dem Waadtländer Jura, gebeutelt vom Listerien-Skandal mit dem Vacherin Mont-d'Or *(Band 5)* in den 1980er-Jahren, erklärte das Thermisieren mit dem Satz: «Man eliminiert die schlimmsten Bakterien, aber auch die besten.» Mittlerweile ist das *Savoir faire* enorm verbessert worden, bei sorgfältiger Verarbeitung und *Affinage* können auch thermisierte Käse zu Delikatessen reifen.

Die Schwägalp, Ausserrhoden zugehörig, soll seit länger als tausend Jahren als Weidegrund dienen; eine Aufzeichnung von 1360 aus dem Kloster St. Gallen, damals Besitzer der Schwägalp, weist schon einmal gut 700 Jahre nach. Es gibt noch weitere Alpkäsereien im Appenzellischen – auch in Innerrhoden –, doch die Produkte galten bis ins 20. Jahrhundert als unterlegen gegenüber Emmentaler, Sbrinz und Gruyère. Im Buch *Bauernarbeit in Appenzell* (1977) schreibt Ferdinand Fuchs: «Die eigenartige Politik der Molkenhändler [...] hat eine systematische Qualitätsverbesserung der alpwirtschaftlichen Käse- und Butterproduktion so lange gebremst, dass diese von den Spitzenprodukten der Talkäsereien überrundet wurden», dem späteren markengeschützten «Appenzeller Käse». Seltsam für eine Gegend, in der die Milchwirtschaft eine derart tragende Rolle gespielt hat.

1997 baute die Genossenschaft Alpmilchverwertung Schwägalp eine Grosskäserei und begann Schwägalpkäse, den angestellte Käser während der Sömmerungszeit herstellen, professionell zu vermarkten. Die Käserei kann besichtigt werden, die Alp dient weiter als Talstation der Luftseilbahn auf den Säntis, als Ferienort, Wandergebiet und Natur-Erlebnispark.

Der Schwägalpkäse wird nach üblicher Methode mit Lab und Milchsäurebakterien hergestellt, in Formen gefüllt, gepresst und ins Salzbad getaucht; das Salz entzieht Wasser, konserviert und würzt durch langsames Eindringen den Teig. Im Reifekeller wendet man die Laibe und bürstet sie regelmässig mit Salzwasser; dabei entsteht eine Schmiereflora, die Milchsäure abbaut, die Rindenbildung unterstützt, Aromen und Geschmacksentwicklung fördert und die Laibe gegen Schimmel und unerwünschte Mikroorganismen schützt. Je nach Alter gibt es drei Kategorien von mild bis rezent; die Genossenschaft bringt im Jahr 70 bis 80 Tonnen Käse auf den Markt.

— *Siehe auch: Tilsiter, Seite 181; Bündner Bergkäse (Band 4); Vacherin fribourgeois (Band 5).*

Konditorei- und Backwaren

Agathabrot

Geweihtes Brot, das vor Feuer schützt und Heimweh bekämpft.

Die heilige Agatha lebte auf Sizilien und weigerte sich, dem Christentum abzuschwören und den römischen Statthalter Quintianus zu heiraten. Der Herrscher, der noch an die antike Götterwelt glaubte, liess Agatha auf glühenden Kohlen rösten und ihre Brüste abschneiden. Sie blieb standhaft und wurde 251 hingerichtet. Am Jahrestag ihres Todes brach der Vulkan Ätna aus. Die Einwohner von Catania versuchten die heranwälzenden glühenden Lavamassen mit Agathas Schleier zu stoppen. Es half. Seither wird Agatha als Heilige verehrt, als Patronin gegen Feuersbrunst, als Schutzpatronin von Catania, der Feuerwehren, Glocken- und Erzgiesser, Goldschmiede, Berg- und Hochofenarbeiter, Glasmacher, Weber und Ammen. Sie heilte Kranke und Besessene, befreite Catania von Pest und Hungersnot und wird auch hierzulande gegen Feuer, Hexen und Geister sowie eine Anzahl Gebresten um Hilfe gebeten.

An ihrem Namenstag, am 5. Februar, segnet der Pfarrer in katholischen Landen wie Freiburg, Innerschweiz und Appenzell Innerrhoden das Agathabrot, in Kirchen, Bäckereien und Privat-häusern. In Appenzell Innerrhoden sollen, so ein Bäcker, einige Berufskollegen über einen «eigenen» Geistlichen in der Verwandt-schaft verfügen. Beim Agathabrot handle es sich «um eine noch vielerorts bekannte Form des Brotopfers», schreibt Conrad G. Weber 1985 in *Brauchtum in der Schweiz*. Ausser in Schwyz, Einsiedeln, Uri und Plaffeien ist das Agathabrot ein ganz normales, beliebiges Brot.

In der Schweiz datiert die früheste Erwähnung eines Brot-segens am Agathatag aus dem Jahr 1466. Das Agathenbrot wird in einer Auflistung der Ausgaben des Klosters Klingental zu Basel auf-geführt. Agathabrot als «Mittel gegen Feuer und Brand» habe der Prediger Geiler von Kaysersberg (1445–1510) als Erster erwähnt: «Es wird in die Flammen geworfen», steht im *Handwörterbuch des deut-schen Aberglaubens*. Laut *Idiotikon* hat der katholische Brauch des Brot-segnens auch Reformierte angesprochen, die ihr Brot zwar nicht vor aller Augen segnen liessen, aber am Agathatag buken in der Hoff-nung, das Brot bliebe schmackhaft und würde nie schimmeln oder hart werden. Ein Kinderreim nimmt das Agathabrot auf, vielleicht deshalb, weil es Mütter ihren Kindern unter die Kleider steckten, um sie vor Bösem zu schützen: «*Enegen, mänegen, tumpeti, tifi, tafi oni mi. Ägethen-Brot in der Not: dimpf, dampf duss.*»

Der besuchte Bäcker in Appenzell nimmt für sein Agathabrot den gleichen Teig wie für Semmel, formt ihn am Ende aber anders: Einzel-, Doppel- oder Schildbrötchen (vier Stück an einem Ende gegeneinander gedrückt). Den Semmelteig knetet der Bäcker aus

Weiss- bzw. mit Halbweissmehl, Wasser Hefe, Malz, Salz und Levit, einem Brotbackmittel auf der Basis eines getrockneten Hefevorteigs, das für mehr Geschmack und eine längere Frischhaltung sorgt. Der Bäcker lässt den Teig etwas ruhen, teilt ihn dann in sogenannte Brüche auf, die er zu einem grossen Laib formt, den er wieder ruhen lässt. Anschliessend zerlegt eine Maschine den Brocken in 30 Portionen und schleift diese rund. Nun legt er die Teiglinge einzeln aufs Backblech oder setzt sie zu Broten zusammen und lässt sie bei konstanter Temperatur und Luftfeuchtigkeit gären, entweder mit einem Tuch bedeckt in der Backstube oder im Gärschrank. Dann werden die Brote 25 Minuten lang im Ofen bei 250 Grad Celsius gebacken.
— *Siehe auch: Agathenringli, Band 1; Agathabrötli, Band 5.*

Appenzeller Biber und Biberli

Flaches, braunes Lebkuchengebäck, gefüllt mit einer Mandelmasse *(Abbildung Seite 46).*

Früheste Zeugnisse der Biber führen nicht in Backstuben oder an gedeckte Tafeln zurück, sondern ins unergründliche Reich der Regeln und Gesetze: Der erste schriftliche Appenzeller Lebkuchen-Nachweis datiert im Jahr 1597 als Verbot eines Glückspiels mit *piperzelten* (vom lateinischen *piper,* Pfeffer, und dem mittelhochdeutschen *zelte,* «ausgebreitet»); beim *omlegge* (umlegen) verteilte ein Teilnehmer eine Handvoll «Pfefferkuchen» an die umstehende Runde. Wer als Letzter an die Reihe kam, musste die ausgegebenen Kuchen berappen (mehr zu Herkunft und Bezeichnungen siehe *St. Galler Biber, Seite 111).* Auch in St. Gallen, etwa in Ratsatzungen von 1426, stösst man bei der Suche nach frühen Biber-Quellen auf verbotene Glücksspiele.

Bis Ende des 17. Jahrhunderts enthielten die Biber keine Füllung; die ersten Rezepte mit Mandelfüllung sind in St. Galler Kochbüchern um 1800 zu finden. Wahrscheinlich lag der relativ späte Zeitpunkt am Preis des Zuckers, den es braucht, um eine einigermassen weiche Mandelmasse zu erhalten. Bis zur Entdeckung im beginnenden 19. Jahrhundert, Zucker aus Runkelrüben rationell und preiswert herzustellen, war er teuer und für die meisten Leute unerschwinglich. Im 17. Jahrhundert kontrollierten in St. Gallen vereidigte Honigschauer Herkunft und Qualität des Honigs, ob einheimisch oder eingeführt, original, gefälscht oder gefärbt. Besonders gefragt war der Appenzeller *Landhung* dank seiner Lauterkeit, dunklen Farbe und seinem unvergleichlichen Geschmack. Anfang des 19. Jahrhunderts soll «in keiner Gegend mehr Honig geschleckt worden sein als bei den Appenzellern, die mit Leidenschaft Brot und *Hungtunk* oder *Beiezonne* (Tunke aus Honig und geschmolzener Butter) sowie *Hungböckchen* (Honigküchlein) genossen» *(Ostschweizer Lebkuchenbuch)*.

Die St. Galler hätten also durchaus den Appenzellern für den Honig danken können, statt dagegen zu kämpfen, dass sie ebenfalls Biber herstellten. «Aus Prozessakten der St. Galler Bibenzelter wissen wir, dass diese Interessenten daran hindern wollten, im Appenzellerland die Bibenzeltenbäckerei zu erlernen», schreibt der Basler Gebäckforscher Albert Spycher im *Ostschweizer Lebkuchenbuch*. Vergebliche Mühe. Im Appenzellerland entspann sich sogar ein heftiger Konkurrenzkampf. Spycher: «Die Innerrhoder verboten fremden ‹Gremplern› den Verkauf unter Androhung achttägiger Gefangenschaft bei Wasser und Brot. Gleichermassen sollen sich Herisauer gegen Urnäscher Bibenzelter gewehrt haben.» Trotzdem bildete sich ein schwungvoller Handel mit den Gebäcken, von dem sich auch Hausierer eine Scheibe abschneiden wollten. Mit unterschiedlichem Erfolg, denn unter die Wanderverkäufer reihten sich auch schräge Vögel ein, so ein «*abgsoffne alte Choleri, de Branz-Nik volle Häslüüs oss em Pompelmusische, wo met Leckerli ond Biberli ond Landjeger ghusiered häd*», ein versoffenes altes Rauhbein aus dem Piemont, der Branntwein-Nik, voll von Kleiderläusen, der mit Leckerli, Biberli und Landjäger hausierte *(dito)*.

Der Lebkuchenteig wird im Prinzip wie der Sankt-Gallische zubereitet. Der besuchte Bäcker in Steinegg bei Appenzell vermischt für die Füllung in einer Walze geschälte und ungeschälte Mandeln mit Zucker, Wasser, Bittermandelessenz, Zitronat und Orangeat und nicht selten mit einem Schuss Kirsch zu einer sehr feinen Masse. «Früher mussten wir die Mandeln einweichen und dann von Hand schälen, eine Heidenarbeit», erzählt er. Heute kauft er die Mandeln geschält wie ungeschält ein. Der Teig wird zu einem etwa

APPEZÖLLER BIBERLI

GEFÜLLTE APPENZELLER HONIGLEBKUCHEN

Arbeitsaufwand: 1¼ Stunden
Ruhezeit: über Nacht
Backzeit: 20 Minuten

300 g Vollmehl
½ Mokkalöffel Backpulver
1 EL Rosenwasser
1 TL Zimtpulver
½ Mokkalöffel Nelken-
pulver
1 Prise Muskatnuss
1 Messerspitze Kardamom-
pulver
200 g Birnenhonig
100 g Zucker

Füllung
80 g geschälte, geriebene
Mandeln
1 EL Zucker
1 EL Rosenwasser
4 EL Honig
1 Eiweiss
Butter für das Blech

Glasur
1 TL Kartoffelmehl
2 EL Honig

Das Mehl mit dem Backpulver mischen und in eine Schüssel sieben. Gewürze und Rosenwasser zugeben. — Honig mit Zucker langsam aufkochen. Dann die Pfanne von der Herdplatte wegziehen und das Mehl mit den Gewürzen nach und nach unter die Honigmasse mischen. Den Teig kneten, bis er nicht mehr klebt. — Die Mandeln mit Zucker, Rosenwasser, Eiweiss und Honig zu einer homogenen Masse verarbeiten. Sollte sie zu flüssig sein, gibt man noch einige Mandeln dazu. Die Konsistenz soll ähnlich wie die von Marzipan sein. — Den Teig 5 mm dick auswallen, in etwa 6 cm breite Streifen schneiden. — Die Mandelmasse nochmals gut durchkneten, damit sie weich ist. — Dann daraus fingerdicke Rollen formen. Die Teigstreifen mit Wasser anfeuchten, die Mandelrolle darauf legen, einrollen und die Ränder gut andrücken. — Mit einem scharfen Messer im Zickzack Dreiecke schneiden. Auf bemehltem Blech über Nacht ruhen lassen. — Mit Milch bestreichen und bei mässiger Hitze etwa 20 Minuten backen. — Unterdessen für die Glasur 1–2 EL Wasser und Kartoffelmehl miteinander verrühren, aufkochen und den Honig daruntermischen. Etwas erkalten lassen und die *Läckerli* noch heiss damit bestreichen

2,5 Millimeter dicken Teppich ausgerollt, daraus sticht er jeweils zweimal die gleiche Form aus. Die eine passt er ins bemehlte Holzmodel ein und drückt den Teig sorgfältig an, streicht Mandelmasse darauf, so dass am Ende ein Verhältnis von 40 zu 60 zwischen Füllung und Teig besteht, und bedeckt das Ganze mit der zweiten Form, dem Teigboden. Nachher klopft er den Teigling aus dem Model und «kneift ihn», wie er sagt, mit einer stumpfen Klinge an den seitlichen Rändern; damit klebt er die Schichten stärker zusammen, es entsteht ein eingekerbtes Muster. Die Biber ruhen gegen drei Stunden, werden mit Milch bepinselt, damit sie nach dem Backen glänzen. Biberli, kleiner im Format, werden analog produziert.

In beiden Appenzell wird eine schöne, beeindruckende Model-Kultur gepflegt. Auch wenn man heute Biber mit Stanzplatten oder Kunststoffformen herstellen kann, werden Model immer noch in Handarbeit geschnitzt; allerdings gehört Modelstecher zu den aussterbenden Metiers. Die Sujets sind zahlreich und in unterschiedlicher Detailgenauigkeit gearbeitet, von der Stickerin bis zum Säntis, vom Senn bis zum Bären; auffallend ist der Herisauer Bär, der mit einer Keule bewaffnet ist. Die Biber stellen für das Appenzellische quasi eine kulinarische *flagship species* dar, ein Bannerträger, wie man im internationalen Artenschutz sagt.

Exkurs: Lebkuchen, gefüllt oder ungefüllt, mit (heute importiertem) Bienenhonig oder Birnenhonig wie im Luzernischen, zählen zu den ältesten und charakteristischen Gebäcken einer Region. Sie verkörpern wie kaum ein anderes Lebensmittel die Begierde der Abendländer nach den Gewürzen der Morgenländer. Die Lebkuchen haben mit den Jahrhunderten sogar eine klassische Mischung geprägt, das Lebkuchen- oder Weihnachtsgewürz. Zimt und Anis, Muskatnuss und Nelken, Kardamom und Ingwer, Koriander und aus der Neuen Welt Piment – das ist, in Variationen, die magische Mischung der Lebkuchen- oder Weihnachtsgewürze, die den Körper stärken und die Seele streicheln. Manche mögen noch Vanille dazu zählen, doch die unbeschreibliche Essenz der Frucht dieser Kletterorchidee spielt ihre Kraft in einer eigenen Liga aus (*siehe Exkurs Seite 148*).

Während jahrein, jahraus die leichte Küche mit Aromen aus dem Kräutergarten gepriesen wird und es als unschick gilt, ein Stück hoch bezahltes Fleisch, ein paar knackige Salatblätter exquisiter

Zichoriensorten allzu würzig anzurichten, legen die dunklen Tage den Schalter um und wecken in den Köpfen eine Sehnsucht nach dem vertrauten Geschmack von Wärme und Geborgenheit. Beim erfolgreichen Bemühen, die traditionelle Küche von kulinarischer wie aromatischer Opulenz zu befreien, hat eine Kategorie alle Säuberungen unbeschadet überstanden: die typischen Advents- und Weihnachtsspezialitäten, vom Glühwein über Lebkuchen und Änisbrötli bis zum Zürcher Tirggel.

Bei diesen Süssigkeiten nimmt man gerne in Kauf, dass sie etwas anhängen – ihr Wert als Seelenbalsam wiegt das bisschen Zusatzfett bei weitem auf. Die exotischen Gewürze bieten noch allerhand mehr als charakteristische Geschmäcke und Gerüche. In Asien gehören sie seit Menschengedenken zur ganzheitlichen Volksmedizin, sie wirken desinfizierend, krampflösend, antibakteriell, appetitanregend oder verdauungsfördernd. Die drei «Gewürze der Glückseligkeit» – Muskatnuss, Nelke und Zimt – enthalten ausserdem Substanzen, die den Mangel am Hormon Serotonin ausgleichen. Die Bildung von Serotonin hängt vom Hell-Dunkel-Zyklus ab: Der Serotoninspiegel sinkt, je länger die Nächte dauern; folglich nagen Winterdepressionen am Gemüt. Da kreieren Lebkuchen, Leckerli, Zimtsterne und Glühwein wahre Wunder, zum Genuss wie gegen Verdruss.

Die genannten Gewürze stammen aus fernen Welten. In unseren Breitengraden sind sie seit Jahrhunderten verbreitet, dank der alten Kultur- und Handelswege. Südlich der Alpen kannte man die Gewürze aus Asien bedeutend früher als auf der nördlichen Seite, wo man sein Essen, wenn überhaupt, mit den Essenzen aus der eigenen Hemisphäre aromatisierte. Die Römer richteten ihre Gelage reich gewürzt an, auf sie geht die Überlieferung zurück, man habe in alten Zeiten verschwenderisch abgeschmeckt (was angezweifelt wird). Diese Überwürzung, die im Mittelalter weiter gepflegt wurde, war reine Protzerei. Die Wege der Karawanen waren lang, die Reisen zeitraubend und gefährlich; entsprechend teuer wurden die Gewürze gehandelt. Nur die Oberschicht konnte sich diesen Luxus leisten, nur Adel und Klerus hatten genügend Mittel, ihre Braten und Pasteten unter Pfefferbergen zu begraben. Den Bauern blieben immerhin Wacholder und heimische Kräuter.

Die Basis der Wohlfühlmischung, die im Lebkuchen ihre Vollendung fand, wurde früh gelegt, höchstwahrscheinlich im Wein. Zur Zeit der Römer und danach noch weitere Jahrhunderte lang war Wein ein saures Getränk. Bis zur Entwicklung billigen Zuckers wurden die vergorenen Säfte mit Honig gesüsst und ausserdem noch gewürzt (Hypokras, *Band 2*). Apicius, Verfasser des ältesten bekannten Kochbuchs in Europa, beschrieb ein Rezept für einen Gewürzwein mit Honig, Pfeffer, Mastix, Lorbeer und Safran sowie Datteln. Dazu empfahl «der ärgste Schwelger unter allen Prassern», wie der Geschichtsschreiber Plinius den Rezeptschreiber Apicius bezeichnete, eine praktische Reisefassung seines Gewürzweins aus aufgekochtem Honig und Pfeffer. In dieser Form könnten die Gewürze mit der Zeit im Handgepäck von Reisenden die Alpen überquert und im Barbarenland langsam Verbreitung gefunden haben.

«Die Würzvarianten wandelten sich im Laufe des Mittelalters in dem Masse, wie die Gewürze verfügbar waren», schreiben Nathalie Pernstich-Amend und Konrad Pernstich in *Pfeffer – Rezepte und Geschichten um Macht, Gier und Lust*. Die Mischungen wurden üppiger, man komponierte alles hinein, was zur Hand, fremd und wertvoll war. In Kochbüchern aus der Zeit des *Ancien Régime* findet man ein «Pasteten- und Kochpulver», das in reichen Haushalten für alles Mögliche verwendet wurde: «*Imber vier Loth, Pfeffer vier Loth, Zimmet, Macis, Nägeli und Muscatnus anderthalb Loth jeder Gattung, alles rein zu Pulver gestossen, noch einmal soviel Salz darunter gethan; davon kann man nach Belieben brauchen zum Kochen oder zu Pasteten*» (François de Capitani, *Festliches Essen und Trinken im alten Bern*). Wie man sieht, ist Einheitsgeschmack keine Erfindung des 21. Jahrhunderts.

Die Gier nach den kostbaren Gewürzen hat die Zeitalter der Entdeckungen und Kolonialisierungen ausgelöst, hat für Europa ferne Welten erobert und erschlossen. Die Pflanzmonopole wurden durch List und Erfindungsgeist gebrochen, die Gewürze verloren ihre Exklusivität durch Massenanbau und sind heute in jedem Supermarkt für wenig Geld zu haben. Als Statussymbol taugten sie nicht mehr, und mit der Modernisierung in den Küchen, der Suche nach geschmacklicher Vielfalt und der Hinwendung zum Grundprodukt und zu Kräutern aus dem Garten wurden die exotischen Gewürze so gewöhnlich wie Zwiebel und Knoblauch.

Natürlich braucht man die fernöstlichen Spezereien immer noch, doch zurückhaltend dosiert. Sie sollen nicht mehr dominieren, sondern dem Gesamtgeschmack eines Gerichts dienen. Einzig im winterlichen Gebäck haben sie ihre betörende Ausdruckskraft erhalten – vermutlich deshalb, weil die Rezepte uralt sind, vor allem die verschiedenen Formen von Lebkuchen, und weil man sie nicht missen möchte.

— *Siehe auch: Surseer Honiggans, Band 1; Berner Honiglebkuchen, Magenbrot, Band 2; St. Galler Biber, Seite 111; Biscômes, Pains d'épices, Band 5.*

Biberfladen

Flaches, rundes Lebkuchengebäck ohne Füllung *(Abbildung Seite 46).*

Biberfladen und Biber haben den gleichen Ursprung, doch heute unterscheiden sie sich in diversen Aspekten. Der Biber enthält seit dem 19. Jahrhundert eine Füllung, der Fladen keine, höchstens ausnahmsweise. Die Konsistenz des Fladens (vom althochdeutschen *flado*) wird dank Zugabe von Eiern und höherer Anteile von Dinkelmehl und Triebsalz lockerer, auch wird eine leicht veränderte Gewürzmischung eingerührt, zum Beispiel mit weissem Pfeffer oder Fenchelsamen. Der Biberfladen hat weniger Veränderungen erfahren als der Biber, punkto Rezeptur buken die *Bibenzelter* des 16. Jahrhunderts einen Fladen, wie er heute angeboten wird (mehr zu Herkunft und Bezeichnungen siehe *St. Galler Biber, Seite 111*). Nach der Trennung zwischen gefüllten und ungefüllten Versionen Anfang 19. Jahrhundert wurden 1844 im «Herisauer Wochenblatt» kleine und grosse Biberfladen angeboten, in der «Appenzeller Volkszeitung» 1876 gefüllte und ungefüllte Fladen.

Auch im *Idiotikon* tritt das Gebäck zu dieser Zeit auf. Im Band von 1881 wird der «*Biberflade*» als «Kuchen aus Honigteig» beschrieben, der im Appenzellischen vorkomme. Seit den 1920er-Jahren gilt der Biberfladen in Koch- und Spezialitätenbüchern als typisches Appenzeller Produkt. In einem Artikel über den Biberfladen im *Appenzeller Kalender* (1937) schreibt der Autor Karl Neff, man könne sich «im Appenzellerland kaum ein Haus denken, wo nicht jahraus, jahrein leckere weiche Fladen in Truhen oder Schränken bereitliegen für einen unerwarteten Besuch oder für Fest- und Feiertage». Die Haltbarkeit der Fladen dauert drei bis vier Wochen.

Je beliebter ein traditionelles Gebäck ist, desto empfindlicher reagieren Kunden auf Veränderungen. Das ist dem Bäcker sehr wohl klar, wenn er sagt: «Die Zubereitung des Teiges hört sich einfach an, aber vieles kann schiefgehen: Er darf weder zu trocken noch zu feucht, weder zu hell noch zu dunkel sein.» Also muss der Bäcker schon beim Mischen der Gewürze aufpassen, denn mit dem Honig zusammen prägen sie nicht nur den Geschmack, sondern auch die Farbe des Teigs aus Dinkel- und Weizenmehl, Honig, Zucker, Eiern, Milch, Treibsalz und Gewürzen. Die Gewürzmischung ist variabel je nach Hausrezept der einzelnen Bäckereien, sie enthält in der Regel Zimt, Anis, Sternanis, Ingwer, Nelken, Koriander, Kardamom, weissen Pfeffer und Fenchelsamen.

Den fertig gekneteten Teig lässt der Bäcker mindestens einen Tag lang ruhen, damit er sich verfestigt und sich die Aromen entwickeln können. Dann portioniert er ihn, rollt die Stücke mit dem Wallholz zu mindestens zwei Zentimeter dicken Fladen aus, die er von Hand zu gleichmässigen, runden Scheiben formt. Noch bevor er sie in den Ofen schiebt, bestreicht er die Fladen mit Milch und fährt mit der Gabel darüber. Nach dem Backen sieht man diese Linien als helle Streifen auf der dank der Milch glänzenden Oberfläche: die typische Signatur des Biberfladens. Bei 210 Grad Celsius werden die Fladen 20 Minuten lang gebacken.

In erwähntem *Appenzeller Kalender* von 1937 kommt auch Volkes Stimme zu Wort. Ein Knecht: «*Y chönnt guet lebe ohni Wiiber ond Brot. Y wett de liebscht Biberflade ond Jumpfere*», ich könnte gut leben ohne Weiber und Brot, am liebsten sind mir Biberflade und Mädchen. Der besuchte Bäcker erzählt: «Die Einheimischen verspeisen weit häufiger einen Biberfladen als die allgemein bekannteren Biber. Die sind eher ein Geschenkartikel und bei den Touristen beliebter.»

Die Fladenstücke werden trocken in den Kaffee oder Tee getunkt, man schneidet sie auch gerne waagrecht entzwei und bestreicht die Hälften mit Butter. Der *Bümmel* ist, so das *Ostschweizer Lebkuchenbuch,* ein «althergebrachtes Weihnachts- und Neujahrsgebäck. Es

iberfladen *(Seite 44)*, Appenzeller Nidelzeltli *(Seite 61)*, Appenzeller Alpen-
:tter *(Seite 65)*, Appenzeller Biber *(Seite 38)*, Motschelle *(Seite 57)*

ist vom Appenzeller Biberfladen nicht zu unterscheiden» und «heute noch im St. Galler Rheintal anzutreffen».

— *Siehe auch: Luzerner Lebkuchen, Surseer Honiggans, Band 1; Berner Honiglebkuchen, Band 2; St. Galler Biber, Seite 111; Biscômes, Pains d'épices, Band 5.*

Bröötis

Vier Gebildbrote aus Weggliteig, geformt und geflochten zu traditionellen Arrangements.

Beim erstmaligen Lesen des Wortes «*Bröötis*» beginnt in der vegetativen Ecke des Gehirns ein *Brotis* zu duften, ein Braten. Doch beim genaueren Hinschauen zeigt sich, dass *Bröötis* ins vegetarische Fach gehört und in anderen Dialekten *Brotigs* bedeutet, «Brotartiges», also Brot. Für den Gebäckforscher Max Währen (1919–2008) gehört *Bröötis* «zu den eigenartigsten Festgebäcken in der Zeit der Jahreswende» (*Unser täglich Brot*, 1951). Sieht man *Bröötis* laibhaftig vor sich oder auf einem Foto, versteht man Währen, denn die vier Gebäcke aus milchhaltigem Weggliteig fallen durch ihre unterschiedlichen Ausformungen auf. Es sind aussergewöhnlich schöne Gebildbrote, aufwändig gestaltet auf der Basis der Zopftechnik.

Der *Filering* oder *Filetring* ist ein vierteilig in die Höhe geflochtener Zopf in Ringform; das *Filebrood, File(t)brot, Phile(n)brot* ein rundes Gebilde mit einem vierteilig flach geflochtenen Zopf in der Mitte und an dessen Längsseiten jeweils drei S-förmig geformten Teigschlangen, umrahmt von einem ungeflochtenen, glatten Aussenring (wie ein dicker Wähenrand); eine *Tafle Vögel* bilden vier nebeneinander liegende, aus einem Teigstrang geflochtene Vögel mit langem Rumpf, kleinem Kopf und Augen aus Wacholderbeeren; eine *Tafle Zöpf* besteht aus vier dreisträngig geflochtenen Zöpfen, die aneinander gebacken werden und zusammen eine mehr oder weniger quadratische Tafel bilden.

Das *Filebrood* wird ganzjährig, alle vier Gebildbrote zusammen zur Advents- und Weihnachtszeit hergestellt und sind eine Exklusivität des Kantons Appenzell Innerrhoden.

Es fällt auf, dass in dieser Beschreibung die Zahl Vier fast mantra-artig oft vorkommt. Ohne die technischen Raffinessen des *Züpfelns* oder *Zöpfelns* zu missachten, lohnt sich ein kurzer Blick in die Welt der Zahlenmystik:

Die Vier symbolisiert das Weltumspannende und Irdische (*www.heiligenlexikon.de),* sie ist die Zahl der Himmelsrichtungen und der kosmischen Ganzheit, der Elemente (Feuer, Erde, Wasser, Luft), der Lebensphasen (Kindheit, Jugend, Erwachsensein, Alter), der menschlichen Temperamente (Phlegmatiker, Sanguiniker, Chole-riker und Melancholiker), der Kardinaltugenden (Klugheit/Weis-heit, Gerechtigkeit, Tapferkeit, Mässigung) und der Jahreszeiten. Im Quadrat zeigt sie das Umschränkte, im Kreuz das polar Gegen-sätzliche. Das Christentum kennt die vier Evangelisten (Matthäus, Markus, Lukas, Johannes), die vier Erzengel (Michael, Gabriel, Ra-phael, Uriel), die vier grossen Propheten (Jesaja, Jeremia, Ezechiel und Daniel), die vier Kirchenväter (Augustinus, Ambrosius, Hiero-nymus und Papst Gregor I.). Die katholische Kirche hat vier Kenn-zeichen (einig, heilig, katholisch, apostolisch), der Gottesname JHWH besteht aus vier Buchstaben. Die Offenbarung des Johannes, Kapi-tel 6, beschreibt vier apokalyptische Reiter (Krieg, Gemetzel, Hun-ger, Tod); am Ende seines Lebens stehen dem Menschen die letzten vier Dinge bevor, Tod, Gericht, Himmel, Hölle.

In der chinesischen Zahlensymbolik ist die Vier die schlimms-te und ihre Verdoppelung, die Acht, die beste Zahl. Der Grund liegt in der Aussprache: Acht klingt fast gleich wie Geld, vier wie Tod.

Bröötis bildet Fundament und Zentrum des *Chlausezüüg.* Die-ses «Prunkstück innerrhodischen St. Nikolaus- und Weihnachts-brauchtums» bestand nach älteren Beschreibungen aus *Filebroten,* die in einem hölzernen Rahmbecken (Schale) zu einer Art Pyramide aufgeschichtet wurden. Mit Holzstiften befestigte man an diesem Gebilde rundherum *Chlausebickli,* hübsch handbemalte Lebkuchen» (Albert Spycher, *Ostschweizer Lebkuchenbuch).* Mit *Chlausöpfel* behängt, mit *Devisli* (Christbaumflitter) verziert und gekrönt mit einem St. Ni-klaus oder einem Weihnachtsbäumchen, erinnert dieses Naschbau-werk an balinesische Opfergaben, ebenfalls als Lebensmittelturm gestapelt. Verwunderlich ist der männliche Artikel zum *Züüg;* Spy-cher verweist auf *Ein köstlich new Kochbuch* von der Basler Arztgattin

Anna Wecker (1598), in dem «der Zeug» Teig bedeutet, der nicht zu stark auszuwallen ist; möglich auch, dass der Ausdruck aus dem Germanischen und Althochdeutschen in die Appenzeller Mundart übernommen wurde für bewegliche Habe, also auch für alles, was der *Chlaus* bringt.

Was bedeutet *File*? Mit «Filet» als zartestem Stück Fleisch hat es nichts gemein – allenfalls die Konsistenz, akzeptiert man als Erklärung feines, weisses Mehl, mit dem gemäss Zürcher Zunftakten des 15. und 16. Jahrhunderts *veilenbrot* oder *feylen brott* gebacken und die Berufsbezeichnung «Feilbäcker» abgeleitet wurde. Der Feilbäcker taucht in der Ostschweiz als Begriff nie auf, dafür kannte man im 16. Jahrhundert in St. Gallen das *Philenbrot* nach dem griechischen *philos*, Freund: «Philenbrot, das ist guter lieber Freunde Brot», schrieb der St. Galler Stadtpfarrer und Chronist Johannes Kessler (1503–1574). Das *Filenbrot* blieb in St. Gallen bis ins späte 18. Jahrhundert aktenkundig. Im Aufsatz *Vom Seelenbrot zum Fasnachtschüechli* (1970) bringt Walter Koller eine weitere, plausible Herleitung ins Spiel: «Eine Filetarbeit nennt man das Knüpfen (Filieren) eines Fadennetzes durch besondere Knoten, das in Mustern mit Fäden durchstopft wird. Tatsächlich erinnert ein *Philebrot* an eine solche Filetarbeit.» *Summa summarum:* Über die Herkunft der Bezeichnung herrscht keine Einigkeit.

Unklar ist auch, wie das *Filebrot* ins Appenzellische gekommen ist. Ein reformierter Pfarrer, also wohl ein Ausserrhödler, erwähnte in einer 1804 erschienen *Beschreibung der schweizerischen Alpen- und Landwirtschaft* ein *Filebrood* aus dem Appenzellerland: «Die Bäcker machten auf den Neujahrstag sogenanntes Pfeilenbrot. Es besteht aus feinstem Mehl, Salz und Wasser.» Anstelle von Wasser nimmt man heute Milch.

Die *Bröötis* haben im Innerrhodischen einmal dank gelebtem Brauchtum überlebt, zum andern wohl ebenso aus wirtschaftlichen Gründen. Der besuchte Bäcker erklärt: «Der *Filering* hat sich auch deshalb zu einem Sonntagsgebäck entwickelt, weil Milch ein billigerer Rohstoff als Butter ist. Während die Wohlhabenden einen Butterzopf nach Hause brachten, kauften die weniger Betuchten einen *Filering*.» Neustens schätzt man den *Filering*, weil er weniger auf die Hüfte schlägt als ein Butterzopf.

Der Teig wird aus Weissmehl, Milch, Salz, Hefe und etwas Pflanzenfett elastisch geknetet. Nach gut 40 Minuten im Gärschrank ist er bereit, in Form gebracht zu werden. Für den Bäcker beginnt die Arbeit erst jetzt so richtig, mit dem Strecken und Züpfeln der Teigstränge. Die *Bröötis* bilden einzelne *tableaux,* sind aber im Einzelnen geflochtene Gebäcke, also Zöpfe. Den Zopf kennt man in der ganzen Schweiz.

Wie ist er zu seiner Ausformung gekommen? «Der Teig ist ja ein ideales Medium für Figuren jeder Art», hält das *Handwörterbuch des deutschen Aberglaubens* fest, «hier konnte der begabte Volkskünstler sich künstlerisch betätigen; und wer die Geschichte der Gebildbrote schreibt, müsste zuerst alle Formen und Motive der Volkskunstplastik sammeln» (ausführlich: *siehe Zopf*).

— *Siehe auch: Weggli, Band 1; Zopf, Band 2.*

Landsgmendchrempfli

Landsgemeinde-Kräplein aus Innerrhoden. Helles, nierenförmiges, süsses Gebäck mit dunkler Haselnussfüllung.

Im Herzen des Kantonshauptortes Appenzell, 780 Meter über Meereshöhe, gut 6000 Einwohner (2013), erstreckt sich der Landsgemeindeplatz. Prächtige, gepflegte historische Häuser säumen ihn, darunter eine beeindruckende Zahl von Gaststätten, und befördern auch diese Fläche (wie bis 2007 den Basler Münsterplatz) zu einem der schönsten Parkplätze Europas. Diesen Freiraum freilich braucht es in voller Dimension, möglichst ohne Hindernisse, damit er das Volk aufnehmen kann, das sich hier alljährlich am letzten Sonntag im April zur Landsgemeinde versammelt. Das ist, so definiert das *Historische Lexikon der Schweiz (HLS),* «die verfassungsmässige, unter feierlichem Zeremoniell abgehaltene Versammlung der stimmfähigen männlichen Bewohner in den Länderorten, an der die Behörden gewählt werden und über Sachgeschäfte abgestimmt wird. Sie entstand ab dem Spätmittelalter und konnte sich teilweise bis ins 21. Jahrhundert halten.»

Auf kantonaler Ebene existiert die Landsgemeinde zu Beginn des 21. Jahrhunderts noch in den Kantonen Glarus und Appenzell Innerrhoden. Ausserrhoden hat sie 1997 durch eine Abstimmung an der Urne aufgehoben. Das HLS weiter: «Die Aufhebung der Landsgemeinde in Nidwalden, Obwalden und Appenzell Ausserrhoden 1996–98 war durch organisatorische Gründe (u. a. Platzmangel nach der Einführung des Frauenstimmrechts) und die stärkere Hinwendung zu den modernen Demokratieformen (v. a. Stimmabgabe an der Urne) ausgelöst worden.» Urkundlich belegt ist die Appenzeller Landsgemeinde seit 1403, vermutlich wird sie seit 1378 abgehalten.

Als die politische Welt noch eine rein männliche war, blieb die Ehegattin mit der Familie zu Hause und wurde an diesem wichtigen Tag mit Süssigkeiten getröstet, dem *Landsgmendchröm,* Landsgemeindekram. Das Bundesgericht hebelte 1990 den Willen der Innerrhoder Männer aus und entschied, dass das 1971 auf eidgenössischer Ebene beschlossene Frauenstimmrecht auch den Innerrhödlerinnen zustehe. Den *Landsgmendchröm* brauchen sie also nicht mehr als Substitut für vorenthaltene Rechte, sie können ihn selber kaufen – wie all die Touristen, denn *Chrempfli, Leckerli* und *Biberli* werden von den Bäckereien Appenzells offensichtlich während des ganzen Jahres angeboten, wie ein persönlicher Augenschein an einem Samstagmittag im August 2013 beeindruckt memoriert.

Seit wann die *Chrempfli* zur Landsgemeinde gebacken werden, ist nicht bekannt. Vermutlich noch nicht sehr lange, denn Indizien weisen auf Klöster als Ursprung hin. Im *Atlas der Schweizerischen Volkskunde* wird, basierend auf landesweiten Umfragen in den 1930er-Jahren, kein *Landsgmendchrempfli* erwähnt, aber ein «*Kloster-Chrempfli*»; präzisere Angaben über Inhalt und Aussehen fehlen. Damals stellten die Kapuzinerinnen der Klöster Appenzell und Jakobsbad *Kloster-Chrempfli* her. Auch im *Idiotikon* fehlt von *Landsgmendchrempfli* jede Spur, aber nicht von *Chloschter-Chräpfli.* Wahrscheinlich haben professionelle Bäcker im Verlauf der ersten Hälfte des 20. Jahrhunderts die Produktion von *Chrempfli* übernommen.

Krapfen sind Fast Food aus dem Mittelalter, die Weiterführung eines uralten Systems: Man nehme einen Teigfladen, packe zerkleinertes Essen auf die eine Hälfte, klappe die zweite darüber und esse das Ganze. Die verschlossenen Teigtaschen konnte man mit süsser oder salziger Masse füllen, mit Fleisch und Gemüse, mit Käse, Früchten und Nüssen, im Ofen backen oder in heissem Fett frittieren. Das Wort «Krapfen» ist auf die althochdeutschen Begriffe *crapho, kraphun* und *kräpfen* zurückzuführen, die bereits im 9. Jahrhundert bekannt waren und so viel wie Kralle oder Haken bedeuteten, gebogene Formen also. So können auch Krapfen aussehen, sie müssen aber nicht. In der spanischen Welt kennt man *Empanadas,* in Indien *Samosas* und in der Schweiz die Krapfen. Sie werden vor allem in der Innerschweiz geschätzt. Der bekannteste Krapfen ist der Zigerkrapfen *(Band 1).*

Die Bezeichnung *Chreempfli* – gedehnt ausgesprochen – leitet der Sprachwissenschaftler Stefan Sonderegger in Herisau «aus dem alt- und mittelhochdeutschen *krimpfan* im Sinne von «sich krümmen» oder «krampfhaft zusammenziehen» her *(Ostschweizer Lebkuchenbuch).* Allerdings krümmen sich die *Chrempfli* nicht beim Backen, sie werden mit einer nierenförmigen Form ausgestochen oder in entsprechend geformte Model gedrückt. Zuerst stellt der Bäcker den Teig her – einen hellen Anisteig ohne Anis: Zucker und Eier schaumig schlagen, dann mit Weissmehl, Wasser und Triebmittel vermischen, kneten. Auf Anis verzichtet er, weil die Früchtchen der *Pimpinella anisum* zu dominant auftreten und die Haselnussfüllung bloss konkurrenzieren würden: Ungeschälte, geröstete und fein gemahlene Haselnüsse, Wasser, wenig Zucker (der Teig ist reichlich süss), Schraps (getrocknete, gemahlene Biscuits) zu einer feuchten, leicht körnigen Masse wirken; nach Gusto Zugabe von frisch geraspelter Zitronenzeste oder etwas Zitronensaft.

Den Teig ca. 4,5 Millimeter dick ausrollen, mit einem leicht gezackten Eisen einzelne Teiglinge ausstechen, von Hand in ein Holzmodel drücken, mit dem Dressiersack die Haselnussmasse darauf deponieren, dann die Teiglinge übereinanderlappen, am Rand verschliessen und die entstandenen Teigbeutel in einem warmen, trockenen Raum über Nacht ruhen lassen. Der Zucker im Teig beginnt zu kristallisieren, die Oberfläche wird krustig, härter. Dank dieser Verkrustung zerfliesst das *Chrempfli* nicht im Ofen, wenn es bei 220 Grad 20 Minuten lang gebacken wird. Das Sujet des Models, etwa Kirsche, Birne, Schwan, Taube oder Schweizer Kreuz, ist nur auf einer Seite erkennbar.

— *Siehe auch: Gubel-Krapfen, Rigibock und Hölloch-Chräpfli, Band 1.*

Hosenknöpfe

Runde, flache, meringueähnliche Süssigkeiten.

Die Form gleicht Hosenknöpfen, Zubereitung und Genuss der manchmal harten, trockenen Süssigkeiten auf Eiweissbasis verlangen etwas Geduld. So ist das Gebäck zu seinen zwei Namen gekommen: Hosenknöpfe heisst es im Appenzellischen, Geduldszeltli im Kanton Zürich *(Band 1)*. Hosenknöpfe kennt man weiter in Graubünden, die Thusner oder Maseiner Hosenknöpfe *(Band 4)*, die allerdings aus einem andern Teig gebacken werden.

Die Hosenknöpfe bzw. Geduldszeltli messen «ein Frankenstück» im Durchmesser (gemäss altem Basler Rezept). Sie sind ein Nischenprodukt. Aus der Rheinstadt stammt das bislang älteste Rezept für *Doppelte Geduldstäfelein,* erschienen in *Originalrezepte der alten Basler Küche,* die Anita Rauch aus drei Familienkochbüchern von 1822, 1825 und 1847 entnommen und zusammengefasst hatte. Auch Amalie Schneider-Schlöth, deren *Basler Kochschule* erstmals 1877 erschien, präsentierte *Geduldstäfeli.*

Die Hosenknöpfe lassen sich entfernt mit Meringues vergleichen, allerdings unter Einschränkungen, denn sie sind kleiner und dank der Zugabe von Mehl kompakt, nicht leicht und porös wie Meringues. Auffallend ist die Konstanz der Zutaten, die seit mehr als 100 Jahren kaum verändert worden sind. Unterschiede lassen sich in Nuancen feststellen, Bergamottöl oder Rosenwasser zum Aromatisieren der Grundmasse, Zitronenschale und/oder Vanille oder etwas Kakao. Man kann auch ganze Eier verwenden wie ein Appenzeller Bäcker, der die Hosenknöpfe länger als ein halbes Jahrhundert fabriziert. Seine Feststellung: «Früher nahm man nur das Eiweiss, weil das Eigelb zu kostbar war.»

Man schlägt also das Eiweiss bzw. Ei steif, rührt Puderzucker darunter, dann Mehl und die Aromen. Die Masse muss luftig sein. Der Konditor füllt sie in einen Dressiersack und drückt identische Portionen aufs Blech, die anschliessend angetrocknet werden. Je nach Raumklima dauert dies unterschiedlich lang, ein bis drei Tage im Schnitt, im Sommer manchmal länger. Wenn sich die Hosenknöpfe von der Unterlage lösen lassen, kann man sie in den Ofen schieben. Man backt sie bei niedriger Temperatur fünf bis zehn Minuten lang, bis sie goldgelb sind. Wenn es zu heiss ist, karamellisiert der Zucker.

Im Appenzellischen sind die Hosenknöpfe während des ganzen Jahres erhältlich. Geduldszeltli findet man zur Weihnachtszeit.
— *Siehe auch: Geduldszeltli, Band 1; Meringues, Band 2.*

Leckerli

Ungefüllte, braune Lebkuchen.

Im Reich der gefüllten Süssigkeiten und der dick bestrichenen Fladen präsentiert sich das Leckerli als Asket: weder Zuckerguss noch Mandelfüllung, weder Eier noch Butter, weder reichlich Honig noch üppig Gewürz. Fast schon ländlich-bescheiden ohne urbanen Glamour, und so erstaunt es kaum, dass dieses Leckerli aus einfachem Lebkuchenteig vor allem im Appenzellerland und im angrenzenden sankt-gallischen Toggenburg zu Hause ist. Ein Gebäck für «arme Leute und *Goofe*» wie der besuchte Bäcker sagt, ein Gebäck für Arme, Alte und Kinder, also im Grunde eine Kaustück für die Zahnlosen, die durch stetes Zermalmen des trockenen Lebkuchens die «Felgen» massieren.

Die Wurzeln für das Wort «Leckerli» sind im Althochdeutschen *«leckon»*, lecken, zu finden. Laut *Idiotikon* ist ein Leckerli «eine Art kleines, lebkuchenähnliches Gebäck von länglich viereckiger Form». So klein sieht die Appenzeller Version indessen nicht aus, mindestens doppelt so gross wie das Basler Läckerli, das wiederum sich veredelt mit Orangeat und Zitronat, gehackten Nüssen und Zuckerguss präsentiert. Das Zürcher Leckerli hat mit Lebkuchen noch weniger gemein als das Basler, eher mit Marzipan, denn es besteht aus einer Masse aus Mandeln, Puderzucker und Eiweiss. Die klassischen Leckerlein wurden in der Schweiz bis ins 18. Jahrhundert entweder privat, vornehmlich in begüterten Häusern (teure Zutaten), hergestellt, oder in Apotheken, denn das Gebäck enthält eine Menge der kostspieligen Lebkuchen- bzw. Weihnachtsgewürze, die in der Volksmedizin von Bedeutung waren. Das Leckerli war auch ein Mittel gegen Magengrimmen oder Kopfweh *(siehe Exkurs Seite 41)* und wurde damals zwischen Basel, Bern, Zürich, Chur und St. Gallen nach einem ähnlichen Rezept hergestellt, wie ein Beispiel aus dem Arzneibuch des Berner Wundarztes Abraham Schneuwly aus dem Jahr 1621 illustriert: Das *«Frau Anna von Hallweil-Leckerlein»* bestand aus den üblichen Lebkuchenzutaten Honig, Zucker, Mehl, Ingwer, Muskat, Nelken, Zimt und Zitronenschale.

In St. Gallen wurde geradezu enthusiastisch experimentiert: Im *Kochbuch Wibrat Zili* von 1640 sind neben einem «weissen» aus eierlosem Zuckterteig lauter «braune» zu finden, «Honig, Zucker und Ammelmehl enthaltende Leckerlein, ‹gewöhnliche› bis ‹hitzige› (rezente) in sieben Variationen sowie vier verschiedene ‹gute Läckerli›. [...] Drei Rezepte für ‹Zucker-Läckerli›, die ebenfalls Honig enthielten, unterschieden sich lediglich in Würznuancen und in der Dicke: ‹Mach si tick oder tönn›» *(Ostschweizer Lebkuchenbuch)*.

Wie sind die Leckerli ins Appenzellische gekommen? Über die Zeit vor dem 19. Jahrhundert gibt es keine schriftlichen Hinweise. Der appenzellische Volksdichter Titus Tobler beschrieb es 1837 als «kleinen, länglich viereckigen Honigkuchen mit glattem Rande»; später inthronisierte Konrad Frick, ebenfalls ein Volksdichter, das Leckerli als «uraltes appenzellisches Nationalgebäck». Eine Lokalvariante wurde im *Häädler Kalender* 1949 beschrieben: «Für einen Batzen gab es 14 Leckerli oder 20 Biberli. Darunter waren aber keine gefüllten Biber zu verstehen, sondern bloss etwas kleinere, dünne und rechteckige Leckerli aus gewöhnlichem, mit Zimt gemischtem Brotteig, die am Rande schön ausgezäckelt waren.»

Für den einfachen Lebkuchenteig Honig und Zucker verflüssigen, ohne dass es karamellisiert, dann mit Halbweiss- und etwas Dinkelmehl, Milch, Treibsalz und einer Lebkuchen-Gewürzmischung wie Zimt, Nelken, Anis, Ingwer, Piment, Koriander, Kardamom und Sternanis vermischen und zu einem Teig verkneten; mindestens 24 Stunden an einem kühlen, trockenen Platz ruhen lassen, damit das Treibsalz die kompakte Masse lockern kann. Dann auf 2,5 Millimeter Dicke auswallen, längliche Rechtecke schneiden und bei 210 Grad acht bis zehn Minuten backen. Die Leckerli gehen leicht auf; sie sind weder glasiert noch verziert und enthalten weniger Gewürze als andere Lebkuchen; Zimt dominiert.

Die Leckerli sind dank des Tourismus während des ganzen Jahres erhältlich. In Appenzell Innerrhoden gehören sie mit *Landsgmendchrempfli* und Biberli zum *Landsgmendchröm*. In Appenzell Ausserrhoden bereichern sie die Fasnacht, in Herisau und Waldstatt spielen sie beim Brauch *Gidio Hosestoss* eine tragende Rolle. Die Legendenfigur Gidio, ein Schleckmaul, war an einem Leckerli erstickt ... *honni soit qui mal y pense.* Ihm zu Ehren wird am Aschermittwoch ein Kinderumzug mit einer lebensgrossen Strohpuppe veranstaltet. Wer sich der Trauertruppe anschliesst, erhält Leckerli als Belohnung. Die Leckerli soll man rasch essen, sie trocknen nach wenigen Tagen aus. Eine Fraktion schätzt sie genau in diesem Zustand: flugs in den Kaffee getunkt und eingesaugt.

Supplément: Die *Bacheschnette* ist eine Variation im Ausserrhodischen: Die Leckerli werden im Ausbackteig frittiert und mit Zimtzucker bestreut. Gebäckforscher Albert Spycher, der in seinem *Ostschweizer Lebkuchenbuch* zahlreiche Details erhellt, brauchte sich nicht nur auf verstaubte Akten zu stützen, sondern profitierte auch von den Erfahrungen seiner Familie: «Die Grossmutter kaufte Backleckerli in einer St. Galler Bäckerei. Am Waschtag wurden die Leckerli in einen Omelettenteig getaucht, in Butter gebacken, mit Zimt und Zucker bestreut und zu Käseküchlein und Kaffee verspeist.» — *Siehe auch: Zürcher Leckerli, Band 1; Berner Honiglebkuchen, Basler Läckerli, Band 2; St. Galler Biber, Seite 111; Biscômes, Pains d'épices, Band 5.*

Motschelle

Faustförmiges Feiertagsgebäck in Innerrhoden *(Abbildung Seite 46).*

Für den Pfarrer zu St. Mauritius in Appenzell war die alljährliche Segnung von Motschellen am Mittwoch vor Karfreitag offenbar so zur Selbstverständlichkeit geworden, dass er vergass, sie auf sein Jahresprogramm zu setzen. Jedenfalls ist die Segnung auf einem wertvollen Dokument aus dem 19. Jahrhundert, auf dem die kirchlichen Feiertage und Rituale von St. Mauritius aufgeführt sind, nicht zu finden. Es handelt sich beim Segnen der Motschellen nicht um das einzige Ritual, bei dem Brot im Mittelpunkt steht, am 5. Februar beispielsweise weiht der Pfarrer die Agathabrote. Vereinfacht und schematisch ausgedrückt, kann man die katholische Kirche als sinnlich-rituell charakterisieren und die reformierte als nüchtern-intellektuell. Und deshalb überrascht es keineswegs, dass die Motschellen – runde Brötchen aus weissem Hefeteig, also quasi katholische Weggli – eine Innerrhoder Exklusivität sind, national nur mit dem Dreikönigskuchen zu vergleichen, der am 6. Januar gegessen wird. Von weltlicher, aber nicht geringerer festlicher Ausrichtung ist der 1.-August-Weggen zum Schweizer Nationalfeiertag.

Das erste schriftliche Zeugnis zu Motschellen findet sich in einem Text im «Appenzeller Volksfreund», verfasst von Andreas Anton Breitenmoser, von 1908 bis 1933 Pfarrer in Appenzell. Kurz vor Ausbruch des Zweiten Weltkriegs lokalisierten die Autoren des *Atlas der Schweizerischen Volkskunde* in Appenzell und Brülisau das Vorkommen eines *Mutschällebrots* der Art «9 Zipfel, durch 4 Schnitte entstanden». Seit dem Zweiten Vatikanischen Konzil 1963 werden die Motschellen am Vortag des Gründonnerstags gesegnet. Vor dem Konzil und der damit verbundenen Einführung der neuen Liturgie kannte man denselben oder einen ähnlichen Brauch, als an Christi Himmelfahrt (39 Tage nach Ostersonntag) in Appenzell für zehn Kreuzer *Mutschellen* an die Gemeinde verschenkt wurden (1585, Kirchenrechnungsbuch); später wurden an diesem Tag Nüsse und Dörrbirnen verteilt. Die Motschellen werden an einem einzigen Tag gebacken und gesegnet, verteilt oder verkauft.

Das *Idiotikon* beschreibt einen *Motsch* als Brotlaibchen, ein *Mutschli* als kleines, kugeliges Brötchen aus gewöhnlichem oder weissem Mehl und die *Mutschelle* als Semmel oder Eierbrötchen für Kinder am Neujahrstag. Ein Eintrag aus dem Jahr 1606 hält fest: Die (katholischen) Priester «*lockend die Kinder mit Geschänk, Mutschällen, Dirggelen, Bimenzelten und derglychen*».

Der Bäcker lässt das Rührwerk einen zopfähnlichen Teig aus Weizenmehl, Milch, Pflanzenfett, Hefe, Salz und Malz kneten, den er in zwei Etappen ziehen lässt; die Gärung aktiviert den Kleber und fördert das Aroma. Einheiten von jeweils 100 Gramm rollt der Bäcker zu Bällen, deren Oberfläche er mit dem Messer mit jeweils zwei parallelen Schnitten im Kreuz einkerbt. Es entsteht eine Struktur mit einem Quadrat in der Mitte, umgeben von acht weiteren, am Rand auslaufenden Quadraten, also eine Art Gittermuster, das nach dem Backen wie Würfel aussieht (analog der Mango-Trick: eine Hälfte der Mango im Fruchtfleisch gehäuselt einschneiden, die Seite von der Schale her nach oben ausstülpen und fertig ist das Dessert). Nach dem Abkühlen werden die Motschellen gesegnet, meistens in der Kirche, manchmal in der Backstube.

Die Bedeutung der Würfelstruktur wird unterschiedlich interpretiert. Ist es eine Erinnerung an urchristliche Zeiten, als Brot rituell gebrochen wurde? Oder symbolisieren die Quadrate die Würfel, mit denen die römischen Soldaten nach der Kreuzigung um Christi Kleider spielten? Oder erinnern die Motschellen schlicht ans Abendmahl, als Jesus mit seinen Jüngern Brot und Wein teilte?
— *Siehe auch: Agathenringli, Weggli, Band 1; Zopf, Band 2; Agathabrot, Seite 36; 1.-August-Weggen, Band 4; Agathabrötli, Band 5.*

Zimtfladen

Flacher, runder Kuchen mit würzigem, von Zimt dominiertem Belag.

Am Anfang war der Fladen, auch beim frühzeitlichen Fastfood: Als der Nutzen der Krapfen als gefüllte Teigtaschen offenkundig wurde, dienten flache, gebackene *Blätze* schon lange als Teller. Das Flachgebäck, das auch als Urpizza Karriere machen sollte, hat seine finale Bezeichnung nach einer Begriffskette vom indogermanischen *plat* oder *plet,* dem althochdeutschen *flado* und dem mittelhochdeutschen *vlade* bis zum *Flade* von heute erhalten. «Seit dem ausgehenden Mittelalter enthält die handschriftliche und gedruckte Rezeptliteratur eine Vielfalt an Fladengebäck als Alltags-, Fest- und Fastenspeise für den bürgerlichen Haushalt wie auch für Klosterleute» (Albert Spycher, *Back es im Öfelin oder in der Tortenpfann – Fladen, Kuchen, Fastenwähen und anderes Gebäck).*

Im Alten Testament werden jüdische Speiseopfer beschrieben, ölbestrichene Fladen aus ungesäuertem Semmelteig, aber noch einiges früher, im 4. Jahrtausend vor Christus, haben die jungsteinzeitlichen

Pfahlbauer an Neuenburger- und Bielersee fladenförmiges Brot fabriziert, indem sie mit saurer Milch angereicherten Mehlbrei in eine leichte Vertiefung der Kochstelle gaben und unter einer glühend heissen Ascheschicht ausbuken. «Die Fladenrezepte des 14. Jahrhunderts schrieben einen Teigboden vor, ein *blat von teyge*, auf den ein Belag von allerlei Kleingehacktem verteilt wurde. Der ‹Fladen von Fischen› im *Buch von der guten Spise* aus einer Würzburg-Münchner Handschrift aus jener Zeit ist eine Art Pizza des ausgehenden Mittelalters für die Fastenzeit» *(Back es im Öfelin oder in der Tortenpfann)*. Die ungnädige Fastenzeit mit ihrer gemütszermürbenden Dauer bewog die Menschen, auch bei den Süssigkeiten den strengen Vorschriften und ihren Hütern ein Schnippchen zu schlagen. Milch war wie Fleisch von Warmblütlern verboten, also ersetzte man sie durch Mandelmilch, um beispielsweise ein *gehäck* zu den *fledlin* zuzubereiten, eine süsse Mandelfüllung. Für Mandelmilch legte man frische süsse Mandeln in heisses Wasser ein, schälte und zermörserte sie unter Beigabe von Rosenwasser und presste dann die «vermandelte» Flüssigkeit aus, die Mandelmilch (nach Anna Wecker, *Köstlich new Kochbuch*, 1600).

Beim ersten Gedanken an Zimtfladen mag man sich eine opulente Nussfüllung vorstellen, doch Nüsse sind für den bescheidenen Zimtfladen nicht vorgesehen. Der Zimtfladen besteht aus einem gewürzten Mehl-Rahm-Belag und ist in der Ostschweiz verbreitet, insbesondere in den beiden Appenzell, im Kanton St. Gallen und da speziell im Toggenburg. Die älteste Erwähnung steht in einer gut hundertjährigen handschriftlichen Rezeptsammlung in Urnäsch. Das *Idiotikon* hält fest (1881), dass «früher» im Appenzellerland zur winterlichen Festtagszeit in fast allen Privathaushaltungen Rahm-, Käse- und Birnenfladen gebacken und ans Personal verschenkt wurden; oder auch an treue Kunden, so durch die Bäcker. Einen expliziten Zimtfladen nennt das *Idiotikon* nicht, aber sein Rahmkuchen, ein «flacher, runder Kuchen aus dünnem Brotteig, mit einer Mischung aus Rahm, Mehl und Gewürz belegt», entspricht ziemlich genau dem Basisrezept der Zimtfladen.

Das Rezept des besuchten Bäckers ist eine von zahlreichen Variationen. Er kleidet das Kuchenblech mit einem Teig aus Mehl, Zucker, Margarine, Salz und Eiern aus, bestreicht den Boden mit

Himbeerkonfitüre, um dem Kuchen eine fruchtige Geschmacksnote zu verleihen. Für die Füllung verrührt er eine Masse aus Mehl, Zucker, Zimt, Backpulver, Milch und etwas flüssiger Margarine. Die Masse wird auf dem Teigboden ebenmässig verstrichen, der Kuchen kommt in den Ofen und erhält nachher eine Schicht Abricoture (Aprikosenkonzentrat für Profis), damit er schön glänzt. Je nach Geschmack wird der Zimtfladen mit Zuckerglasur oder Schokolade überzogen oder nature serviert. Für den Bäcker bedeutet der Zimtfladen ein Nischenprodukt, das weniger gefragt ist als Mandelfisch (*Seite 101*) oder Schlorzifladen (*Seite 119*).
— *Siehe auch: Osterfladen, Zimtstängel, Zimtsterne, Band 2.*

Appenzeller Nidelzeltli

Hartes, braunes Bonbon aus karamellisiertem Zucker, Milch und Rahm *(Abbildung Seite 46)*.

Erhitzt man Zucker, wird er gelblich, golden, bräunlich, braun bis schwarz, wenn er am Ende verbrennt und als verkohlte Klümpchen aus der Pfanne gekratzt werden muss. Je dunkler der Caramel, desto stärker die Röstaromen. Je nach Verwendung des Caramels gibt man beim Produzieren mehr oder weniger Wasser dazu, einen Schuss Zitronensaft oder Essig. Confiseure formen aus heissem, zähflüssigem Caramel hübsch geschwungene Figuren und krönen damit Torten, ziehen mit der Kelle Fäden und wickeln sie zu Vogelnestern, tauchen Haselnüsse in Caramel und ziehen Lanzen in der Art von Kirchturmspitzen, oder sie verwenden ihn zum Färben von Bouillons, Saucen und Ragouts; mancher Cognac oder Whisky schimmert nur dank einer Dosis Caramel so schön gold-bräunlich.

Was geschieht in der Pfanne? In *Rätsel der Kochkunst* lüftet Hervé This-Benckhard das Geheimnis: «Unser Tafelzucker besteht aus Saccharose, einem Molekül, das sich aus einem Glukose- und einem Fruktosering zusammensetzt, die über ein Sauerstoffatom mit einander verbunden sind. Erhitzt man Saccharose, so macht sie eine

Reihe von Umsetzungen durch (da sie zahlreiche Sauerstoffatome enthält, sind molekulare Neuanordnungen möglich). Die Moleküle werden gespalten, wobei flüchtige Fragmente wie Akrolein entstehen, die entweder verdampfen ... oder sich in der Zuckermasse auflösen, um dem Karamel seinen typischen Geschmack zu verleihen.»

Im europäischen Mittelalter bezeichnete man den kristallisierten Saft des Zuckerrohrs als «weisses Salz» oder «indisches Salz». Der Ursprung der Zuckerfabrikation aus *Saccharum officinarum,* der Familie der Süssgräser mit mehr als 3000 weiteren Arten zugehörig, befindet sich in Ostasien und wird den Chinesen zugeschrieben, wie so manche andere kulinarische Entdeckung oder Entwicklung auch. In Europa liessen sich die Menschen seit Urzeiten von den Bienen bedienen, Honig entstand quasi von selbst vor der Haustür; das «weisse Salz» indessen war teuer wie das richtige Salz und hiess wohl aus diesem Grund so, weil man sich das enge Haushaltsbudget nicht mit Zucker versalzen wollte.

Bis zu seiner rationellen Herstellung ab dem 19. Jahrhundert wurde Zucker vorwiegend zu medizinischen Zwecken appliziert oder als *Gourmandise* in wohlhabenden Häusern genascht – nicht einmal der Fürstbischof von Basel war so reich, dass er frei über Zucker verfügen konnte. Dank der von 1458 bis 1478 akribisch aufgezeichneten Haushaltrechnungen des Bischofs Johannes von Venningen (1409/10–1478) weiss man, dass er übers Jahr zwar zuweilen *«lepkochen»* erhielt, der Zuckerkonsum am bischöflichen Hof aber wohl bescheiden war – und so viel wert, die Botin mit Trinkgeld zu honorieren: *«Item 2 ß Dulckeiß jungfrau, bracht 1 zuckerhuth und ein zwehel».*

Bereits 966 richteten venezianische Händler ein Zuckerdepot ein. Um das Jahr 1000 installierten Araber auf der Insel Kreta «die erste ‹industrielle› Raffinerie» (Maguelonne Toussaint-Samat, *Histoire naturelle et morale de la nourriture),* «deren Ausdünstungen die Kreuzritter anzog wie Honig die Fliegen». Die Kenntnisse hatten die Araber von den Persern übernommen, und es waren «die gleichen verschleckten Leute, die den Caramel erfanden». Bei der Perfektionierung des Klärprozesses des Zuckersaftes wurden sie auf ein neues Produkt aufmerksam, «bräunlich, klebrig und reich parfümiert: *kurat al milh* oder süsse Salzkugel» (Caramel enthält durchaus salzige Noten). Eine erste, keineswegs «süsse» Nutzung des neuen

WACHOLDERLATWEERI

WACHOLDERLATWERGE NACH APPENZELLER ART

Beim Einsammeln nur die äusseren, feinen Ästchen mit den Beeren und keine holzigen Teile nehmen. Die Beeren können mitsamt den Ästchen verwendet werden. — In diesem Fall die Beeren mit dem Kartoffelstössel verquetschen, in die Pfanne geben, mit Wasser bedecken und 4–5 Stunden lang zu einer braunen Flüssigkeit kochen. — Dann den Saft durch ein Tuch sieben. Ist der gefilterte Saft verdächtig dünn, sollte man ihn noch eine Zeitlang auf mittlerem Feuer eindicken lassen. — Bei Verwendung der blossen Beeren diese kochen und dann durch die Hackmaschine oder das Passevite treiben. — Auf 500 g Beeren rechnet man 3 Liter Wasser. Die Vorkochdauer ist in diesem Fall etwas kürzer. — Den konzentrierten Saft abwiegen und die benötigte Menge Zucker zugeben. Der Zucker kristallisiert später aus, wenn der Saft vor der Zuckerzugabe zu wenig eingedickt wurde. — Für eine hohe Literzahl braucht es viel Zucker. Da die Latwerge bis zur gewünschten Dicke eingekocht werden muss, entsteht gerne eine Übersüssung. Deshalb lieber konzentrierten Saft mit weniger Zucker einkochen. Die Latwerge wird dadurch auch geschmacklich besser. — In Steintöpfe abfüllen und diese gut verschliessen.

Arbeitsaufwand: 50 Minuten
Vorkochzeit: 4–5 Stunden

2 kg Wacholderbeeren
1 kg Zucker auf 1 Liter Saft

Anmerkung: *Latweeri* ist gut bei Erkältungen, Magenstörungen und wirkt wassertreibend – nicht umsonst ist es ein altbewährtes Hausmittel unserer Urgrossmütter.

Stoffes war, so Toussaint-Samat, «die Verwendung in den Harems zur Enthaarung» von Körperpartien der Belegschaft.

Caramelbonbons findet man in der ganzen Schweiz, vorwiegend im Waadtland, Bern- und Baselbiet und Appenzellerland; sie werden aber nicht überall gleich hergestellt. Weit in die Geschichte lassen sich hierzulande die Süssigkeiten nicht zurückverfolgen, am ehesten in private Küchen, wo Mütter die Rahmtäfeli als Stärkung für ihre Kinder kochten. Caramel wurde sehr wohl als Medizin verstanden, wie Krünitz in seiner *Oekonomischen Encyklopädie* (1773–1858) schreibt: «Caramel, Caramelle, nennen die Franzosen den recht stark braun gesottenen Zucker. Man braucht ihn auch in Täfelein für die Brust, zur Beförderung des Auswurfs, wie andren gebrannten Zucker.» Ein altes Rezept wurde im *Heinrichsbader Kochbuch* (1897) in Zürich publiziert; im Buch *Das süsse Basel* von Eugen A. Meier (1996) tauchen «Weiche Russische Tabletten» auf – woher auch immer die Bezeichnung stammen und mit welcher Bezogenheit sie die *Rahmtääfi* überzogen haben mag: Auch im *Heinrichsbader Kochbuch* gibt es «Russentäfelchen» und ausserdem «Weisse Nidelzeltchen», die dickeren, süsseren Rahm enthalten. Ein Fachmann erklärt: «Die typischen *caramels à la crème* verdanken ihren Geschmack dem beigefügten Vanillin und dem Kakaopulver. Die klassischen Berner Nidletäfeli sind oft auf den Jahrmärkten erhältlich und zerfallen, einmal im Mund, sehr schnell. Die Oberbaselbieter Rahmtäfeli sind mürbe und doch weich, Sie sind eine gewisse Zeit kaubar» – eine Eigenschaft, die den Appenzeller Nidelzeltli komplett fehlt, denn sie sind beinhart und zersplittern, wenn man sie denn unbedingt zerbeissen muss.

Sie sind hart, weil sie nur wenig Rahm enthalten, dafür umso mehr Milch. Die Sparvariante aus der Familie der Caramels, wie man den Worten einer betagten Herisauerin entnehmen kann, die sich erinnert, wie sie und ihre Schwester an Sonntagnachmittagen Nidelzeltli fabrizierten. Sie nahmen magere Milch statt fetten Rahm, den die Mutter für die Butter brauchte. Frühe Rezepte gehen auf Mitte 19. Jahrhundert zurück; beim besuchten Produzenten sind die Nidelzeltli seit 1839 bekannt. Eine Besonderheit entwickelte sich nach dem Zweiten Weltkrieg: Damals lagerten in Haushalten und Gewerbebetrieben beträchtliche Mengen roher, also nicht pasteurisierter Kondensmilch, die während der Kriegsjahre als Teil des Notvorrats gehortet werden musste. Nun goss man die Kondensmilch in die Caramelmasse mit dem Erfolg, dass die fertigen Zeltli richtig glashart wurden. Seit 1963 ist der Name «Appenzeller Nidlezeltli 212» der Firma Tanner 212 in Herisau geläufig (der Name stammt von der Adresse Schmiedgasse 212, weil dieser Tanner nicht der einzige Tanner ist in Herisau) und wurde 1992 mit eidgenössischem Markenschutz versehen.

Eine Masse aus Kondensmilch, Rahm und Zucker wird so lange gekocht und gerührt, bis Farbe und Konsistenz passen. Die Masse wird auf einen Marmortisch gekippt und auf eine Dicke von sechs bis sieben Millimeter verstrichen, abschliessend presst man ein Ausstechgitter auf den weichen Belag und schneidet grosse Stücke heraus. Die legt man auf Backbleche, die mit Bienenwachs eingefettet worden sind. Auf der nächsten Arbeitsfläche putzt man beide Seiten der Platte und zerkleinert sie fortlaufend, bis Nidelzeltli in der gewünschten Grösse auf dem Tisch liegen. Arbeitet man zu langsam, erstarrt die Masse und man muss Hammer und Meissel holen.

Supplément: *Nidle* erfährt im *Idiotikon*, dem *Schweizerdeutschen Wörterbuch*, ausführliche Beachtung. Beispiele: «*Der Ram, Neidel, Saane, Schment (Saan, Rom), cremor, flos lactis*» (1662); – «*Me darf em Hèr nid i Nidle ine länge*» (1639, gemeint ist der Herr Pfarrer); – «*Unsern Niedeln, unserm Anken, unsern Käsen ist keine Waare dieses Namens auf dem Erdboden vorzuziehen*» (1759).

— *Siehe auch: Baselbieter Rahmtäfeli, Band 2; Caramels à la crème, Band 5.*

Appenzeller Alpenbitter

Bitter schmeckendes alkoholhaltiges Getränk, aromatisiert mit 42 Kräutern *(Abbildung Seite 46)*.

Bei aller Freude an kulinarischen Ausschweifungen vergisst man gerne, dass Essen der Erhaltung des Körpers dient – nicht nur als Treibstoff, auch dem Unterhalt. Der Mensch braucht Kalorien, die ihm Energie liefern, und Stoffe, die ihn bei Gesundheit halten. So lapidar er klingt, so wahr ist der Grundsatz immer noch: Auf die Ausgewogenheit kommt es an. Wer sich nur mit Zucker und Stärke vollstopft, wird fett und schlapp; wer nur auf Fasern, saure Säfte, Gerb- und Bitterstoffe achtet, mumifiziert den Leib und zermürbt die Seele.

In der Schweiz mit ihren variantenreichen Landschaften gedeiht eine Reihe von Bitterpflanzen, die als Heilmittel wie als Küchenkräuter einsetzbar sind. Richtig bitteren Geschmack müsse man sich im Zeitalter der überzuckerten Softdrinks und Alcopops allerdings wieder antrainieren, betont eine Botanikerin, die in ihrem Garten im Mittelland unter 500 Pflanzen Bitterkräuter wie Andorn, auch Brustkraut oder Mariennessel genannt, oder Löwenschwanz hegt: Kaut man deren Blätter, breitet sich im Gaumen Bitterkeit wie ein Flächenbrand aus, dass der ganze Körper schaudernd zusammenfährt, und sofort wird die Speichelproduktion animiert. Bittersubstanzen, die chemisch keine einheitliche Stoffgruppe bilden, setzen den Verwertungsapparat in Gang. Das wird wohl der Grund sein, warum der Appenzeller Alpenbitter mit seinen 42 Kräutern in der Westschweiz bevorzugt als Apéritif getrunken wird.

Der anregende Auftakt des Mahls lässt sich auch in fester Form arrangieren, etwa als Frühlingssalat; so kann man Giersch (Geissfuss) mit Bärlauchblättern und gehackten Bärlauchzwiebeln kombinieren, mit mildem Schnittsalat und wildem Oregano, bestreut mit getrockneten Samen der Mariendistel aus dem Vorjahr. Oder man mischt die Blätter des Spitzwegerichs mit Wiesenlabkraut, Bibernelle, Günsel, Schafgarbe, Wasserdost und, zur Milderung der Bitterlinie, gemeinem Löwenzahn. All diese Pflanzen ergeben einen herzhaften, herben Salat, eher Medizin als Entree, der mit normalen Salatblättern «entschärft» werden kann – zum Beispiel mit jungen Buchenblättern oder jungen, blanchierten Brennnesselblättern.

Gut ein Drittel der Pflanzen in traditionellen Heilkundebüchern sind bittere Pillen. Die Bedeutung dieses Basisgeschmacks neben süss, sauer, salzig und *umami* belegt die Zahl der Rezeptoren auf der Zunge: Für alles Süsse reichen drei Rezeptoren, der Wahrnehmung des Bitteren dagegen dienen 25 – mit gutem Grund, denn solche Stoffe unterstützen den Menschen nicht nur, sie können ihm auch schaden, gar umbringen: Giftpflanzen schmecken häufig bitter, um ihre Gefährlichkeit zu signalisieren.

Die Trennung zwischen *Haute Cuisine* und Bitterkost erfolgte schleichend und trotz aller Warnungen gegen die Schlemmerei, die schon Hildegard von Bingen verdammte. Bitterstoffe helfen mit, die Nahrung gut aufzuspalten, und beugen Verstopfungen vor, Blähungen und Fäulnisproblemen. Und wirken am Ende auch ein bisschen gegen leichte Depression und Antriebsschwäche, allein schon durch den schockierenden Kick, den sie im Gaumen auslösen. Die Bitterkeit liesse sich bei Gelagen sinnvoll einsetzen, als Zwischengänge etwa, um der Verdauungsarbeit des Körpers beizustehen. Dies dürfte der Grund sein, warum der Deutschschweizer den Bitter lieber als Digestif trinkt.

Der Appenzeller Alpenbitter überragt alle andern Bittergetränke der Schweiz, der erste indessen war er nicht. Laut einem Bericht über die Landesausstellung von 1883 in Zürich war es der Interlakner Apotheker August F. Dennler, der 1860 als Erster einen Magenbitter aus Alpenkräutern präsentierte; zu seiner Zeit waren vor allem Bitter aus Holland im Handel. In Altstetten bei Zürich entwickelte der Sachse Gustav Erdmann Weisflog einen alkalischen Bitter gegen Magenversäuerung, der ab 1880 fabrikmässig hergestellt wurde; Alpenbitter wird auch im Luzernischen sowie in der Westschweiz produziert.

1902 gründete Emil Ebneter mit 20 Jahren in Appenzell eine Spirituosenhandlung und kreierte einen Magenbitter, beflügelt vom naturheilkundlichen Spiritus seiner Heimat und den zahlreichen Heilkräutern der voralpinen Landschaft. Ebneter wusste den Erfahrungsschatz von Klöstern zu nutzen und entwickelte den Bittertrunk mit seinem Schwager Beat Kölbener weiter; 1907 erhielt «Appenzeller Alpenbitter» Markenschutz. 1940 wurde das bis anhin variable Rezept verbindlich, in den 1960er-Jahren erfuhr es die letzte Änderung, nachdem die Alpenrose unter Schutz gestellt wurde (was auf den Walliser Alpen die berggängigen, kampfeslustigen Eringer Kühe nicht hindert, in aller Ruhe Alpenrosen zu fressen – wer will sie denn büssen?).

Das Wesen, das um die geheime Formel der Kräutermischung veranstaltet wird, relativiert die Appenzeller Alpenbitter AG gleich selber. Munter werden auf der Website Enzianwurzel (ein Klassiker unter den Bittergewächsen), Wacholder, Anis, Chinawurzel und

Pfefferminze genannt; und es wird versichert, dass Kräuter an sich «nicht das Geheimnis» seien: «In unserer Schaukräutersammlung kann man alle Kräuter sehen, anfassen und riechen.» Mit modernen Analysemethoden lassen sich die Pflanzen ohnehin genetisch bestimmen, doch: «Die grosse Kunst ist und bleibt aber herauszufinden, welche Kräuter in welcher Zusammensetzung und in welchem Verfahren verwendet werden» *(www.appenzeller.com)*.

Heimische und exotische Kräuter werden in stattlichen Mengen eingekauft und einzeln in Chromstahlbehältern gelagert. Für die Weiterverwendung stellt man zehn Halbfabrikate her, jedes mit einer andern Kräuterkombination. Ein Teil wird destilliert, also gebrannt; der andere Teil wird mazeriert, die Essenzen werden durch mehrtägiges Einlegen der Pflanzen in reinem Alkohol (96 Volumenprozent) kalt herausgelöst. Nun kommen die zwei Geheimnisträger aus der Besitzerfamilie zum Zuge: Nach präzisen Proportionen werden die Halbfabrikate mit Zuckerlösung, Süsswein und einem französischen Weinbrand vermischt; am Ende filtert man die verbliebenen Trübstoffe heraus, zumeist Kräuterpartikel.

Der Geschmack des Appenzeller Alpenbitters wird unterschiedlich wahrgenommen. Für die einen überwiegt Anis, für andere die erdige Wucht der Enzianwurzel. Generell lässt sich sagen, dass dank der Mischung kein Geschmack deutlich heraussticht oder auf die Dauer gar dominiert. Der Produzent: «Es ist schon oft vorgekommen, dass Aromen von angeblichen Zutaten herausgeschmeckt wurden, die gar nicht verwendet werden.»

Appenzeller Alpenbitter wird vorwiegend in der Schweiz konsumiert; als *Kafi Beberflade,* neustens auch als *Shot* in Cocktails oder auch in Desserts, etwa einem Parfait. In die USA darf er nicht exportiert werden, weil dort einzelne Kräuter auf dem Index verbotener Substanzen stehen.

— *Siehe auch: Luzerner Alpenbitter, Weisflog Bitter, Band 1; Bitter des Diablerets, Band 5.*

Das Bürli und die Diva

Fleisch- und Wurstwaren: Sankt Galler Kalbsbratwurst *(Seite 72)*,
Sankt Galler Schüblig *(Seite 79)*, Sankt Galler Stumpen *(Seite 82)*,
Toggenburger Bauernschüblig *(Seite 84)*

❊

Käse- und Milchprodukte:
Bloderchäs und Surchäs *(Seite 86)*, Sankt Galler Alpkäse *(Seite 90)*

❊

Getreide: Linthmaismehl *(Seite 92)*, Rheintaler Ribel *(Seite 93)*

❊

Konditorei- und Backwaren:
Bürli *(Seite 99)*, Mandelfisch *(Seite 101)*, Mandelgipfel und Nussgipfel *(Seite 105)*,
Sankt Galler Biber *(Seite 111)*, Sankt Galler Brot *(Seite 115)*,
Sankt Galler Klostertorte *(Seite 117)*, Schlorzifladen *(Seite 119)*,
Toggenburger Birnbrot *(Seite 120)*, Törggabrot *(Seite 122)*, Waffeln *(Seite 124)*

❊

Getränke: Chörbliwasser *(Seite 125)*

❊

Andere: Honig *(Seite 130)*, Paidol *(Seite 134)*

Wer nicht tagtäglich St. Galler Gebiet vor Augen hat, wird aus diesem Gebilde nur schwerlich klug. Um eine Vorstellung zu gewinnen – auch ohne Bewohner ein komplexes Ansinnen –, braucht man eine Landkarte: St. Gallen liegt zwischen drei Seen und wird im Osten vom Rhein begrenzt, im Süden türmen sich die Alpen und im Norden entspannt sich die Landschaft ins hügelige Relief des Thurgaus, dies alles beherrscht und portioniert durch die Gebirgszüge des Alpsteins und der Churfirsten. Und als «Fünfliber im Kuhfladen» die beiden Appenzell. Ein völlig anderer Menschenschlag. Als wären die eigenen Mentalitäten nicht genug.

Da ist die Stadt mit dem berühmten Kloster, Bürgerschaft und Fürstabtei, ein Nährboden für Konflikte auf engem Raum bis zur Aufhebung der Abtei 1805, zwei Jahre nach der Gründung des heutigen Kantons. Das Umfeld von Wil bis Rorschach, zur Grossregion

HASERUGGE

HASENRÜCKEN AN RAHMSAUCE

Arbeitsaufwand: 50 Minuten
Bratzeit: 45 Minuten

Für 4–6 Personen

2 Hasenrücken
150 g Spickspeck (nach
  Belieben)
Salz, Pfeffer, Thymian
¼ TL Wacholderpulver
80 g Butter
1 dl Rahm
Saft von ½ Zitrone
Butter für die Form

Die Hasenrücken mit Hilfe der Spicknadel mit dem Speck spicken. — Das Fleisch gut würzen und in eine bebutterte Auflaufform legen. Mit Wacholderpulver bestreuen und mit der Hälfte der in kleine Stücke geschnittenen Butter belegen. — Im heissen Ofen 45 Minuten braten. Von Zeit zu Zeit mit etwas heissem Wasser übergiessen. — Nach dem Garwerden die Hasenrücken aus dem Ofen nehmen und warm stellen. — Den Bratenfond mit 2 EL Wasser auflösen, Rahm zugeben und 5 Minuten eindicken lassen. — Sauce aus dem Ofen nehmen, gut würzen. Die restliche Butter in Flocken zugeben und unter Schwingen mit dem Zitronensaft gut mischen. — Die Hasenrücken mit der Sauce überziehen und sofort servieren.

Anmerkung: Nach diesem Rezept lässt sich auch Rehrücken zubereiten. Gemäss Beschreibung sollen die Rücken gespickt werden. Der Speck beeinträchtigt allerdings mit seinem starken Eigengeschmack den Fleischgeschmack, weshalb man ihn auch weglassen kann. Auch Rehschlegel lässt sich nach diesem Rezept zubereiten. Er darf ohne weiteres gespickt werden, benötigt aber eine längere Bratzeit. Er kann vorher in Beize eingelegt werden.

zusammengewachsen. Weiter das St. Galler Rheintal von Altenrhein bis Sargans, so fraktioniert wie der Kanton als Ganzes. Über Bad Ragaz reicht St. Galler Boden bis an den Nordfuss des Calandamassivs; dazu das Sarganserland, das kurz vor Chur endet und im Westen vor dem Kanton Glarus; das Gebiet von Walenstadt bis Uznach, Rapperswil und in der Mitte von allem, ein langgezogener Schnitt durch die Topografie, von Wil bis Wildhaus das Toggenburg.

Ein Konglomerat von Landschaften und Menschen, relativ kleine Territorialstaaten, die bis zum Ende des *Ancien Régime* von unterschiedlichen Systemen beherrscht waren. Die Fürstäbte von St. Gallen regierten in absoluter oder konstitutioneller Monarchie. St. Gallen selbst und Rapperswil bildeten Stadtstaaten und gehörten als zugewandte Orte zur Eidgenossenschaft. Die sieben alten Orte Zürich, Luzern, Uri, Schwyz, Unterwalden, Glarus, Zug kontrollierten in unterschiedlicher Zusammensetzung das Sarganserland, das Rheintal und den Rest des heutigen Kantons.

Entstanden aus den Trümmern der Helvetik, den Kantonen Säntis und Linth; ein napoleonisches Konstrukt wie der Aargau, nur extremer. Mit Bauernschübig und Mandelfisch, *Törggaribel* und *Schlorziflade*, Bürli, Biber und *Chörbliwasser* hat dieses Konstrukt ein facettenreiches Spektrum an Essbarem zu bieten. Von der Alphütte bis ins Kloster, das schon früh eine kulinarische Linie entwickelte – auch wenn die Bevölkerung davon ausgeschlossen blieb. Das historische Menü beginnt im Jahr 612 mit Brot und Fisch als erstem Gang: Der Missionar Gallus fing in der Steinach Fische und bedachte einen Bären, der ihm Brennholz brachte, mit Brot. Aus der Einsiedelei entstand 719 das Kloster, 100 Jahre später mit dem ältesten Bauplan Europas beschenkt. Neben Kräuter-, Gemüse- und Obstgarten wurden auch Ställe in den Plan des idealen Klosters gezeichnet sowie drei Bäckereien und drei Brauereien.

Ausserhalb der Klostermauern rezeptierten Lebküchler den Biber und Metzger die Wurst, während die Bauern im Werdenbergischen und im Toggenburg ihren *Sur-* und *Bloderchäs* herstellten, die urtümlichste Form der Milchkonservierung. Das Land hielt zurück, die Stadt drängte vor und konnte sich etwas leisten. Die besten Produkte – für eine Wurst. Nicht irgendeine: die feinste im Land, eine Diva in Weiss.

Sankt Galler Kalbsbratwurst

Weisse Brühwurst aus Kalb- und Schweinefleisch *(Abbildung Seite 74)*.

Die Herausforderung, ein wertvolles Lebensmittel wie Fleisch vor dem Verrotten zu retten, hat den Tischen der Welt einen kostbaren Schatz beschert, ein Kulturgut in Tausenden Variationen: die Wurst. Eine kleingeschnittene, feingehackte Masse aus Fleisch, gewürzt und manchmal angereichert mit pflanzlichen Zutaten, verpackt in eine Hülle. Die Wurst gilt als Pastete des kleinen Mannes, und nur Banausen halten diese Umschreibung für eine Wertung.

Unter Schweizer Würsten beherrscht die weisse Diva aus St. Gallen die Grillsaison wie keine andere Wurst, weder Cervelat noch Schweinsbratwurst noch Schüblig können es auf dem Rost mit ihr aufnehmen. Sie gilt geschmacklich als feinste und edelste und unterscheidet sich in einigen weiteren Punkten von den andern Würsten: Ihr Fleischanteil muss mehr als 50 Prozent Kalbfleisch enthalten (sonst ist es nur eine Bratwurst); da noch andere Zutaten in die Wurst gehören, kommt man am Ende auf gut ein Drittel Anteil Kalbfleisch. Das Brät wird sehr fein geblitzt, vor dem Erwellen gleicht die Masse einer breiigen Emulsion. In die Wurstmasse wird kein Pökelsalz gegeben, es findet demnach keine Umrötung statt, die Farbe der Kalbsbratwurst ist in rohem Zustand hellrosa und in gekochtem weiss. Die Masse enthält Milch; bei starker Hitze karamellisiert der Milchzucker, deshalb wird die Wurst beim Grillen oder Braten braun. Ursprünglich war sie dominant vom Schwein geprägt; schriftliche Quellen reichen bis ins 14. Jahrhundert zurück. Das Brät wurde mit Wiegemessern geschnitten oder gehackt; erst dank der Entwicklung des Blitzcutters Anfang des 20. Jahrhunderts kann das feine, roh fast konturlose Brät hergestellt werden.

Wie bei allen «Erfindungen», die Kochen und Küchen verändert und bereichert haben, tappt man auch beim Wursten auf der Suche nach den Urhebern im Dunkeln: Um zu entdecken, dass ein ausgenommenes Tier neben Fleisch auch noch Schläuche und Beutel enthält, in die man Stücke versorgen kann, braucht es keine mathematischen Formeln (mehr zur Wurst unter *Boutefas, Band 5*).

Die Suche nach der besten St. Galler Kalbsbratwurst führt trotz seriöser Bemühungen zahlreicher Fleischhauer im Land nach St. Gallen. Freunde und gute Bekannte, Wurstologen und Schleckmäuler bestehen darauf: Nur dort, wo sie erstmals gestopft worden ist, kann sie in ihrer reinsten Ausstattung genossen werden. Das Weh exilierter St. Galler schwingt in dieser Argumentation natürlich mit, erst recht im Diskurs, auf welches Metzgerhaupt in der Stadt oder auf dem Land die Krone für die beste Wurst gehört. Die Basis für die «Bratwürst» hat die St. Galler Metzgerzunft bereits 1438 festgelegt.

«Item die bratwürst soellend sy machen von schwininenn braten unnd darunder hacken guot kalbelen unnd jung ochs mit kalber zenen unnd das am minsten umm dry pfennig geschetzt sye, unnd namlich under acht pfund praten ain pfund speck tuon und nit minder. Sy soellend och kain nieren, hertz noch halsflaisch darin hacken. Sy soellend och kain flaisch dartzuo nehmen, es sey denn vor geschetzt. Wenn sy aber zuo ziten, so sy des bedörffend, kalbeln oder ochsen flaisch mitt kalber zenen nit finden moegend, so soellend sy kain annder flaisch dann by der obristen schatzung darzuo nehmen, zu buoss an 10 Schilling von yedem mal.»

Der städtische Rat, der die Satzungen der Zünfte statuiert hatte, trug als Gesetzgeber die Verantwortung für die Respektierung der Vorschriften und setzte im Fall der Metzger einen amtlichen Fleischbeschauer ein. Qualitätssicherung kannte man in St. Gallen schon früh. Die Metzger sind der traditionellen Herstellung prinzipiell treu geblieben, wobei heute auch Hals verwendet werden darf, aber gewiss keine Innereien. Der Blick ins Innenleben der Wurst bleibt dem Geniesser verwehrt; kontrollieren kann er nicht, bloss vertrauen – und schmecken. Weit über die Hälfte aller Bratwürste werden heute industriell hergestellt. Sie können es mit der originalen St. Gallerin selten aufnehmen, allein schon der unterschiedlichen Voraussetzungen wegen. «Wasser, Luft und Gewürze machen gute Bratwürste aus», erklärt ein lokaler Fachmann, «je nach Gegend herrschen eben unterschiedliche Bedingungen». Trockenfleisch aus dem Engadin schmeckt auch nicht gleich wie *Viande séchée* aus dem Val d'Hérémence im Wallis.

Obschon seit Jahrhunderten gewurstet wird – allein schon bei der Metzgete auf den Bauernhöfen –, lassen sich in Kochbüchern eher wenige Wurstrezepte finden. Das *Bernerische Kochbüchlein* (1749)

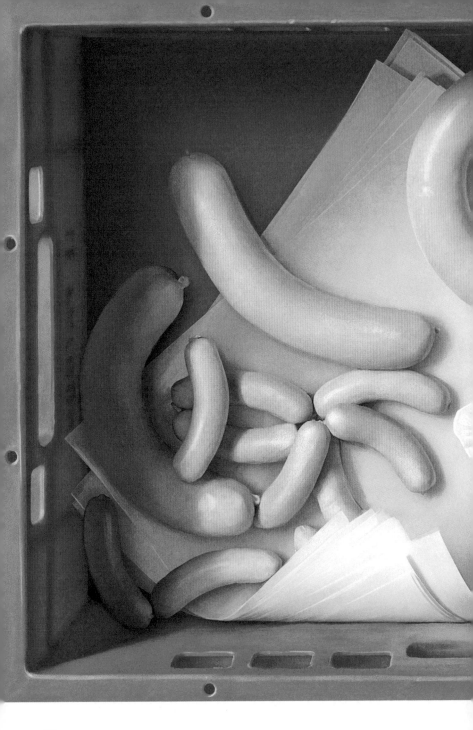

nkt Galler Kalbsbratwurst *(Seite 72)*, Bürli *(Seite 99)*

enthält Rezepte für *Servella* (mit dem heutigen Cervelat vergleichbar), *Bratwürst, Schaaf Würstlein* und «*Sallmy, oder auf Italiaenische Art gute Würst zu machen*». Öfter handelt es sich um Pasteten, wenn gehacktes Fleisch verwendet wird; etwa die «*Gebeizte Kalbfl. Pastete*», für die das Fleisch von einem Ober- oder Unterstück stammen musste, weiter «*etliche Tage gebeizt seyn u. vorher in ganz dünne Tränschlin geschnitten u. muss entsezl. geklopfte werden*» (aus den Reptheften von Mutter Anna Margaretha Iselin-Wetzel und ihrer Tochter Frau Deputat Maria Magdalena Schorndorff-Iselin, Ende 18. bis Anfang 19. Jahrhundert in Basel). In *La cuisine des familles* (1889) findet man «*Quenelles de veau*», eine Art Hacktätschli.

«St. Galler Bratwürste» werden rezeptiert in *Neues illustriertes Schweizerisches Kochbuch für die bürgerliche Küche wie den feineren Tisch* (1876) – als reine Schweinswurst. Kalbfleisch braucht es für «Gewöhnliche Bratwürste»; dieses Rezept steht auch in einem Konstanzer Kochbuch von 1845. In *Buchhofer's Schweizer Kochlehrbuch* (1934) werden Bratwürste «vorerst in kochendes Wasser 1–2 Minuten eingelegt, oder in den kochenden Suppenkessel eingetaucht», dann trockne man sie «gut ab, rolle sie im Mehl und brate sie in einer flachen Pfanne [...] 10–15 Minuten auf beiden Seiten schön braun»; Buchhofer rezeptierte seine Bratwürste mit Schweinefleisch, doch «nach Umständen kann man anstatt des mageren Schweinefleisches auch teilweise Kalbfleisch verwenden». In den «Allgemeinen Bemerkungen» zu den Bratwürsten empfiehlt der Autor, zum Hacken «am besten die Original-Amerikanische Fleischhackmaschine» zu verwenden – ob es sich dabei um den ersten richtigen Cutter oder eine Vorstufe handelt, lässt Buchhofer offen.

Schweinebraten, Kalb und Fleisch vom «*jung ochs mit kalber zenen*»: Die St. Galler Ur-Bratwurst war offensichtlich eher eine Schweinsbratwurst und somit für damalige Zeiten ein Edelprodukt. Heute geniesst die Bratwurst diesen Status immer noch, freilich in konträrer Zusammensetzung, denn nun dominiert Kalbfleisch, und das kostet einiges mehr als Fleisch von Schweinen, die zu Tausenden in Massenhaltungen industriell produziert werden. Einst jedoch lebten die Kleinbetriebe in den voralpinen Hügelregionen wie auch im Jura bescheiden, die Nahrungsbeschaffung war dem klimatischen Jahreszyklus unterworfen und der Feinabstimmung innerhalb des

Betriebs. Man war Selbstversorger, betrieb Graswirtschaft und Stickerei als winterlichen Zusatzverdienst, etwa im St. Galler Rheintal, «ein Armenhaus, das regelmässig überschwemmt wurde», wie ein Metzger aus dem Rheintal erzählt. Mit dem Gras fütterte man Ziegen, Schafe und die Kuh, deren Milch wurde in Butter, Käse und Ziger verwandelt, die Molke vom Käsen gab man der Sau, ebenso Küchenreste; was es weiter brauchte, beschaffte sich das Tier auf der Waldweide selber, bis es am Ende geschlachtet wurde. Die weiblichen Kälber zog man zu Milchkühen auf, die männlichen waren dagegen wertlos – ein Stier, wenn überhaupt ein eigener notwendig war, lebte lange – und wurden verwertet, auch in der Wurst.

So einfach sich das anhört, so fragil erwies sich die Balance des Nahrungsangebots. Nicht einmal eine solch kleine Menagerie liess sich halten, wenn das Futter nicht reichte. In einem Text aus Böttstein im heutigen Aargau heisst es: *«Wann einer oder mer keine güeter hätten, der und dieselben sollen nit mer vech haben dann ein kue, zwo seuw und ein paar schaf und soll gar und ganz kein moren haben»* (1585, *Idiotikon*). *Moren, Färlimoren* sind Muttertiere und vertilgen viel Futter, noch Ende des 19. Jahrhunderts waren sie «schweineteuer». In einem Quittungsbuch von 1890 bis 1900, das der Rheintaler Metzger in der Hinterlassenschaft seines Grossvaters gefunden hat, wurden als Preis für ein «Absäuger» (Muttertier) 1000 Franken notiert, was damals etwa 30 Handwerker-Monatslöhnen entsprach. Heute bezahlt man für ein gut 300 Kilo schweres Muttertier um die 900 Franken, etwa einen Wochenlohn.

In der besuchten St. Galler Metzgerei tritt der Berufsmann seine Arbeit wie der Bäcker zwischen drei und vier Uhr morgens an. Geheimnisse gibt es keine, «erstklassige Produkte, das ist alles», sagt er. Absolut frisches Fleisch und keine Parüren: Vom Kalb Bratenstücke und Voressen, Schulter, Brust und Hals; vom Schwein kerniger Hals- und Nackenspeck; frische, sehr kalte Magermilch, weder Eis noch Milchpulver; Kochsalz, Pfeffer und Macis (das Netzchen, das die Muskatnuss umgarnt); etwas Glutamat und sehr wenig Phosphat.

Im Cutter wird das Kalbfleisch in einer kreisenden Wanne mit einem propellerartigen Messer geblitzt. Ein «guthauiges Messer», sagt der Produzent, «es muss täglich geschliffen und periodisch geröntgt werden». Nach ein paar Umgängen gibt er den Speck bei, dann die Gewürze und den grösseren Teil der Milch. Er stülpt sich einen Gehörschutz über die Ohren und dreht voll auf. Der Raum erdröhnt in Höllenlärm, der Boden erzittert. Mit 5000 Touren zerkleinert das Messer die Masse, es spaltet das Eiweiss auf, das sich mit Fett und Flüssigkeit zu einer Emulsion verbindet, dem feinsten, zartesten Brät. Zwischendurch streicht er mit dem Schaber über die Masse und prüft ihre Konsistenz. Das Kalbfleisch ist manchmal trockener, manchmal saftiger. Gerät die Masse zu dick, giesst er Milch dazu.

Gibt es, abgesehen von der Qualität der Zutaten, überhaupt ein Geheimnis, so liegt es im Gefühl des Wursters. Brät ist eine empfindliche Masse. Sie erwärmt sich im Blitz auf 14, 15 Grad. Wird sie zu heiss, verbrennt das Eiweiss, die Emulsion zerfällt. Deshalb schütten die meisten Metzger Eis in die Masse.

Nach gut zehn Minuten stellt er die Maschine ab. «Frühere Modelle haben eine halbe Stunde lang gerattert.» Der Metzger bringt den Brätklumpen zur Stopfmaschine. Die Masse wird in einen Trichter geleert und in computergesteuerten Portionen durch ein Rohr in den Schweinsdarm aus China gedrückt, der um das Rohr gewickelt worden ist. Die hellrosa Würste ploppen in raschem Rhythmus auf den Tisch. Die Enden werden automatisch abgedreht. Die Rohwürste sieden nachher 40 Minuten lang in gut 70 Grad heissem Wasser, anschliessend kühlen sie eine halbe Stunde lang unter fliessendem Kaltwasser ab. Nun trennt man sie paarweise und hängt sie auf.

Mit oder ohne Senf? Es gilt, die heikelste Frage in der Ostschweizer Wurstmetropole zu klären. Zum Rauchgeschmack der Wurst vom Grill passe kein Senf, führt der Metzger aus, zur gebrühten Wurst nehme er gelegentlich etwas Senf. Aber eigentlich sei es schade, denn die zarte Harmonie einer frischen Kalbsbratwurst wird von fast jedem Senf erschlagen, gewiss erheblich derangiert. Hans Stucki stammte nicht aus St. Gallen, sondern aus Ins im Berner Seeland. Sein Ruf als *Maître de cuisine* bleibt legendär, sein Wort hat noch lange Gewicht – und also sprach er einst auf dem Bruderholz zu Basel: «Nur schlechte Würste brauchen Senf.» Dieser Satz wirkt wie Balsam auf die wunden St. Galler Seelen, die in der Wurst-Diaspora jenseits der Kantonsgrenze zuschauen müssen, wie ihre Kalbsbratwurst erbarmungslos und ohne Verständnis für Kulturgeschichte von der Schlachtbank bis zum letzten Bissen malträtiert wird.

Auf den Genuss wirkt sich neben der Qualität der Zutaten, der sorgfältigen Produktion und des Verzehrstils auch das Format der Wurst aus. Die *Chliini,* 115 Gramm schwer, ist das ideale *amuse-bouche* für eine Sommerparty. Die Olma-Bratwurst wurde 1943 zur ersten «Bauernmesse» (Ostschweizerische Land- und Milchwirtschaftliche Ausstellung) abgewogen – mit 165 Gramm als Fastfood für gestresste Besucher. Die Kinderfest-Bratwurst, ein Geschoss von 230 Gramm, ist vielen zu wuchtig. Der Metzgermeister aber schätzt die Dicke: *«Weme so abbisse mag, isch me au wohl.»*

Wenn man sie nicht über der Glut verkohlen und zerplatzen lässt, wenn man sie im Gegenteil sanft in heissem Wasser brüht, dann schmeckt sie, wie sie schmecken soll: fein und fest im Biss, aber nicht hart; mild, aber nicht papieren; leicht gesalzen; pfeffrig mit einem Hauch von Muskat, doch weder scharf noch verwürzt. Im Rang eines nicht nur in der Deutschschweiz weit verbreiteten Nationalgerichts steht die Kalbsbratwurst mit Rösti und brauner Zwiebelsauce.

Variationen: *Cipollata,* Adrio und Brätkügeli (zum Beispiel für die Luzerner Chügelipastete) werden aus dem gleichen Brät hergestellt wie die St. Galler Kalbsbratwurst. Die schweizerische Version der *Cipollate* sind kurze, dünne Würstchen; Adrio sind etwa kinderfaustgrosse Bällchen, eingepackt in einem Schweinsnetzchen, und nicht zu verwechseln mit *Atriaux (Band 2);* Brätkügeli sind etwa murmelgrosse Kugeln ohne Hülle. In gewissen Metzgereien kann man Brät auch offen kaufen oder Kalbsbratwürste in Form eines Kranzes oder eines Zopfes bestellen.

— *Siehe auch: Glarner Kalberwurst (Band 4).*

Sankt Galler Schüblig

Lange, geräucherte Brühwurst aus Rind, Schwein und Speck.

Auf eine gewisse Art repräsentiert der St. Galler Schüblig das Deutschschweizer Wurstschaffen, er nimmt eine Position als «Leitwurst» ein, zwischen Kalbsbratwurst und Schweinsbratwurst, zwischen mousse- und hackähnlichem Brät *bovinen* wie *porzinen* Ursprungs.

Wenn die Berner Zungenwurst, in der sich grob gehacktes «Lateinschweizer Brät» und fein geblitztes «Deutschschweizer Brät» vereinen, als nationaler Wurstkompromiss bezeichnet werden kann, müsste der St. Galler Schüblig das rein deutschschweizerische Pendant sein: bindiges, emulsionsartiges Brät, vermischt mit weniger fein gecutterten, vorzugsweise gewollt spürbaren Speck- und Schwartenstückchen. Eine Art Cervelat, aber doch nicht ganz, da länger im Format und eben nicht von gleicher Konsistenz.

Der St. Galler Schüblig unterscheidet sich von verwandten Brühwürsten wie Glarner, Augustiner und Bassersdorfer Schüblig ebenso wie vom Bauernschüblig, der zur Kategorie der getrockneten Rohwürste gehört. Anders ausgedrückt: Wenn eine Wurst nicht eindeutig zu identifizieren ist (was nicht gegen ihre Qualität sprechen muss), dürfte es sich um einen St. Galler Schüblig handeln. Basler Schüblige etwa sind nicht bekannt, trotzdem bewirtet die Kantonsregierung am Rheinknie die Armeeangehörigen am Tag ihrer Entlassung mit einem Schübligessen – mit St. Galler Schüblig, genau genommen, denn lang soll er sein: In die Mitte eines stattlichen Tellers platziert, muss die leicht gekrümmte Wurst auf beiden Seiten über den Rand ragen. Dem Format misst das Kreiskommando gebührliche Beachtung bei, ein zweiter Test verlangt, dass die Wurst am Kopf der prüfenden Fachperson vom einen Ohr zum andern reicht, und zwar nicht vor, sondern unter dem Kinn anprobiert.

Das Wort «Schüblig» war früh bekannt. Das *Idiotikon* zitiert eine Quelle von 1293, wonach der *Cellarius* (Wirtschaftsverwalter) des Stifts Grossmünster in Zürich verpflichtet war, dem *Canonicus* (Chorherrn) zwei *inschubelinge* zu liefern. Zur Zusammensetzung dieser Würste schweigt die Quelle. Das *Deutsche Wörterbuch* (1838 von Jacob und Willhelm Grimm begonnen, von ihren Nachfolgern 1961 beendet) bezeichnet «*schübling, m.* zu *schieben* gehörig» als «*eine wurstsorte*», nennt als Beispiel einen «*wolgeröucht schübling*» und hält fest: «*in oberdeutschen mundarten bis heute erhalten, meist als bezeichnung einer wurst aus rind- und schweinefleisch*», kennt weiter aus dem Ober-Innthal «*verkürzt schüblig, eine art speckwurst*» und zitiert als einen Beleg den Satz «*mancherley trachten werdend von dem schweyn bereitet, blut oder rooswürst, läberwürst, bratwürst, schübling, sultzen und dergleychen*». Kurz fasst sich *Pierer's Universal-Lexikon* (4. Auflage, Altenburg 1857–

1865): «Schübling, in der Schweiz die Züricher Bratwürste». Als Schübling bezeichnet man auch eine quasi identische Wurst im Vorarlberg, was weiter nicht verwunderlich ist, sind doch der Kanton St. Gallen und das westlichste Bundesland Österreichs nur durch Rhein und Bodensee getrennt.

In der Ostschweiz kennt man den Spruch «*Häsch Schüblig i de Ohre?*». Gemeint als Ohrenstöpsel sind nicht Wurstzipfel, sondern Baumwollflocken, was laut *Idiotikon* das Wort «Schüblig» auch bedeuten kann: Man stopfte bzw. schob sich Baumwolle in die Ohren – nach Grimm geht der Begriff *«schübling»* auf «schieben» zurück. Lange war nicht klar, welche Wurstkategorie unter einem Schüblig zu verstehen war. Aus Dokumenten weiss man, dass frühe Versionen geräuchert wurden; das lässt auf Rohwürste à la Bauernschüblig schliessen. Das St. Galler Heiliggeistspital gab im 16. Jahrhundert den Insassen in seinem «Siechenpfrund», eine Art Kompaktanstalt für Alte, Kranke und Irre, «*gersten und flaisch, wurscht und schubling*» zu essen, so überliefert in einem Menüplan. 1805 meinte die Bezeichnung «St. Galler Schüblig» eine Wurst, die man acht bis zehn Tage lang räucherte.

Während Jahrhunderten undefiniert, wird die Zusammensetzung des Schübligs durch Hinweise im 19. Jahrhundert konkretisiert auf Rind- und Schweinefleisch mit Speck und Schwartenstücken, relativ grob gescheffelt. Um die Wende zum 20. Jahrhundert dürfte sich auch die Wandlung von der Roh- zur Brühwurst vollzogen haben. Heute ist die Konsistenz insbesondere in den Brühwürsten verfeinert – man mag nicht mehr alles sehen, was drin ist.

Der Schweizerische Fleischfachverband hat als Standardrezept festgelegt: Rindfleisch (35 Prozent) und Speck (20 Prozent) unter Beigabe von Eiswasser sowie der gescheffelten Schwarte (10 Prozent), Nitritpökelsalz und Gewürzen (Frischzwiebeln, Pfeffer, Koriander, Muskatnuss, Streuwürze) im Blitzcutter verarbeiten. Das gescheffelte Schweinefleisch (10 Prozent) erst gegen Schluss beigeben, so dass eine feine Körnung sichtbar bleibt. Wenn die Masse fertig ist, Rückenspeckwürfel (5 Prozent) beimengen. Anschliessend stösst man das Brät in Schweinsdünn- oder Rindskranzdärme; die Würste werden im Heissrauch bei 50 bis 80 Grad geräuchert und dann je nach Kaliber 20 bis 40 Minuten in 75 Grad heissem Wasser gebrüht. Am Ende kühlt man sie im Wasserbad oder in der Wurstdusche ab.

St. Galler Schüblige kann man sieden, braten oder grillen. Im St. Galler Linthgebiet wird am Schübeldonnerstag, dem Auftakt zur Fasnacht, Schüblig gegessen. Der Schübeldonnerstag entspricht dem Schmutzigen Donnerstag. «Schmutz heisst in vielen Schweizer Mundarten Schmalz», schreibt Conrad G. Weber in *Brauchtum der Schweiz.* «Schmalz aber und Butter werden reichlich verwendet beim Fasnachtschüechlibacken, eine Hausfrauentätigkeit, die hauptsächlich auf den der Herrenfasnacht unmittelbar vorausgehenden Donnerstag fiel und vielfach heute noch fällt.» Schon im Mittelalter kamen am Schmutzigen Donnerstag Würste auf den Tisch, man stopfte sich vor der Fastenzeit noch einmal richtig voll mit Fleisch und Süssigkeiten, bevor am folgenden Aschermittwoch das vierzigtägige Magenknurren begann. Am Tag vor Aschermittwoch kommt im benachbarten Kanton Zürich der St. Galler Schüblig zu Ehren: am *Schüblig Ziischtig,* einem der ältesten vorreformatorischen Bräuche im Kanton. Beide Bräuche waren im Lauf der Zeit etwas vergilbt, bis sie ab Mitte des 20. Jahrhunderts entstaubt und aufgefrischt wurden – dieses Mal nicht aus dem Bedürfnis, sich einen Platz im Jenseits zu sichern, sondern aus Gründen des Absatzmarketings.

Variationen: St. Galler Doppelschüblig, doppelt so schwer und in einen rot gefärbten Rindsdarm gestossen; Olma Schüblig, ohne Speckwürfel; Ratsherrenschüblig, rustikaler und dunkelbraun im Vergleich zum normal-bräunlichen St. Galler Schüblig.

— *Siehe auch: Augustiner Schüblig, Bassersdorfer Schüblig, Bauernschüblig (Band 1); Glarner Schüblig (Band 4).*

Sankt Galler Stumpen

Kurze geräucherte Brühwurst aus Kuh- und Schweinefleisch, kalt oder warm zu essen.

Dicklich, kurz, stumpf: Das Wort «Stumpen» deckt allerhand Objekte ab, vom Stumpen, der vorne und hinten scharf gestutzten Zigarre des einfachen Mannes («*di andere hei … d'Stümpe g'chätschet u im Mül umetrält*», 1923), bis zum «*Stümpi*», dem Knirps – mehrere Seiten kann man durchs *Idiotikon* blättern und von einem Stumpen zum andern wandern, bis man bei «(Cervelat-)Wurst» landet: «die gewöhnliche, im Rauch gedörrte Wurst». An einem Jasstisch im Appenzellischen muss es hoch hergegangen sein, da wurde «*trompfet, ass d'Wigottere ond d'Stompe und di schwünene Bröckli ufg'jockt sönd*». Der Satz stammt aus dem Jahr 1922, damals war der Blitzcutter noch nicht allseits bekannt, wohl eher noch im Versuchsstadium. Deshalb dürfte der erwähnte *Stompe* wohl kaum mit dem St. Galler Stumpen von heute vergleichbar sein, denn diese Wurst enthält ein sehr feines Brät, das nur in einem hochtourigen Cutter hergestellt werden kann. Über die Zusammensetzung der Wurst sagt das Zitat nichts, da kommen sich heute drei Würste ziemlich nahe: Cervelat und St. Galler Stumpen mit leicht gekrümmter Form und heiss geräuchert, Aussteller bzw. Schützenwurst mit gerader Form und warm geräuchert.

Der Schweizer Fleischfachverband Carnasuisse hat die Zutaten festgelegt; die Rezepturen sind zwar nicht in Stein gehauen, bilden aber das Gerüst der Würste.

St. Galler Stumpen: Kuhfleisch (30 Prozent), Schweinefleisch (10 Prozent), Halsspeck (25 Prozent), Schwartenblock (10 Prozent), Eiswasser (25 Prozent); Nitritpökelsalz, Frischzwiebeln, Pfeffer, Koriander, Streuwürze, Muskatnuss, Paprika und Nelken.

Cervelat: Rindfleisch (27 Prozent), Schweinefleisch (10 Prozent), Wurstspeck (20 Prozent), Schwartenblock (15 Prozent), Eiswasser (23 Prozent); Nitritpökelsalz, Frischzwiebeln, Pfeffer, Koriander, Muskatnuss, Knoblauch und Nelken.

Aussteller oder Schützenwurst: Rindfleisch (20 Prozent), Kalbfleisch (10 Prozent), Schweinefleisch (14 Prozent), Wurstspeck (28 Prozent), Eiswasser (28 Prozent); Nitritpökelsalz, Frischzwiebeln, Pfeffer, Muskatnuss, Streuwürze und Ingwer.

Für alle drei Würste und weitere mehr verwendet der Metzger Schwartenblock. Das driftet nicht ins Unaussprechliche ab, die Schwarte ist etwas Zartes, nämlich das Bindegewebe der Haut und besteht vor allem aus dem Strukturprotein Kollagen, das die rohe Schwarte zäh macht, sich aber im Wasser löst, wenn sie gekocht wird – so entsteht Gelatine. Entborstet und gebrüht, dient die Haut des Schweins in der Wurst als Bindemittel und rundet den Geschmack ab; es gibt auch eine spezifische Schwartenwurst *(Band 2)*. Schweineschwarte enthält etwa 37 Prozent Protein und nur 1–2 Prozent Fett; der Rest, mehr als 60 Prozent der Schwarte, ist Wasser. Gekocht oder geschmort, wird die Schwarte weich; in kalt gegessenen Würsten stärkt Schwarte die Konsistenz, weil die in der Wärme flüssige Gelatine der Schwarte beim Kühlen wieder fest wird. Gibt man zu viel Schwarte bei, beginnt die erwärmte Wurst stark zu saften. Für den Schwartenblock blitzt man im Kutter vorgesalzene oder frische Schwarte zu einer feinen Masse, gibt Schüttung dazu (Eis, Wasser in der Menge von 50 bis 100 Prozent des Schwartengewichts) und lässt die Masse erkalten und erstarren.

Die Bezeichnung «St. Galler Stumpen» kennt man mindestens seit der Erwähnung im *Atlas der Schweizerischen Volkskunde* mit Erhebungen aus den 1930er-Jahren. Der aargauische Gewährsmann des Atlas: «Die meisten Metzger gehen in die Ostschweiz, um das Wursten zu lernen.» Würste wie Cervelat und Stumpen kamen im späten 19. Jahrhundert als typische Metzgereiprodukte auf den Markt, weil die wachsende Industrialisierung mit ihren harschen Arbeitsbedingungen die Belegschaft zu kurzen Mahlzeiten zwang.
— *Siehe auch: Cervelat, Aussteller oder Schützenwurst (Band 2).*

Toggenburger Bauernschüblig

Geräucherte, eher kleine Rohwurst aus Kuh- und Schweinefleisch mit Speck und Gewürzen.

Im Gegensatz zu St. Galler, Augustiner, Bassersdorfer und Glarner Schüblig ist der Bauernschüblig eine Rohwurst. Er wird zu Tisch nur ausnahmsweise erwärmt. Der Toggenburger unterscheidet sich vom weiter verbreiteten Bauernschüblig *(Band 1)* durch die Fleischanteile: Er enthält wesentlich mehr Kuhfleisch, nämlich 80 statt 40 Prozent, dafür entsprechend weniger Schweinefleisch.

Der Bauernschüblig steht am Anfang der verschiedenen «Schüblig-Dynastien», seine Produktion entspricht einer althergebrachten, klassischen Verarbeitungsart bei der Hofschlachtung: Fleischreste und Parüren, Speck und Schwarte zerhacken, würzen, in Därme stopfen, abbinden und konservieren – an der trockenen Luft in den Alpen, in kälterem oder wärmerem Rauch in feuchteren Gefilden. Der St. Galler Schüblig war ziemlich sicher eine lokale Variante des Bauernschübligs, der erst zur Wende vom 19. ins 20. Jahrhunderts dank verbesserter, professionalisierter Hack- und Wiegemessertechnik bis zur Erfindung des Blitzhackers in den 1920er-Jahren eine vornehmere Wurst mit feinerem Brät wurde. Während zu Beginn des 20. Jahrhunderts zunehmend gewerbliche Metzgereien entstanden, blieb der Bauernschüblig ein bäuerliches Produkt und entsprechend *puuremässig* variantenreich im Geschmack.

Das Lehrbuch *Schweizer Wurstwaren* der Schweizerischen Fachschule für das Metzgereigewerbe rezeptiert für einen gemeinen Bauernschüblig Kuh- (40 Prozent) und Schweinefleisch (35 Prozent) sowie Rückenspeck (25 Prozent), würzt mit Nitritpökelsalz, Kochsalz, Pfeffer, Knoblauch, Rum oder Rotwein, scheffelt oder blitzt die Masse bis zu einer Körnung von drei bis vier Millimetern, füllt sie in Schweins-, Rindsdarm oder Hautfasersaitling ab und überlässt sie dann kaltem oder schwarzem Rauch.

Beim Toggenburger Schüblig gibt es neben dem doppelten Anteil Kuhfleisch eine weitere Besonderheit: Man produziert zwei Massen: das für Rohwürste relativ feine Brät aus Kuh- und Schweinefleisch, Nitritpökelsalz und Gewürzen, dann ein zweites aus geblitztem Speck und gescheffeltem Schweinefleisch, verrührt mit Rotwein. Der besuchte Metzger erklärte: «Die Säure des Weins unterstützt den Reifeprozess und verleiht der Wurst die schöne Färbung». Nun werden die beiden Massen zusammengeknetet und in Därme gestossen. Dank dieses Verfahrens schmecke die Wurst schön saftig und nicht zu fett, so der Metzger. Nach dem Umrötungsprozess (unterstützt durch Nitritpökelsalz, sonst hätte die Wurst eine graue Farbe) kann man die Schüblige verkaufen, wenn sie zum Erwärmen gedacht sind. Die meisten Leute essen sie lieber kalt. Für diese Kundschaft lässt man die Würste etwa eine Woche lang hängen, drei Tage davon im Rauch. Seinen einzigartigen Rauchgeschmack erhält der Toggenburger Schüblig dank eines traditionellen Verfahrens mit Holzspänen.

Der Name «Toggenburger Bauernschüblig» hat sich spät eingebürgert. Bis Mitte der 1990er-Jahre war er als «Sennenwurst» bekannt, gegen ein halbes Jahr haltbar und, aus diesem Grund, bestens als Proviant für die Alphütte geeignet. Schriftliche Quellen, welche die Vergangenheit des Toggenburger Bauernschübligs erhellen würden, sind bis dato nicht gefunden worden.

Supplément: Die Werdenberger Bauernwurst ist eine Rohwurst mit abgebrochener Reifung. Ab 17. Jahrhundert kam Stickerei als Heimarbeit auf, die Bauernfamilien waren Selbstversorger. Im Herbst wurde geschlachtet, das Fleisch zeitig verwertet oder konserviert. Für die Bauernwürste mischte man gehacktes Rind- und Schweinefleisch mit Wein, Knoblauch, Salz, Pfeffer, Koriander und Kümmel. Sie wurden geräuchert, weil der Föhn im Herbst das Rheintal aufwärmte und die Würste zu verderben drohten. Man isst sie kalt getrocknet oder warm gesotten; auch geschnetzelt unter Nudeln.

— *Siehe auch: Bauernschüblig (Band 1); Gumpesel (Band 2); Salame, Salsiz, Urner Hauswurst (Band 4); Walliser Hauswurst (Band 5).*

Käse- und Milchprodukte

Bloderchäs und Surchäs

Der frische Bloder- und der gereifte Sauerkäse werden aus Kuhmilch nach uralter Methode mit Säure produziert *(Abbildung Seite 94).*

Milch besteht aus flüssigen und festen Stoffen. Etwa 87 Prozent Wasser sind vermischt mit 13 Prozent feinster Partikel von Milchzucker, Fett, Eiweiss, Mineralien (wie Calcium und Phosphor), Spurenelementen, Vitaminen und Enzymen. Diese Feststoffe lassen sich von der Flüssigkeit trennen. Die Formel ist denkbar einfach: Milch plus Koagulans (Gerinnung fördernde Substanz) ergibt Käse plus Molke. Das Ergebnis dieser Formel sind Tausende von Käsesorten, verteilt auf der ganzen Welt.

Die ursprünglichste «Sorte» dürfte ein globales Eigenfabrikat sein: Muttermilch, die man in einer Schale als Opfergabe zu Füssen von Gottheiten gestellt hat «und dann beobachtet, dass sie nach einiger Zeit dick wurde – Milchsäurebakterien gab es schon immer und überall» *(Das grosse Buch vom Käse).* Es ist also müssig zu fragen, wer den Käse erfunden hat, denn «so weit die archäologischen Funde auch zurückreichen – darüber, wann und wie der erste Käse entstand, können nur Vermutungen angestellt werden. Fest steht jedenfalls, dass schon im vorgeschichtlicher Zeit Käse gegessen wurde.» Die Haltung von Nutztieren war bereits vor mehr als 10 000 Jahren in der Jungsteinzeit gebräuchlich, auch in der heutigen Schweiz: «Direkte Hinweise auf eine Käseherstellung fanden sich für diese Epoche bisher zwar keine, doch lässt das hohe Schlachtalter vieler Hausrinder in neolithischen Siedlungen am Zürichsee zumindest auf Milchnutzung schliessen» (HLS).

Lässt man die Milch stehen, beginnen je nach Eigen- und Aussentemperatur Milchsäurebakterien den Milchzucker in Milchsäure zu verwandeln; es entsteht Joghurt. Diesen Vorgang kann man beschleunigen, indem man Säure dazugibt; das kann Sirte (Molke, Schotte) von einem vorherigen Käsegang sein oder auch Essig. So entsteht Sauerkäse. Lab- oder Süsskäse wird mit Lab hergestellt, einem Enzym aus dem Kälbermagen; Lab lässt ebenfalls die Milch gerinnen, schmeckt aber nicht sauer; deshalb spricht man von Süsskäse. Die Römer kannten auch vegetarisches Lab aus Pflanzen wie Kardendistel, Färberdistel, Feigenbaum oder Labkraut. Sauerkäse dürfte ursprünglicher sein, weil er sich selber, also spontan, produzieren kann, indem die Milch mit Hilfe von Wärme und Zeit scheidet.

Die Technik der Käseherstellung «wurde im Alpenraum wohl von den Kelten eingeführt, die sie möglicherweise von den Römern übernommen hatten» (HLS). Erst um das 14./15. Jahrhundert wurde die Lab-Technik wiederentdeckt, sie begünstigte den Handel, weil man mit Lab den Käse trockener, kompakter und haltbarer produzieren konnte: Die Säumer schleppten ein Konzentrat über die Alpenpässe nach Süden. Eigentlicher Sauerkäse verschwand beinahe, dafür kam der Ziger auf, so wie man ihn heute versteht: als Restenverwertung. Die verbliebene Magermilch wurde nochmals verkäst. «*Wann dann das geschiedene darauß genommen, mit Saltz eingeknettet, und seine Zeit gejäset hat, gibet es den Stinck-Zieger, so den Käßmarckt zu Bern so lieblich parfumiert*», goss Samuel Lucius, *Prediger zu Amsoltingen*, in seinem 1732 gedruckten Werk *Das Schweizerische Von Milch und Honig fliessende Kanaan, Und hoch-erhabene Berg-Land* das Resultat in Worte. Zu seiner Zeit war Labkäse längst der allgemeine Standard und Ziger das Nebenprodukt, das durchaus seine Kundschaft fand.

Das letzte Refugium für Sauerkäse hierzulande ist die Ostschweiz, eingegrenzt auf das Obertoggenburg und die Gemeinde Amden, den Bezirk Werdenberg im Rheintal und das gegenüberliegende Fürstentum Liechtenstein. Der Verein Sauerkäse-Bloderkäse nimmt an, dass der Sauerkäse «von den nomadisierenden Völkern des Ostens» ins Berggebiet am Rhein gebracht wurde, wo die Untertanen mit Sauerkäse steuerliche Pflichten gegenüber den Obrigkeiten erfüllten; so alimentierten Obertoggenburger Bauern das Kloster St. Gallen gezwungenermassen mit Sauerkäse. In den *Benedictiones ad mensas,* dem berühmten Speisesegen des Mönchs Ekkehart IV. (ca. 980–1057), könnte ein Vers den Sauerkäse in die Lobpreisung einschliessen: «*Parturiat nullos lactis pressura lapillos* – Möge das ‹Druckprodukt› keine Nierensteine erzeugen» *(Essen und Trinken im Mittelalter).* Heute produzieren in den genannten Gebieten wenige Molkereien und einzelne (Alp-)Käsereien diese Spezialität.

Trotz Rationalisierung und Industrialisierung wird auch noch richtig archaischer Sauerkäse erzeugt, wie ein persönlicher Augenschein erleben liess. Die Hofkäserei befindet sich an einem grausam steilen Hang über dem Rheintal. Um den Besuchern die Herstellung zeigen zu können, hat der Bauer gewartet. «Ich habe einfach die Fenster über Nacht geöffnet», erklärt er. Dank der Abkühlung verzögerte sich die Gerinnung der Milch. «Die Aussentemperaturen spielen eine wichtige Rolle, um den Prozess zu steuern.»

Wie Generationen vor ihr, produziert auch diese Familie mit dem Rahm ihrer gut 25 Kühe Butter. Die verbliebene Magermilch wird in einem Kupferkessi auf 24 Grad Celsius erwärmt. Der Bauer rührt sie mit einem entrindeten Tannenstecken, der die natürlichen Milchsäurebakterien in der Milch mit seinen Säurebakterien ergänzt; wenn nötig, wird noch etwas Schotte dazugegeben. Der Bauer weist auf ein paar Flecken hin, die an der Oberfläche der «Suppe» treiben: «Fett. Mehr gibt es nicht. Unser Sauerkäse ist fast fettfrei und sehr gesund.» Aus diesem Grund haben Linienbewusste den mageren Sauerkäse entdeckt.

Je nach Milchmenge verkäst er zwei bis drei «Gemelke». Bevor er den Käse in die Formen schaufelt, erwärmt er die Masse auf 34, 35 Grad; das Ausscheiden der Bruchmasse kann durch Zugabe von Vollmilch verbessert werden.

Mit blossen Händen fühlt er die Konsistenz der geronnenen Feststoffe und verdichtet die Flocken zu einem lockeren Klumpen, unter den er ein Netz zieht. Er hebt das gefüllte Netz hoch, lässt Sirte abtropfen und beginnt, mit einer gelochten Schaufel den körnigen Frischkäse portionenweise herauszunehmen und in viereckige Holzformen (Bloderkisten) mit ein paar Löchern zu füllen. Er schwenkt die gefüllten Formen kurz in der Schotte, wendet und stellt sie zum Abtropfen auf den Stapel. Dieser Käse ist ein Rohmilchkäse in Reinkultur, gemacht nach uralter Väter Sitte. Er erinnert, frisch abgefüllt, in Geschmack und Konsistenz an verdichtetes Joghurt. Aus 100 Litern Magermilch resultieren gut 15 Kilo Käse.

Die Käse bleiben einen Tag in den Kisten, dann werden sie herausgenommen, mit Salz eingerieben und in den Keller gebracht; einen bis zwei Tage später salzt man sie ein zweites Mal. Die Bezeichnungen sind ursprünglich regional geprägt; so stammt das Wort *Bloderchäs* von *Bloder* oder *Ploder* ab, dem Toggenburger Ausdruck für selbst geronnene Milch. *Grimms Deutsches Wörterbuch* erklärt Blodermilch als *Lac coagulans*, geronnene Milch bzw. Schlottermilch – die Gallerte, die nach der Gerinnung in der Molke schwimmt, kann mit wenigen Bewegungen eben ganz schön ins Schlottern gebracht werden.

Doch offiziell heissen sie heute frisch «*Bloderchäs*» und ab 21 Tagen «*Surchäs*». Im Keller werden sie regelmässig mit Wasser gewaschen, früher auch mit Most oder Kaffee. Durch die Reifung spriesst an der Oberfläche ein *Chäsbart,* eine Schmiere- und Schimmelschicht; der Bart wird wöchentlich mit einem Messer abgezogen. Darunter bildet sich eine gelblich-glasige Haut, Speck genannt. Paradox ist, dass der frische *Bloderchäs* säuerlicher schmeckt als der gereifte *Surchäs,* den man auch als *Gääle,* Gelben, bezeichnet. Die Blöcke wiegen anfänglich drei bis acht Kilo, sind in frischem Zustand weiss, saftig und körnig und in gereiftem Stadium fest, trocken und innen kreidig weiss.

Bloder- und *Surchäs* isst man mit Brot, man reicht ihn zum Apéro, raffelt ihn über Ribelmais oder Pasta, mischt ihn in Würfel geschnitten unter heisse Kartoffeln oder Spätzli, überbackt damit Aufläufe. Im Fürstentum Liechtenstein werden die *Käsknöpfle* gerne mit einer Mischung aus *Surakäs* und fettem Käse angerichtet.
— *Siehe auch: Ziger (Band 1); Büscion (Band 4); Sérac (Band 5).*

Sankt Galler Alpkäse

Vollfetter, halbharter Alpkäse aus Rohmilch *(Abbildung Seite 128)*.

Appenzeller und Tilsiter sind Markenprodukte mit einer klaren Linie und Typizität. Neben diesen beiden landesweit populären Käsesorten stehen die St. Galler Alpkäse wie kaum fassbare Wesen, keineswegs uniform, eher wie eine lockere Ansammlung individueller Ausprägungen ihrer Herkunft. Überhaupt fällt auf, dass in der Ostschweizer Käselandschaft zwischen Gruppenzwang und Einzelgang nicht viel *Spatzig* bleibt. Die beiden Grossen rahmen ab, die Kleinen behaupten sich in einem regionalen Nischenmarkt, so *Surchäs* und *Bloderchäs, Schlipfechäs* und St. Galler Alpkäse.

Zum Kanton St. Gallen gehören die drei Alpregionen Sarganserland, Werdenberg und Toggenburg. Die grösste ist mit mehr als 90 Alpen das Sarganserland, der südliche Teil des Kantons zwischen Walenstadt und Vättis, Bad Ragaz und Weisstannen. «Eine Siedlungskontinuität» *(HLS)* ist bereits zur Bronzezeit nachgewiesen. Jahrhunderte später wurde das Sarganserland eine eidgenössische Vogtei, dann zur Zeit der Helvetik dem Kanton St. Gallen zugeschlagen, obschon es ein selbständiger Kanton werden wollte. «Die Sarganserländer Alpwirtschaft war bis in die Mitte des letzten Jahrhunderts vor allem auf die Selbstversorgung der Heimbetriebe ausgerichtet», hält ein Bericht des Landwirtschaftlichen Zentrums St. Gallen (2010) fest, «die eigentliche Entwicklung setzte erst mit der Erschliessung der Alpbetriebe durch Strassen ein. [...] Mittlerweile sind alle Milchkuhalpen und der grösste Teil der Galtviehalpen [Jungrinder] erschlossen und haben zeitgemässe Gebäudeeinrichtungen und Fabrikationsräume.» 2009 wurden die Alpen zertifiziert.

Alpkäse aus dem Kanton St. Gallen blieb bis ins 20. Jahrhundert eine national unbekannte Grösse, eine Exklusivität für Einheimische. In Kurt Gutzwillers Werk *Die Milchverarbeitung in der Schweiz und der Handel mit Milcherzeugnissen* (1923) ist jeder einzelne Kanton, in dem gekäst wird, historisch gut erfasst – nur von St. Gallen fehlt jede Spur. Vermutlich deshalb, weil St. Galler Käse vor allem für den Eigenverbrauch produziert wurde; für Export-Absichten gab es offenbar zu wenige Alpen, um ausreichende Mengen zu erwirtschaften. Im Werk *Sankt-Galler Geschichte 2003* finden sich ein paar Hinweise; in einem Dokument von 1299 werden Rinder, die auf eine Alp getrieben wurden, als «*melkîv rinder*» bezeichnet, als «Melkrinder». Aus der Milch wurde Schmalz, Ziger und Käse fabriziert. Käse war Teil der bäuerlichen Abgaben an das Kloster St. Gallen im 13. und 14. Jahrhundert; allerdings dürfte es sich um Sauerkäse gehandelt haben, Labkäse begann seinen definitiven Siegeszug in der Eidgenossenschaft erst im Verlauf des 16. Jahrhunderts.

Ein Schweizer Alpkäse muss laut der landwirtschaftlichen Begriffsverordnung in einem anerkannten Alpbetrieb während der Alpsaison (rund 100 Tage) produziert werden, die Milch von Kühen stammen, die auf der Alp frei weiden; verkäst werden darf nur unbehandelte Rohmilch. Im Gegensatz zum Alpkäse darf ein Bergkäse während des ganzen Jahres in einer Dorf- bzw. Talkäserei produziert werden, die im Berggebiet liegen muss. Für Bergkäse darf die Milch, die von Kühen auf Weiden ab 600 Meter über Meer aufwärts produziert wird, auch thermisiert (auf 55 bis 68 Grad erhitzt) oder pasteurisiert (72 bis 75 Grad) werden.

Ähnlich wie Berner Alpkäse, präsentiert sich auch der St. Galler Alpkäse als Ausdruck seiner Alp – jeder vertritt seinen eigenen Stil, denn die Unterschiede von Alp zu Alp, deren Futterangebot variiert, werden nicht durch einheitliche Bakterienkulturen auszugleichen versucht, im Gegenteil, gepflegt wird Individualität. Der Käser beginnt mit einer Stammkultur, die er mit jedem Käsegang weiter entwickelt. Im Prinzip schmeckt kein Käse wie der andere.

St. Galler Alpkäse gehört zur reichen Familie der Halbhartkäse. Der Käser erwärmt entrahmte, gekühlte Abendmilch mit frischer Morgenmilch auf 32 Grad, gibt Lab und Bakterien dazu. Wenn die Milch – sie besteht aus 87 Prozent Wasser – sich zu scheiden beginnt, bildet sich die Gallerte. Mit der Käseharfe zerkleinert der Käser diesen weichen Pudding zu Körnern im Format von Kaffeebohnen. Darauf erhitzt man die «Bruch» genannte Masse auf relativ tiefe 42 Grad. Möchte man einen Hartkäse fertigen, müsste man mehr als 50 Grad anpeilen: Je weniger Flüssigkeit, desto härter der Käse; je höher die Temperatur, desto stärker ziehen sich die Körner zusammen und drücken Flüssigkeit aus (Sirte, Molke, Schotte).

Nun hebt man die Masse mit dem Netz aus dem Kessi, damit Sirte abtropfen kann, und verteilt sie in runde Formen von ca. 30 Zentimeter Durchmesser, legt ein Gewicht darauf und presst 24 Stunden lang weiter Sirte aus dem frischen Käse. Anschliessend kommen die bleichen Laibe einen bis zwei Tage ins Salzbad. Das Salz entzieht weiter Wasser, die Rinde beginnt sich zu festigen. Langsam dringt das Salz tiefer in den Käse und verstärkt die Aromen, die sich durch die Arbeit der Milchsäurebakterien und Enzyme entwickeln. Im Lagerkeller wird der Käse regelmässig gewendet und mit Salzwasser gebürstet; es entsteht eine natürliche Schmiereflora aus Bakterien, Hefen und Schimmelpilzen: Sie baut Milchsäure ab und trägt zur Aromabildung bei, unterstützt das Gedeihen der Rinde und schützt den Käse vor unerwünschten Mikroorganismen.

Exklusiv ist nicht nur die geringe Menge (etwa 230 Tonnen im Jahr), sondern auch die Besonderheit, dass im Werdenberg und im Toggenburg immer noch beide Käsetypen hergestellt werden, Sauerkäse und Süsskäse, wie man den Labkäse früher bezeichnete. Der Alpkäse wird noch nicht sehr lange als vollfetter Käse mit mindestens 45 bis gar 54 Prozent Anteil in der Trockenmasse hergestellt; die Wandlung setzte erst mit dem mangels Nachfrage rückläufigen Verkauf von Alpenbutter ein. St. Galler Alpkäse wird von mehr als 30 Alpbetrieben hergestellt, rund 20 im Sarganserland. Die meisten verkaufen ihren Käse auf der Alp, an Stammkunden oder an lokale Läden.
— *Siehe auch: Nidwaldner Alpkäse (Band 1); Fromages de Chaux d'Abel (Band 2); Bündner Alpkäse, Glarner Alpkäse, Mutschli, Formaggio d'alpe, Urner Alpkäse (Band 4); Fromage à raclette, Vacherin fribourgeois (Band 5).*

Getreide

Linthmaismehl

Mahlprodukt aus Mais, der im Linthgebiet angebaut wird.

Es ist eine züchterische Meisterleistung, wie aus einem wilden Süssgras mit kleiner Ähre eine Pflanze entwickelt wurde, deren Kolben so schwer in der Hand liegen wie ein *Saucisson vaudois*. Gärtnerischer

Ehrgeiz trachtet wie beim Kürbis auch beim Mais nach Rekorden; ein Brite soll einen Maiskolben von mehr als 90 Zentimetern Länge gezüchtet haben.

Mais wurde von Kolumbus zu Beginn des 16. Jahrhunderts nach Europa gebracht und gelangte übers Mittelmeer rasch ostwärts ins türkische Osmanenreich, das sich damals von Ungarn bis an den Persischen Golf erstreckte. Via Italien erreichte das *gran(o)turco*, Türkenkorn, im 17. Jahrhundert das St. Galler Rheintal und das Linthgebiet, das die St. Galler Bezirke See und Gaster, das Glarner Unterland und die Schwyzer Bezirke March und Höfe umfasst. Mais wird in *Gemälde der Schweiz. Der Kanton Schwyz* von Gerold Meyer von Knonau erwähnt (1835): «In der March sind Spelt (Dinkel), Weizen und Gerste die Haupterzeugnisse, etwas Türkenkorn wird erzielt, alle übrigen Getreidearten sind daselbst grösstentheils unbekannt.»

Die Linthebene, einst wie das St. Galler Rheintal ein Sumpf- und Überschwemmungsgebiet, hat schwere, wässrige Böden, da gedeiht nicht alles. Dinkel und Mais ertragen die Umstände besser als Weizen. Nach der Einführung des Türkenkorns entwickelten Dörfer, ja einzelne Bauernfamilien ihr eigenes Saatgut *(ausführlich in Band 1, Schwyz)*. Der auffallendste Unterschied zwischen den beiden Sorten liegt in der Farbe der Körner, beim Linthmais sind sie gelblich-rötlich, beim Ribelmais beige bis weiss.

— *Siehe auch: Linthmaismehl (Band 1); Farina bóna (Band 4).*

Rheintaler Ribel

Mahlprodukte aus Rheintaler Mais *(Abbildung Seite 94)*.

Mais *(Zea mays)* stammt aus Mittelamerika und repräsentiert heute als «Leitgetreide» die Neue Welt; in der Alten verkörpern diese Rollen Weizen für Europa und Reis für Asien. *Corn*, wie Mais auf Amerikanisch heisst, wird seit Jahrtausenden kultiviert. Prähistorische Spuren sind in fünf Höhlen im Tehuacán-Tal, Südmexiko, freigelegt worden. Das heisse und trockene Klima liess organische Hinterlassenschaften kaum verrotten. «Die ältesten Reste von Mais fanden sich

heintaler Ribel *(Seite 93)*, Chörbliwasser *(Seite 125)*,
loderchäs und Surchäs *(Seite 86)*

in Schichten aus der Zeit zwischen ca. 5000 und ca. 3400 v. Chr. [...]
Die intakten Kolben (ohne Körner) waren sehr klein (nur 1,9–2,4 cm
lang und 0,5–0,8 cm breit), hatten im Mittel acht Kornreihen mit
6–9 Körnern pro Reihe. [...] Dieser vorgeschichtliche Mais wurde
von den amerikanischen Forschern Mangelsdorf, MacNeish und
Galinat (1964) als Wildmais gedeutet» (Udelgard Körber-Grohne,
Nutzpflanzen in Deutschland).

Von welcher Wildform – wenn es überhaupt eine Wildform
war – der Kulturmais abstammt, lässt sich nicht eindeutig sagen,
denn Mais kann sich ohne menschliche Hilfe durch Aussaat nicht
fortpflanzen. Wie für Weizen, Reis und weitere Getreidesorten auch,
stehen am Anfang Gräser. Meistens wird das Süssgras Teosinte als
Urahne von Mais bezeichnet, doch es herrschen Zweifel. Die Blüten
der beiden Pflanzen sind voneinander nicht zu unterscheiden, die
Fruchtstände dagegen eindeutig. «Trotz dieser erheblichen Verschie-
denheiten sind Teosinte und Mais genetisch sehr ähnlich. Sie haben
dieselbe Chromosomenzahl und hybridisieren in der Natur überall
da, wo sie nahe beieinander wachsen» *(dito)*.

Kolumbus stiess 1492 in der Karibik auf Maisfelder. Teilnehmer seiner zweiten Reise brachten Mais nach Spanien. Der Name
kommt von *mahís,* wie Mais in *Taino* hiess, einer Indianersprache der
Karibik. 1525 wuchsen in Andalusien bereits die ersten Felder. Der
älteste Beleg (1532) befindet sich im Herbarium des Genueser Bota-
nikers Gherardo Cibo (1512–1600). Über Italien verbreitete sich der
Anbau in Windeseile, auch ostwärts bis nach China. «1574 waren in
der Türkei und am oberen Euphrat schon ganze Felder mit ‹türki-
schem Korn› (Mais) zu sehen» *(dito)*. Von Italien aus wurde das *gran(o)-
turco* im 16. und 17. Jahrhundert über die Alpen nordwärts getragen
und landete dabei auch im Boden des St. Galler Rheintals, durch das
eine alte Handelsroute führte. Im *Diaeteticon* (1682) schrieb der deutsche Gelehrte Johann Sigismund Elsholtz (1623–1688): «*Türckischer
Weitze oder vielmehr Indianischer / weil er nicht aus der Türckey / sondern aus
dem Mitternächtigen theil ‹Americae› anfänglich in Europa ankommen: und
zwar allererst nach erfindung selbiger Newen Welt / daher die alten Scribenten
dessen keine meldung thun. Die Indianer nennen ihn ‹Mehiz› oder ‹Mays›.
[...] Was sein Temperament betrifft / da ist er bey nahe in allen vier Qualitäten* [kalt, warm, feucht, trocken] *mittelmässig» (Das Mundbuch)*.

Mais mit Körnern von weiss über dunkelrot bis fast schwarz und seinen Ausformungen von Futter- bis Hartmais, Zucker- bis Puffmais (für Popcorn), Stärke- und Wachsmais bis zu gentechnisch manipulierten Businesssorten wird bei weitem nicht nur zur Ernährung verwendet, sondern auch für Treibstoff, Füllmaterial (stossdämpfende Chips in Paketen) oder Zigarettenpapier; im Lebensmittelbereich insbesondere als Maissirup, -öl oder -stärke. Saucen, Suppen, Ketchup, Pudding enthalten Mais, erinnert sei an das uns so vertraute Zaubermittel Maizena, seit 150 Jahren im Handel. «In Nordamerika und höchstwahrscheinlich auch in andern Gegenden der Welt hängt alles vom Mais ab», schreibt die Anthropologin Margaret Visser in *Mahlzeit!*: «Die moderne Maiswirtschaft erhielt entscheidende Impulse von der industriellen und technologischen Revolution, deren Vertreter in vielen Fällen Amerikaner waren und bei ihren Erfindungen – ob Antibiotika oder Schmiermittel für Tiefbohrung, ob Zündkerzenisolatoren oder Konservierungsflüssigkeit – auf den Grundstoff zurückgriffen, der ihnen so reichlich zur Verfügung stand. Dieses Material war die Frucht des Grases, das die Indianer Mais nannten (in den verschiedenen Sprachen der Indianer bedeutete Mais immer ‹Unsere Mutter›, ‹Unser Leben›, ‹Unsere Ernährerin›)».

Zehntenabrechnungen belegen Mais im St. Galler Rheintal ab dem 17. Jahrhundert. Weizen und Gerste gediehen im Boden des Tals nicht sonderlich gut, Mais ertrug das warm-feuchte Klima besser. Mitte des 19. Jahrhunderts waren zwei Drittel der Ackerfläche mit *Törggaribel, Törgga* bepflanzt, Türkenkorn. Das Wort *Ribel* kommt von *rible*, «kräftig, anhaltend, mit rascher Bewegung reiben» *(Idiotikon)*. In andern Gegenden verwendet man einen *Ribel*, um Pfannen und den Schüttstein zu putzen: «*Die Ribel und die strohrne Ring sind wohlfeil und ein kommlich Ding*» (1749).

Der Verein Rheintaler Ribelmais definiert *rible* als Vorgang des Verreibens und Zerkrümelns der Maismasse in der Bratpfanne. Weil aus diesem frugalen Gericht der kulinarische Klassiker der *Törggaribler* geworden ist, deckte der Begriff Ribel mit den Jahren das ganze Maiswesen ab. Die Pioniersorte verwandelte sich im Rheintal dank der Kleinbetriebe, die den Mais für sich zur Eigenversorgung und nicht für Schweinezucht pflanzten, in ein veritables Genreservoir. Das Leben war einfach wie die Leute, aus dem Getreide der Maya gab es vor allem *Törggabrot* und *Törggaribel,* Brot und Brei aus grob bis mittel gemahlenem Ribel. Gut 300 Jahre lang blieb der *Törggaribel* im Rheintal ein Grundnahrungsmittel. Im *Atlas der Schweizerischen Volkskunde,* der seine Informationen aus einer nationalen Umfrage aus den 1930er-Jahren bezieht, wird Ribel als typisches Gericht des «st. gallisch-bündnerischen Verbreitungsgebiets» bezeichnet.

Nach dem Zweiten Weltkrieg verlor der *Törggaribel* an Zuspruch, der wirtschaftliche Aufschwung hielt auch im Rheintal Einzug, die steigende gesellschaftliche Dynamik mit all ihren Aspekten öffnete den Blick in die Welt – man ass nicht mehr, man begann zu konsumieren. Futtermais war gefragter als einheimischer Speisemais, der Ribel fiel ab und in Vergessenheit; 1997 waren im Rheintal noch vier Hektaren mit *Törgga* bepflanzt. 1998 reagierten besorgte Menschen und gründeten im Landwirtschaftlichen Zentrum St. Gallen in Salez den «Verein Rheintaler Ribelmais», der die «unverwechselbare Spezialität» zum «Aushängeschild für die ganze Region» erhob. Als eines der ersten kulinarischen Erbstücke der Schweiz erhielt der Ribelmais im Jahr 2000 das AOP-Label *(Appellation d'Origine Protégée).* Das geografische Gebiet umfasst nach AOP-Pflichtenheft die ehemaligen St. Galler Bezirke Unterrheintal, Oberrheintal, Werdenberg, Sargans, die Bündner Gemeinden Fläsch, Maienfeld, Landquart, Jenins, Malans, Zizers, Untervaz sowie das Fürstentum Liechtenstein.

Um 2010 hat die Anbaufläche wieder gut 30 Hektaren erreicht. Geerntet wird heute in der Regel mit dem Mähdrescher, der die Kolben pflückt, entblättert und drischt. Früher wurden die Kolben von Hand ausgepackt und im Estrich zum Trocknen aufgehängt; nach ein paar Monaten konnte man die Körner mit einem Schabeisen oder Maisrebler von den Kolben kratzen. Beim Entblättern sass meistens die ganze Familie samt erweiterter Helferschaft zusammen und erledigte dieses *Schelfera, Usschella, Uszüha* oder *Hültscha* als Gruppenübung; mittlerweile da und dort als Brauch zelebriert.

Die Körner werden bei einer Temperatur unter 50 Grad Celsius getrocknet. In der Mühle gereinigt, mit Wasser benetzt, damit sich die äusserste Schale leichter vom Korn trennen lässt, und stufenweise auf Walzenstühlen oder einer Steinmühle gemahlen. Das Resultat ist Maisgriess oder Maisdunst, beides von weiss-beiger Farbe mit einem süsslichen und maistypischen Geschmack. Mit Milch und etwas Salz mindestens drei Stunden lang quellen lassen, mit Butter in einer Bratpfanne rösten, als Beilage zu Fleisch mit viel Sauce servieren; mit Zwetschgenkonfitüre oder Holundermus anrichten oder auch nur mit Zucker bestreuen. Man kann den Mais zu Ribel-Bramata verarbeiten, zu Dessertkugeln, zu Brot – allerdings mit Hilfe von Weizenmehl, denn Mais enthält keine Klebereiweisse (Gluten); ausserdem zu Bier gebraut und zu Edelfleisch in Form von Ribel-Poularden und -Kapaunen verwandelt.

— *Siehe auch:* Törggabrot, Seite 122; *Farina bóna (Band 4).*

Bürli

Helles Brötchen mit feuchtem Inneren und knusprigem Äusseren *(Abbildung Seite 74).*

Nach *Larousse gastronomique* ist Brot «das einzige Lebensmittel in Frankreich, das wie der Wein vom Anfang bis zum Ende einer Mahlzeit auf dem Tisch bleibt. Es bildet die traditionelle Begleitung aller Speisen.» Das gilt auch in der Schweiz, und da freut sich insbesondere der Gast im Wirtshaus, wenn er im Körbchen statt angetrockneter Brotscheiben unter Tuch oder im Plastiksäcklein ein frisches, knuspriges Bürli erhält. Bürli schmecken so ausnehmend gut, dass es ein Wirt als Appetitzügler einsetzen könnte, um die Teller sparsamer anzurichten.

Ein gebackenes Bürli bringt es auf gut 130 Gramm Gewicht und übertrifft damit alle Kleinbrote vom *Weggli* über *Schlumbi, Mütschli* bis *Brötli.* In Geschmack und Konsistenz, aber nicht in Format und Gewicht gleicht das Bürli dem Basler Brot *(Band 2).* Der Bürliteig wird mit Weissmehl oder Halbweissmehl angerührt. Ein Produzent bringt die ganze Kunst auf einen Nenner: «Das Bürli ist einfach und schwierig zugleich. Einfach sind die Zutaten, schwierig ist die Herstellung. Für ein Bürli braucht es fünf Dinge: Mehl, Salz, Hefe, Wasser, Erfahrung. Jedes Bürli wird von Hand portioniert, bevor es im Bürli-Ofen gebacken wird. Das Resultat ist aussen knusprig und innen feucht.»

Diese Art Brot resultiert aus einer langen Entwicklung, seit die Wirkung der Hefe im Teig vermutlich durch Zufall entdeckt, das Resultat als wohlschmeckend und nachahmenswert registriert wurde. Bürli und Kalbsbratwurst sind die klassische St. Galler Verführung, kaum hat man dort den Zug verlassen und den nächsten Bratwurststand erspäht. Der *Atlas der Schweizerischen Volkskunde* identifizierte in den 1930er-Jahren verkehrsnahe, städtisch beeinflusste, wohlhabende Gegenden als Verbreitungsgebiet von Kleinbroten. Der Ursprung des Bürlis dürfte in der Ostschweiz liegen, wo es auch St. Galler Bürli genannt wird – obschon das älteste schriftliche Zeugnis eines Brötchens namens Bürli aus dem Appenzellerland stammt: «Fast wöchentlich wird sogenanntes Pfilenbrot gebacken, und in den Wirtshäusern werden Bürle vom besten Schiltmehl und Fladen zum Wein gestellt – Alles Zeichen einer herrlichen Zeit» *(Idiotikon; 1723)*.

In den 1950er-Jahren «wanderte» das Bürli Richtung Westschweiz, gewiss auch in der Angebotspalette der sich ausbreitenden Grossverteiler. Bis zu Beginn des 20. Jahrhunderts kannte man je nach Region für das Bürli verschiedene Bezeichnungen wie *Pürli, Batzebrötli, Batzelaibli, Scheere, Mutsch* oder *Vierteil*. Der *Dictionnaire suisse romand* nennt zwei welsche Namen: «*ballon*» beschreibt er als «*petit pain à l'eau (7 à 8 cm de diamètre de forme sphérique)*», kugelförmig, und verweist auf «*miche, petit pain rond (env. 8 cm de diamètre) à l'eau*».

Entscheidend für ein gelungenes Bürli ist der hohe Wasseranteil. Der Bäcker verwendet fast gleich viel Wasser wie Mehl (weiss oder halbweiss), der Teig wird extrem weich. Der Hebel soll über Nacht reifen, die Hefe in Ruhe wirken, damit später grosse, luftige Löcher und eine rösche Kruste entstehen. Am nächsten Tag löst der Bäcker Salz und Malz in Wasser, mischt es unter den Teig und lässt langsam das Mehl einziehen. Der flüssige Teig muss eine Stunde ruhen. Der Teig wird nicht mehr geknetet, damit die Gärgase gefangen bleiben und sich zu Blasen aufplustern und damit sich unregelmässige Poren bilden. Der Bäcker formt die Bürli und legt entweder zwei (Doppelbürli) oder vier (Schild) gegeneinander, bestäubt sie mit Mehl und schiebt sie in den sehr heissen Ofen. Doppelbürli sind meistens oval, Schildbürli (aus Weissmehl) sind an der Stelle, wo sie zusammenstossen, etwas spitz geformt.

— *Siehe auch: Basler Brot (Band 2).*

Mandelfisch

Helles Gebäck in Fischform mit einer Mandelfüllung.

Der Fisch gehört zu den Tieren mit weitreichender Symbolik. Den einen ist das stille Tier aus den Tiefen des Wassers unheimlich und unbegreiflich, andere werfen nach ihm die Netze aus, um sein Fleisch zu verzehren, wenn es Fisch ist, oder seine Seele zu verschlingen, wenn es Mensch ist. Stumm wie ein Fisch verhält sich der Schweigsame und die Verstockte, kaltblütig der Mutige wie die Emotionslose, aalglatt windet sich der Filou durch die Fallstricke der Konventionen, und frisch wie ein Fisch im Bach fühlen sich die Munteren. Aber nur tote Fische schwimmen mit dem Strom.

Im Christentum geht die Bedeutung des Fisches auf Matthäus zurück, der die Begegnung von Jesus mit den Brüdern Simon und Andreas, beide Fischer von Beruf, schildert: «Kommt her, folget mir nach, und ich will euch zu Menschenfischern machen» (4,19). Aus Simon wurde Petrus, später der erste Papst; seine Nachfolger tragen den Ring des Fischers. Während der Fastenzeit darf statt warmblütigen Fleisches nur kaltblütiger Fisch gegessen werden. Ein Fisch sieht den Köder, aber nicht den Haken, sagt ein chinesisches Sprichwort. Die Redensart, dass grosse Fische die kleinen schlucken, definiert in schlichter Schicksalsergebenheit die Machtverhältnisse in allen Kulturen – da bleibt das Messer der Gerechtigkeit, mit dem der vollgefressene Riesenfisch auf Pieter Bruegels grandiosem Bild aufgeschlitzt wird, ein echter Hoffnungsschimmer. In verfeinerter Form hat der Fisch den Weg ins Brauchtum gefunden, laut dem *Handbuch des deutschen Aberglaubens* als Hochzeits- und Festtagsspeise, «wie überhaupt der Fisch auf Butter- und Gebäckmodeln nicht selten ist».

Wie der Mandelfisch zu seiner Form gekommen ist, dürfte mit religiöser Symbolik zusammenhängen, lässt sich aber nicht nachweisen. «Sicher ist, dass er schon sehr lange Zeit angeboten wird», heisst es in der Toggenburger Rezeptsammlung *Bloderchäs und Schlorziflade*. «Noch heute verfügen einige Toggenburger Konditoren über besonders schöne Kupferformen, die auf dem Markt längst nicht mehr erhältlich sind.» Das *Idiotikon* bezeichnet 1881 den Mandelfisch als «hochzeitliches Gebäck». Die *Oekonomische Encyklopaedie* von Krünitz führt in Band 83 aus dem Jahr 1801 eine ganze Reihe von Gebäcken mit Mandelmasse auf, darunter auch «eine Torte von Kartoffeln, die den Mandeltorten im Geschmacke nahe kommt».

Gebäcke in Fischform sind keine Seltenheit, es gibt sie beispielsweise in der Innerschweiz *(Rigibock, Band 1)*. Der Aargauer Gebäckforscher Ernst Ludwig Rochholz (1809–1892) brachte den Fisch als Gebildbrot eher mit den Fischereirechten in Zusammenhang als mit apostolischer Menschenfischerei; für beide Theorien liefen die Fäden in den Klöstern zusammen. Rochholz bezog sich auf Handschriften aus dem Archiv des Klosters Muri im Freiamt, als er sich mit «Grundbesitz, Landbau, Haushalt u. Gesindeordnung von 1027 bis 1596» befasste. Für die Klöster bedeutete die Vergabe von Fischereirechten, den Fischenzen, eine Einnahmequelle, deren Eingänge man unter den Neujahrssteuern notierte. Mit der Zeit lieferten die Lizenznehmer anstelle eines echten Tiers einen *«Brodfisch».* Die Äbtissin des Klosters Hermetschwil im Freiamt liess dem Abt von Muri und dem Landvogt von Baden jeweils einen Lebkuchenfisch zukommen.

Gefüllten Lebkuchenfisch erwähnt auch Pater Odilo Ringholz in seiner Publikation über den Einsiedler Schafbock *(Band 1)*. In einer Krämerordnung aus dem Jahr 1663 wurde den «Schäfli-Leuten» verboten, neben ihrer Stammware Einsiedler Böcke noch Lebkuchen zu verkaufen, darunter «gefüllte Fische, Schlangen und kleine Krapfen».

Der Mandelfisch wird mit einem hellen Zucker- oder Mürbeteig zubereitet und mit einer Mandelmasse gefüllt. Der Bäcker wallt den Teig aus Mehl, Butter, Margarine, Zitronenzeste und Salz sechs Millimeter dick aus, legt die gefettete Fischform mit dem Teig aus und drückt ihn in allen Vertiefungen, Ecken und Kanten sauber an. Für die Füllung vermischt er Zucker, gemahlene Mandeln (geröstet, wenn man kräftigere Nussaromen haben will, mit Wal- und/oder Haselnüssen als Ergänzung oder Ersatz), Wasser, Zitronenzeste und Zimt. Die Füllung wird in die Form gestrichen, darüber legt der Bäcker Mürbteig als Deckel und verschliesst den Fisch. Ein Mandelfisch mit einem Kilo Endgewicht braucht etwa eine Stunde bei 200 Grad Celsius im Ofen. Nach dem Erkalten bestäubt man den Mandelfisch mit Puderzucker.

Exkurs: Mandeln spielten in den Küchen des Mittelalters eine viel bedeutendere Rolle als heute. Mandelmilch war ein wichtiges Grundprodukt für Saucen und Desserts. Der Mandelbaum stammt aus Vorder- und Zentralasien. Einen frühen Auftritt in der schriftlichen Überlieferung hat ihm die Bibel beschert. Die Griechen haben ihn geschätzt und gehegt, so dass die Römer seine Früchte als «griechische Nüsse» bezeichnet und den Baum rund ums Mittelmeer angepflanzt haben. Auch heute noch zählen Italien und Spanien zu den wichtigen Anbauländern hinter Kalifornien.

Der Mandelbaum erträgt weder Frühlings- und Herbstfröste noch tropische Feuchtigkeit. In der Blüte strahlt er weiss wie ein Kirschbaum, dann bildet er Früchte aus, die wie grüne Aprikosen mit samtener Haut und wenig Fleisch aussehen; sind die Früchte reif, platzen sie, und zum Vorschein kommt der «Stein», eine poröse Schale, in der die Mandel liegt. Anders gesagt: Mandeln sind keine Nüsse, sondern Kerne. Der Baum gehört zu den Rosengewächsen wie Kirsche und Apfel, Aprikose und Pfirsich. Ob Nuss oder Kern, das interessiert niemanden, der gerne Mandeln isst, und das sind viele: Keine Nuss ist beliebter als die Mandel.

Der Mandelkern enthält Amygdalin, eine Substanz, die sich beim Zerkauen und Verdauen des Kerns aufspaltet in Traubenzucker, Bittermandelöl und Blausäure, und diese wirkt ab einer bestimmten Menge im Verhältnis zum Körper verheerend. Wer kennt nicht das Schnuppern des Ermittlers am Mund der Leiche und die Erkenntnis: «Es riecht nach Bittermandel. Kein Zweifel, Harry. Zyankali.» Ein Gift, dessen Wirkung schon lange bekannt ist. «Ein Tropfen Blausäure auf die Zunge oder ins Auge eines Ochsen geträufelt, tötet diesen im selben Augenblick», schrieb Alexandre Dumas in seinem *Grand Dictionnaire de cuisine* (1870). «Eine Bittermandel pro Kilogramm Körpergewicht ist tödlich», steht im Lexikon *Giftpflanzen – Pflanzengifte*. Man müsste also, wollte man sich mit Bittermandelkernen aus dem Leben befördern, auf die Waage stehen und dann Mandeln aufrechnen. Bei einer Postur von 100 Kilo Lebendgewicht ein Prozess wie Schäfchenzählen in schlaflosen Nächten. Erhitzt man die Mandeln, verpufft das Gift.

Wie schmecken Bittermandeln im Vergleich mit den anderen Sorten, Süss- und Krachmandeln? Der Mandelgeschmack, diese weiche, ölig-süssliche Boudoir-Opulenz mit der bitteren Note, müsste zwar für alle Mandelsorten charakteristisch sein, richtig kräftig enthält ihn freilich nur der Kern der Bittermandel. Überraschend ist dies nicht, die Bittermandel gilt als Wildform des Mandelbaums, Süss- und Krachmandel sind kultivierte Sorten, die auf den verschlungenen Wegen der Züchtung den Geschmack fast komplett eingebüsst haben.

In der Küche sind Mandeln vielseitig verwendbar. Geröstet und gesalzen als Apéro- oder Fernsehhäppchen, gebrannt als Kilbi-Knabberei; gerieben als Backzutat für Trockengebäck, in Kuchenteig oder Wähenguss), mit Zucker und etwas Flüssigkeit vermischt als Gebäckfüllung; gehobelt als Garnitur (Mandelblättchen am Rand der Zuger Kirschtorte, geröstete Blättchen oder Stäbchen an brauner Butter auf der Forelle à la meunière), oder in zündholzgrosse Stifte geschnitten, angeröstet, mit Schokolade vermischt und zu Rochers gehäufelt. Das Bittermandelöl, das heute zumeist aus Aprikosenkernen gewonnen wird (diese enthalten auch Amygdalin), dient zur Aromatisierung von Gebäck und Likör, aber auch zur kosmetischen Veredelung des Damenhalses. Geriebene Mandeln schliesslich braucht man für die Herstellung von Marzipan und Mandelpaste, ein Confiserie-Grundprodukt.

Mandeln charakterisieren auch sehr alte Süssspeisen wie eingedickte Mandelmilch, bekannt als Blancmanger oder Mandelsulz. In Basel des 14. Jahrhunderts, so Albert Spycher, «sorgte der Spitalmeister dafür, dass den ‹armen siechen› am Mittwoch ein ‹ryssmuoss mit mandelmilch gekochet› gereicht wurde». Mandelmilch war besonders in der Fastenzeit ein wichtiges Grundprodukt, weil sie als Ersatz für die verbotenen tierischen Produkte wie Milch und Eier diente; man leerte zum Beispiel vorsichtig Hühnereier, füllte die geputzten Schalen mit gelierter Mandelmilch und ass die gestockten Placebos. Die Ursprünge der Methode, gehackte Mandeln mit Rosenwasser zu vermischen, durch ein Sieb zu pressen und in «Milch» zu verwandeln, liegen in der alten persischen Küche. Ihr vor allem verdankt man die Kunst, Mandeln mit unerwarteten, aber gedeihlichen Aromen zu kombinieren – zum Beispiel weisses Geflügelfleisch mit Mandeln, Rosinen und Zitronen.

— *Siehe auch: Amaretti (Band 4).*

Mandelgipfel und Nussgipfel

Süssgebäck aus Blätter- oder Hefeteig, gekrümmt oder gerade, gefüllt mit heller Mandel- oder dunkler Nussmasse.

Der Nussgipfel und seine noblere Verwandtschaft Mandelgipfel beherrschten im 20. Jahrhundert lange Zeit fast konkurrenzlos die Tische in den Wirtshäusern. Dann kamen Produkte wie Kägi-Fret (ab 1958), Kartoffelchips, Biberli, gesalzene Peanuts oder Mars und ähnlich klebrige Magenfüller auf; sie halten sich länger als Frischware wie knusprige Nussgipfel und Frikadellen, die während Jahrzehnten das Traumpaar zum *Znüni* gebildet haben.

Die dunkelbraune Nuss- und die elfenbeinfarbene Mandelmasse besetzen eine Leaderposition in der gustatorischen Spitzenklasse, deren Suchtpotenzial schon beim flüchtigen Gedanken an ihre Aromen im Gaumen ein speicheltreibendes Vibrato auslöst. Für den Mandelgipfel verwendet man Blätterteig, für den Nussgipfel einen Hefeteig. Als Gipfel müssten beide im Prinzip gekrümmt sein («Sandkurve» lautet ein Synonym für Gipfel im fortgeschrittenen Alter), doch manchmal gleicht der Mandelgipfel einer Wurst und der Nussgipfel einem gefüllten *Röhrli*. Vielleicht erschwert die grosszügig bemessene Füllung das präzise Formen, vielleicht rechnet sich der Aufwand nicht, das feine Gebäck nach dem Rollen noch zu biegen.

Süsse Leckereien aus gemahlenen Nüssen und Mandeln wie Mandelhörnchen, Nusskonfekt oder Mandelringli gibt es bestimmt länger als gefüllte Gipfel. In der *Basler Kochschule* von Amalie Schneider-Schlöth (1877) findet sich ein Rezept für Gipfeli aus Hefeteig; in einer Variante streicht man Mandelmasse aus Zucker, gemahlenen Mandeln sowie Saft und Zeste einer Zitrone auf einen in Quadrate oder gleichschenklige Dreiecke geschnittenen Hefeteig; von einer Ecke aus rollt man die Stücke ein und biegt sie zu Gipfeli und bestreicht sie mit Eigelb. Das Resultat gleicht einer Mini-Roulade. Im deutschen *Universal-Lexikon der Kochkunst* von 1890 sind 150 Rezepte mit Mandeln aufgeführt, darunter auch «Mandel-Kipfel», allerdings ohne Teighülle. Die ältesten Erwähnungen von (Baum-)Nussgipfeln führen in die Zeit des Ersten Weltkriegs, da unterschieden sich Soldaten aus der Ostschweiz durch den Genuss von Nussgipfeln von ihren Kompatrioten. In *Neues illustriertes Konditorei-Rezeptbuch* von 1917 stehen vier Rezepte für gefüllte Gipfel. *Croissants aux amandes* kennt man in der Westschweiz seit den 1920er-Jahren, Gipfel mit Haselnussfüllung in der Deutschschweiz seit den 1930er-Jahren. In den 1940er-Jahren werden gefüllte Gipfel im Referenzwerk *Der Schweizer Bäcker-Konditor* aufgenommen, nach dem Ende des Zweiten Weltkriegs verbreiten sich die Mandel- und Nussgipfel als typische Konditorei-Produkte in der ganzen Schweiz. In neuerer Zeit verarbeiten die Profis vorfabrizierte Nuss- bzw. Mandelmassen.

Für die Mandelmasse verrührt man geschälte geriebene Mandeln mit Zucker, Eiweiss, Wasser und Salz sowie nach Wunsch mit Vanille, Orangeat, Orangenzeste, ein paar Tropfen Bittermandelöl oder Mandellikör. Ausgewallten Blätterteig in Dreiecke von 12 bis 15 Zentimetern Länge schneiden, Mandelmasse auf eine breite Seite des Teigdreiecks geben, gegen die Spitze einrollen und leicht krümmen. Nach dem Backen mit Abricotine bepinseln oder mit Zuckerglasur bestreichen, nach Belieben mit Mandelplättchen garnieren.

Für den Nussgipfel gemahlene Haselnüsse (eventuell leicht geröstet und/oder mit Baumnüssen vermischt) mit Zucker zerdrücken, mit Wasser und eventuell Aromen wie Kirsch verrühren. Einen süssen Hefeteig zubereiten aus Mehl, Frischhefe, Zucker, Butter, Milch und etwas Salz; auswallen und wie beim Mandelgipfel weiter verfahren. Nussgipfel werden manchmal mit gehackten Nüssen, in der Regel aber nicht dekoriert.

Für den Appenzeller Nussgipfel löst man Hefe, Backzusatz Levit, Malz und Zucker in Milch auf und vermischt die Flüssigkeit mit Mehl, gibt mit etwas Salz zerschlagene Eier dazu, mengt Butter hinein und knetet einen Teig. Nach zwei bis drei Stunden Ruhezeit in der Kühle wallt man den Teig etwa einen halben Zentimeter dick aus und lässt ihn kurz ruhen. Nachher schneidet man Rechtecke von 8 mal 15 Zentimetern aus, dressiert die Nussmasse der Länge nach in die Mitte des Rechtecks, so dass Teig und Masse sich mengenmässig die Waage halten. Längs einrollen, leicht abplatten, auf dem Blech kurz ruhen lassen, mit Ei bestreichen, einstechen und bei mittlerer Temperatur backen. Nach dem Backen noch warm mit flüssiger Butter bestreichen, erkalten lassen und in Kristallzucker wenden.

ST. GALLER KLOSTERPASTETE

Für den Teig die Butter in Flöckchen mit Mehl leicht zerreiben. Salz in 1,25 dl Wasser auflösen. Mit den Eiern dazugeben und alles rasch zu einem Teig verarbeiten. In Folie gewickelt 1 Stunde kühl ruhen lassen. — Die Form einfetten. — Für die Füllung das Weissbrot fein reiben. — Zwiebeln schälen und hacken. — Das Fleisch in kleine Würfel schneiden. — Die Bratbutter erhitzen, das Fleisch darin kurz anbraten. — Zwiebeln zufügen und kurz mitbraten. — Das Fleisch beiseite stellen und mit Brot, Petersilie, Majoran, Salz, Pfeffer, Muskat und Korianderpulver mischen. — Die Masse durch den Fleischwolf drehen. Den Wein untermischen. — Den Backofen auf 200 °C vorheizen. — Zwei Drittel des Teigs etwa 3 mm dick ausrollen, in die Form legen und dabei einen Rand von etwa 4 cm Höhe formen. — Die Füllung auf dem Teigboden verteilen. Den Teigrand etwas über die Füllung legen. — Eigelbe mit Milch verquirlen. Den Rand mit etwas Eigelb bestreichen. Übrigen Teig etwas grösser als die Form ausrollen, auf die Füllung legen und die Ränder gut andrücken. — In der Mitte ein rundes, kleines Loch ausschneiden, damit beim Backen etwas Dampf entweichen kann. — Die Pastete im Backofen 1 Stunde backen. Wenn nötig mit Alufolie abdecken, damit sie nicht zu dunkel wird. — Warm servieren.

Arbeitsaufwand: 50 Minuten
Ruhezeit: 1 Stunde
Backzeit: ca. 1 Stunde

Für eine Springform
(24 cm Durchmesser)

Teig
150 g Butter
400 g Mehl
½ TL Salz
2 Eier

Füllung
120 g Weissbrot vom Vortag
2 grosse Zwiebeln
½ Bund Petersilie
900 g Kalbfleisch (oder
   halb Kalb-, halb Schweinefleisch)
2 EL Bratbutter
1 EL gehackter Majoran
Salz, Pfeffer aus der Mühle
1 Prise Muskatnuss
½ TL Korianderpulver
2 dl Weisswein
2 Eigelb zum Bestreichen
1 EL Milch

Alle drei Gipfel sind typische Produkte von gewerblichen Bäckereien, natürlich auch von Grossverteilern. Vor allem Nussfüllung wird (manchmal mit Rosinen) für Schnecken, Russenzopf, Rosenkuchen und ähnliche kleinere und grössere Gebäcke verwendet.

Exkurs: Die Herkunft des Gipfels, französisch *Croissant* (Sichel, Halbmond), liegt im Dunkeln und bietet deshalb Stoff für Legenden. Das *Idiotikon* nennt «*ein Gipfeli*», das «ein Wenig (eig. eine Spitze)» bedeute und bezeichnet den «Gipfel» ausserdem als «halbmondförmige Semmel; ursprünglich wohl besonders zur Fastenzeit in Klöstern gegessen», und verweist auf die berühmte Zeile aus den *Benedictiones ad mensas,* den Segenssprüchen, die der Mönch Ekkehart IV. ums Jahr 1000 im Kloster St. Gallen geschrieben hat: «*Panem lunatum faciat benedictio gratum*», «dieses mondförmige Brot möge der Segen dankenswert machen».

Haben die Mönche in St. Gallen tatsächlich Gipfeli erhalten? Wohl kaum, aber es ist natürlich vorstellbar, dass Brot in Form eines Halbmondes gereicht wurde – der Mond ist schliesslich rund, und ein halbiertes Brot gleicht einem Halbmond, keiner Mondsichel. Albert Spycher schreibt im *Ostschweizer Lebkuchenbuch*: «Ob im Mittelalter und in späterer Zeit den St. Galler Mönchen ‹Gipfeli› aufgetragen wurden, konnte nicht festgestellt werden. Es gehörte indes zu den Leistungen der Inhaber hoher Klosterämter, den Konventtisch an zahlreichen Feier- und Fastentagen mit *lunule* (Möndchen) und honiggesüssten und im Eisen gebackenen *oblate* zu bereichern.»

Der Segensspruch zum *panem lunatum* aus St. Gallen scheint nicht weit gereist zu sein, denn rasch sind Legenden entstanden, die sich hartnäckig halten. Für den Walliser Koch in Pariser Diensten Joseph Favre stammt das «Croissant» von «*mezzaluna*» ab. «Die Geschichte lehrt, dass Mohammed II. den Halbmond auf den Mauern von Konstantinopel anbringen liess. Pâtissiers und Bäcker präsentierten darauf kleine Halbmonde in den Auslagen ihrer Geschäfte» (*Dictionnaire universel de la cuisine pratique*). Favres Croissant wird aus Puderzucker, geschälten und geriebenen Mandeln, Eiweiss und Orangeat angerührt, in halbmondartige Form gedreht und gebacken.

Nicht in Konstantinopel, sondern in Wien soll das Croissant «zum Hohne auf den türkischen Halbmond» erfunden worden sein, nachdem die Stadt 1683 die Türken vor ihren Toren überlebt und am Ende vertrieben hatte, so die Wiener Autoren des *Appetit-Lexikons.* Sie zweifeln freilich und sind der Ansicht, «dass die ehrsamen Wiener Bäckermeister schon am Weihnachtsabend des Jahres 1227 dem Fürsten Leopold eine Tracht *Chipfen* verehrten» – der Name beziehe sich auf einen gebogenen Teil eines Bauernfuhrwerks, *kipfe* genannt, abgeleitet vom lateinischen *cippus,* spitzer Schanzpfahl. Daher also *Kipferl?* Und vom Kipferl zum Gipfel, zum Croissant? Der Duden präsentiert die Wege von Kipf(e), mittelhochdeutsch für Wagenrunge, zu Kipfel, Kipferl, Hörnchen, Croissant, Gipfel.

Croissants oder Gipfeli sind in der Schweiz nicht dasselbe. Sie gleichen sich zwar in der Form, unterscheiden sich aber in Teig und Geschmack. Jedenfalls war das zumindest so, und gewisse Bäcker bieten immer noch beides an: Das traditionelle Gipfeli mit einem feuilleteartigen Teig, der manchmal nach Weggli schmeckt, und das Croissant mit seinem leicht süsslichen, fülligeren Teig. Beide müssen ein gutes Stück Butter enthalten, innen weich und luftig, aussen knusprig gebacken sein. Seit einiger Zeit werden die beiden auf unguten Wegen vereint, dies dank der Industrialisierung des Gipfelbackens.

Für richtige Croissants knetet man einen Plunderteig aus 500 Gramm Weissmehl, 20 Gramm Hefe, 3 Deziliter Milch, 1½ Teelöffeln Salz und 40 Gramm Zucker. Den Teig eine Stunde gehen lassen, nochmals kneten, im Kühlschrank eine bis zwei Stunden gehen lassen. In der Zwischenzeit 300 Gramm Butter etwas kneten (sie sollte die gleiche Konsistenz wie der Teig haben). Den Teig ausrollen: in alle vier Richtungen, nach aussen dünner (sieht wie ein Schweizer Kreuz aus). Butter zu einer Platte pressen, in die Mitte des Teiglappens legen, die vier Teigränder mit Wasser befeuchten und die Butter sauber einpacken, so dass sie zwischen gleich dicken Lagen liegt. Dann Teig zu einer Platte von circa 30 mal 20 Zentimeter auswallen und eine «einfache Tour» legen: das äussere Drittel der schmalen Teigseite über das mittlere Drittel klappen, das restliche Drittel darüberschlagen. Nun liegen drei Schichten aufeinander; zehn Minuten im Kühlschrank ruhen lassen. Die Tour noch zweimal wiederholen, dann Teig zu einer Platte von 60 mal 60 Zentimeter ausrollen, kurz ruhen lassen und dann Croissant-Dreiecke schneiden. Die Dreiecke vom breiten Ende her einrollen, zu einem Halbmond krümmen und im vorgeheizten Ofen bei 220 bis 240 Grad etwa 15 Minuten backen.

Wer sich in der Küche durch dieses Rezept gearbeitet und ein brauchbares Resultat erhalten hat, wird keine Sekunde daran zweifeln, dass die osmanische Herkunftsversion in Frankreich bestenfalls einen Anfall von Hyperventilation auslöst. Zwar räumen die Autoren von *L'inventaire du patrimoine culinaire de la France* im Band über *Ile-de-France* der Ansicht Platz ein, dass «die Croissants ‹Marie-Antoinette gefolgt sind› anlässlich ihrer Krönung 1770 und ab 1780 an der Rue Dauphine Paris fabriziert wurden», wischen die Habsburgertochter als Überbringerin der Kipferlkunst aber gleich wieder vom Tisch: «Am 18. Juni 1549 gab der Bischof von Paris zu Ehren der Königin ein Bankett. Auf der Einkaufsliste, die erhalten geblieben ist, finden sich ‹quarante gasteaulx en croissans›!» Also Croissants, wie man sie heute kennt? «Nichts deutet darauf hin, aber die Existenz von Gebäck in Croissant-Form im XVI. Jahrhundert zeigt, dass man es nicht nötig hatte, bis zum Ende des XVIII. zu warten, um es zu erfinden.»

Der Begriff «*croissant*» im Zusammenhang mit Bäckereiwaren taucht im *Dictionnaire Littré* erst 1853 auf. *L'inventaire du patrimoine culinaire de la France* zeigt sich von der späten Erwähnung wenig beeindruckt. «Abschliessend sehen wir nicht die geringste direkte Verbindung zwischen unserem aktuellen Croissant und der österreichisch-ungarischen Pâtisserie ‹créée (?) au XVIIe siècle›.» Die Ursprünge des Croissants lägen vielmehr in den ‹petits pains dits à café›, welche die Pariser Bäcker Ende des 19. Jahrhunderts verkauft hätten.

Auf das Croissant mit seinem charakteristischen Teig und Geschmack wird quasi ein Patent erhoben: «Es sind diese Croissants, die um die Welt gegangen sind [...] ‹comme symbole de la France et comme représentants de la pâtisserie française›». Und wers nicht glauben will, den strafen die Bäcker.

Zum Schluss noch eine Frage, die sich in der Schweiz mit ihren Gipfeli und Croissants aufdrängt: Wie isst man das Gebäck stilgerecht? Ob man es bricht oder in voller Länge in den Mund stopft, ob man an einem der beiden Zipfel ansetzt – die Art, ein Gipfeli zu essen, ist weniger eine Frage des Stils, sondern eher der Tradition. Brot brechen ist eines der ältesten Rituale. Die Sitte stammt aus dem Orient und gilt dem Respekt vor dem Leben. Wenn das Oberhaupt der Familie, der Sippe oder einer Gruppe zu Beginn des Mahls Brot bricht und an die Anwesenden verteilt, vollzieht es einen symbolischen Akt. Allen soll bewusst sein, dass Nahrung keine Selbstverständlichkeit ist. Das Brechen von Brot ist in der Bibel verewigt und wird in christlichen Gottesdiensten immer noch zelebriert, als Kommunion bei den Katholiken, als Abendmahl bei den Protestanten.

Ein zweiter Grund, das Brot zu brechen, war praktischer Natur. Früher kannte man noch keine Brotlaibe wie heute, die sich in handliche Stücke schneiden lassen, sondern vor allem grosse Fladen.

Was spricht sonst noch dagegen, ein Gipfeli am Stück zu verspeisen? Eigentlich nichts, schon gar nicht, wenn man zu Hause am Tisch sitzt und Zeitung liest, dabei Kaffee trinkt und Gipfeli isst. Die gleiche Situation ausserhalb der eigenen Wände verlangt manchmal nach etwas Etikette, es wirkt sicher nicht besonders elegant, in einer schicken Confiserie, umgeben von älteren Damen mit zerbrechlichen Gesichtern, das Gebäck in einem Stoss in den Mund zu rammen. Auch wenn die winzigen Hörnchen, wie sie an überteuerter Lage gerne angeboten werden, prädestiniert dazu wären.

Ein Croissant dagegen, zumeist umfangreicher und *brioché,* üppiger ausgestattet als das klassische Schweizer Gipfeli, muss man schon aus physikalischen Gründen brechen. Erst recht die Jumboformate. Diese Convenience-Croissants oder -Gipfel sind manchmal so weich und *fluffy,* dass man sie, einmal zusammengedrückt, als Bierdeckel gebrauchen könnte, und manchmal sind sie mit einer Art Lack eingespritzt worden, dass sie am Gaumen kleben bleiben. Oder sie sind innen hohl und aussen hart und zerplatzen im Mund wie eine Weihnachtskugel.

— *Siehe auch: Meitschibei, Schinkengipfeli (Band 2); Spampezie (Band 4).*

Sankt Galler Biber

Flaches, braunes Honiggebäck, gefüllt mit einer Mandelmasse.

Irgendwie sind die St. Galler von den Appenzellern ausgetrickst worden, was vermutlich weder die einen noch die andern besonders überrascht. Appenzeller Biber kennt man in der ganzen Schweiz, seit industriell hergestellte «Appenzeller Bärli-Biberli» aus Innerrhoden neben Kartoffelchips zum *hardcore*-Bestand auf Wirthaustischen gehören. Aber St. Galler Biber? Klar, in der Ostschweiz. Und im Westen? Dort sind *les biberli appenzellois* verbreitet, ob das Rezept von *Swissmilk* stammt oder von einem Spitzenkoch wie Denis Martin aus Vevey. Die plakative Darstellung des Appenzellerlandes als Hort unverwüstlicher Tradition und pulsierenden Brauchtums verklebt manchmal die Optik – siehe Beizen-Biberli-Verpackung. Denn nicht die Appenzeller haben den Biber erfunden, sondern die St. Galler.

Der St. Galler Biber schmeckt nicht anders als der Appenzeller Biber – präziser ausgedrückt: Grundsätzlich machen die Bäcker in der Klosterstadt dasselbe wie ihre Kollegen im Hügelland am Fuss des Alpsteins; im Detail unterscheiden sie sich von Backstube zu Backstube allein in ihren Hausrezepten. Die frühsten schriftlichen Belege von *Bymenzelten* stammen in St. Gallen aus der ersten Hälfte des 15. Jahrhunderts, im Appenzellischen tauchen sie gegen Ende des 16. Jahrhunderts auf. Die St. Galler Biber sind somit eindeutig älter. Der Schweizer Gebäckforscher Max Währen (1919–2008) schrieb 1982 in der «Appenzeller Zeitung»: «Mit ziemlicher Bestimmtheit darf angenommen werden, dass der Appenzeller Biber ein Bruder, und zwar ein ziemlich jüngerer Bruder des St. Galler Bibers ist.» Dieser mag zwar originaler sein und der Appenzeller bloss eine Kopie, dafür aber ist er bekannt im ganzen Land.

Biber sind ein Honiggebäck, mit oder ohne Füllung. Mit Honig gesüsste Kuchen fanden Archäologen in altägyptischen Grabbeigaben. Es läuft also einmal mehr auf die unendliche Geschichte der Entwicklungshilfe durch die römischen Kolonisatoren hinaus, die *panus mellitus* schätzten, einen mit Honig bestrichenen, dann durchbackenen Kuchen.

Die Bezeichnung «Biber» hat nichts mit dem Nagetier zu tun, auch wenn man auf dessen Schaufelzähne angewiesen wäre, um ein ausgetrocknetes, beinhartes Biberli zu zerkleinern; sie könnte von *piper* stammen, dem lateinischen Wort für Pfeffer. Im Mittelalter brachte man mit dem Begriff «Pfeffer» die ganze Gewürzpalette unter einen Hut, man mischte die Spezereien aus dem Pfefferland in Pfefferkuchen. Albert Spycher ortet die Herkunft von *Bimen-, Biben-* und *Biberzelten,* so ältere Versionen, im «lateinischen *pigmentum* (mittelhochdeutsch *pimente)* in der Bedeutung von Farbstoff oder Gewürz, das dem Piment (Nelkenpfeffer, Englisch Gewürz) den Namen gegeben hat. Zelten ist auf das germanische *tjeld* sowie das mittelhochdeutsche *zelte* im Sinne von ‹ausgebreitet› zurückzuführen und bedeutet ‹flaches Backwerk›» (*Ostschweizer Lebkuchenbuch*).

Ein Biber ist also ein Kuchen, der aus römischen Bäckereien in klösterliche geraten war, dort weiter gepflegt und später von weltlichen Handwerkern, den Lebküchlern, übernommen wurde. Für die Klöster waren Bienenvölker als Lieferanten von Honig für die Kost und Wachs für Kerzen wichtig, ausserdem mischelten einige Klöster im mittelalterlichen Gewürzhandel mit. Ein Kreuzpunkt wichtiger europäischer Handelswege war Nürnberg; die Stadt gilt heute noch als eine Wiege der Lebkuchen. In St. Gallen führt die Geschichte der Lebküchlerei «ins ausgehende Mittelalter zurück», schreibt Spycher, «als etwa in Konstanz ein Bimenzelter und nach 1358 in Zürich Bymenzelterinnen und Bymenzelter am Werk waren. In jenen Jahrzehnten begründeten sich in München das Lebzeltergewerbe, in Basel und Nürnberg jenes der Lebküchler beziehungsweise Lebküchner. In St. Gallen waren es interessanterweise Gürtler, die sich laut Zunftbuch von 1511 ‹nach alter Gewohnheit neben Gürtelhaften *(Häftli)* als Bibenzelter› betätigen durften» (*Ostschweizer Lebkuchenbuch*). Das Kloster, das seine Belegschaft und die vielen Pilger verpflegen musste, wurde als «Gewerbe» von den Zünften zusehends ausmanövriert: «Ob das Galluskloster je eine nennenswerte Lebküchlerei betrieb, ist fraglich, weil Dokumente dazu fehlen.» Der abgekürzte Name «Biber» taucht erst im 19. Jahrhundert in Zeitungsinseraten auf.

Die ursprünglichen Biber waren ungefüllt. Die ersten Rezepte mit einer Mandelmasse im Kuchen lassen sich um 1800 in St. Galler Kochbüchern finden. Die Füllung kann als eine Variante von Marzipan bezeichnet werden, und Marzipan scheint eine Erfindung aus dem alten Persien zu sein, die von den Arabern übernommen und in orientalischen Küchen, die ja besonders süss ausgerichtet sind, weiter verbreitet wurde.

Für den Biberteig braucht man Halbweissmehl, Honig und Zucker, dazu etwas Dinkelmehl, Milch, Triebmittel (Triebsalz, Backpulver oder Pottasche) und eine Gewürzmischung, die in der Regel aus Koriander, Anis, Sternanis, Zimt, Nelken und Ingwer besteht, heute in Varianten bekannt als Lebkuchen- oder Weihnachtsgewürz (*siehe Seite 41*). In St. Gallen waren Gewürze aus dem Morgenland früh erhältlich, wie aus alten Belegen ersichtlich ist: Der Kaufmann Konrad Speiser schuldete 1262 einem Genuesen 314 Pfund Gold für eine Lieferung Pfeffer und hinterlegte als Sicherheit elf Ballen Leinwand. Die Gallusstadt lag nicht abseits der bedeutenden Verkehrsrouten, sondern gut betucht zwischen Nürnberg und den Bündner Pässen.

Der besuchte Bäcker in St. Gallen gibt noch etwas Rosenwasser und Zitronensaft dazu sowie «ein paar Eier, was den Teig luftiger werden lässt». Die Unterschiede zwischen St. Galler und Appenzeller Biber seien, so heisst es allgemein, geringer als die Varianten der einzelnen Bäckerrezepte. Die Rolle des Honigs beschränkt sich nicht nur auf Farbgebung und Aromatisierung, er hält den Teig feucht und wirkt zusammen mit den Gewürzen antibakteriell. Früher wurde der heimische Honig mit Zucker aufgekocht und so flüssiger gemacht, heute verwendet man flüssigeren (und billigeren) Honig aus Guatemala, den die Bäcker über ihre Einkaufsgenossenschaft beziehen.

Nach dem Kneten lässt man den Teig über Nacht ruhen; mit Pottasche als Triebmittel muss man ihn einige Tage lange stehen lassen. Diese Substanz, Kalziumkarbonat, wird durch Auslaugen von Pflanzenasche hergestellt, die man anschliessend in Pötten (Töpfen) zu Pulver eindampft. Eine langsam einsetzende Milchsäuregärung setzt Kohlensäure frei, die den Teig lockert und ihm einen dezenten Laugengeschmack verleiht. Den Teig rollt der Bäcker zu einem zwei Millimeter, die relativ kompakte Füllung zu einem vier Millimeter dicken Teppich aus; Teig und Füllung sollen sich beim fertigen Biber die Waage halten. Die Füllung lässt der besuchte Produzent nach seinem Rezept auswärts herstellen, weil allein schon das Vorbereiten der Mandeln beträchtlichen Aufwand kostet.

Der Bäcker sticht Formen aus, die er auf gemehlte Model legt und mit Daumen und Fingern sorgfältig andrückt – die Zeichnung, gerne ein Bär mit herausgestreckter Zunge, soll nach dem Backen schliesslich erkennbar sein. Dann füllt er die Vertiefung im Model mit Mandelmasse und deckt das Ganze mit dem Teigboden zu. Die Biber werden unabhängig von ihrer Grösse alle bei 210 Grad Celsius 10 bis 17 Minuten im Ofen gebacken. Noch warm, erhalten sie anschliessend mit der Spritzpistole ihren Glanz aus *Gummi arabicum* (einem Harz aus Akazien- und Mimosenarten), Eigelb und Milch aufgesprüht.

Neben dem Bär schätzt die Kundschaft als Sujets Bilder des Klosters und der weltberühmten Stiftsbibliothek sowie volkstümliche Motive – vorzugsweise aus dem Appenzellerland. Im 21. Jahrhundert erweitert durch Firmenlogos, Familienbilder, ausgesuchte Konterfeis mit Lebensmittelfarbe auf Zuckerfolie gedruckt. St. Galler Biber sind während des ganzen Jahres erhältlich, doch gut ein Drittel wird zur Weihnachtszeit verkauft. Je nach Grösse schneidet man sie in Stücke oder isst sie ganz zu Kaffee oder Tee; besonders bedeutende Biber werden als Memorabilien in die Vitrine gestellt.

Supplément: In der Gegend von Rothenthurm zwischen Ausser- und Innerschwyz gibt es den Biberfisch aus Zuckerteig mit Nussfüllung. Trotz einer gewissen Ähnlichkeit sind Ostschweizer und Innerschweizer Biber nicht miteinander verwandt, der Biberfisch heisst so nach dem Bach namens Biber, der durchs Hochmoor von Rothenthurm fliesst.

— *Siehe auch: Surseer Honiggans (Band 1); Berner Honiglebkuchen (Band 2); Appenzeller Biber, Seite 38; Biscômes, Pains d'épices (Band 5).*

Sankt Galler Brot

Helles oder dunkles rundes Brot mit Rissen und Nase *(Abb. Seite 128)*.

Das St. Galler Brot wird auch Thurgauer Brot oder Appenzeller Brot genannt, denn es ist ein Ostschweizer Brot – allerdings mit Wurzeln in St. Gallen. In der restlichen Deutschschweiz wird es als St. Galler Brot angeboten, in der Romandie wie im Tessin dagegen fast gar nicht wahrgenommen. Auf der Liste der Kantonsbrote, einem Marketing-Einfall der Schweizer Bäcker für die Fachausstellung 1950 in Lugano, thront es dennoch neben Tessiner und Basler Brot im Triumvirat der Spitzenreiter.

Das älteste ganz erhaltene Schweizer Brot wurde im Februar 1976 in Twann am Bielersee gefunden, es wurde in einer prähistorischen Seesiedlung um 3530 vor Christus aus Weizenkörnern hergestellt, die man auf einer Handreibemühle zerkleinert hatte *(www.schweizerbrot.ch)*. Auf dem berühmten Klosterplan von St. Gallen, dem ältesten erhaltenen Bauplan Europas, sind neben Kräutergärten und Brauereien auch drei Bäckereien auf Kalbspergament gezeichnet (um 820). Mit dem späteren St. Galler Brot dürften die damaligen Backwaren kaum zu vergleichen sein, denn bis in die Neuzeit wurde Brot aus Sauerteig gebacken.

Im Prinzip verläuft der Gärprozess in beiden Teigversionen analog, im Sauer- wie im Hefeteig, doch erst dank der Forschungen Louis Pasteurs über Mikroorganismen in der zweiten Hälfte des 19. Jahrhunderts weiss man, was da geschieht. Wie im Wein, funktioniert Spontanvergärung auch im Brot – man braucht einfach eine Masse aus Mehl und Wasser zu vermischen und an die Wärme zu stellen. Zucker und Stärke wirken mit Hefe, die durch die Luft schwirrt und spontan auf dem Teig landet. Zusammen produzieren sie Alkohol und Kohlendioxid, die den Saft zum Brausen und die Masse zum Steigen treiben. Im zähen Teig kann das Kohlendioxid nicht einfach verpuffen wie Bläschen im Most, es bleibt gefangen und bläht sich auf. Der Teig wird porös und luftig, er steigt. Der Rest ist Backen.

Mit seiner wuchtigen runden Form erinnert das St. Galler Brot an die bäuerliche Tradition, als einmal oder höchstens zweimal in der Woche Brot gebacken wurde. Diese Brote sollten möglichst lange frisch bleiben, also innen nicht austrocknen und aussen dicht halten. Mit stattlichen Volumen war dies eher möglich als mit zierlichen, ausserdem brauchte man weniger Laibe zu formen – ein Fünfpfünder senkte den Aufwand beträchtlich. Beim St. Galler Brot fallen die schön aufgerissene Kruste und die Nase darüber ins Auge. Diesen Effekt erzielt der Bäcker mit ein paar Handgriffen, die so viel Geschick voraussetzen, dass sie eine Maschine überfordern.

Zuerst wird ein Vorteig aus Halbweiss- oder Ruchmehl hergestellt, den man über Nacht ruhen lässt. Bakterien und Enzyme, Milch- und Essigsäuren wirken; die ersten Brotaromen bilden sich aus. Am nächsten Tag knetet die Maschine den Vorteig mit Mehl, Wasser, Hefe und Salz zum Hauptteig. Er muss mindestens eine Stunde liegen bleiben. Jede Einwirkung auf den Teig, Kneten oder Formen, verlangsamt die Entwicklung der Geschmacksstoffe. Diese Ruhephase bezeichnet man als Stockgare, sie ist sehr wichtig für Geschmack und Aussehen.

Nach der Stockgare erfolgt das Formen, Fassonieren genannt: Man setzt den runden, abgewogenen Teigballen auf eine mit Mehl bestäubte Arbeitsfläche, drückt die hintere Hälfte des Ballens flach und stülpt sie über die vordere Hälfte; ein Halbrund entsteht. Nun zieht man den rechten Zipfel des übergestülpten Lappens in die Mitte der linken Seite und klopft ihn leicht an, dann platziert man den linken Zipfel auf die gleiche Art ebenfalls in der Mitte. Hinten in der Mitte ist ein Hügel erkennbar, den klappt man nach vorne und verschliesst ihn mit den beiden Zipfelecken: Hier wird nach dem Backen die Nase aus dem Körper ragen. Nun folgt die zweite Ruhephase, die Stückgare. Die Laibe werden in einen gewärmten Raum gebracht und bleiben gut zehn Minuten liegen. Vor dem Einschiessen in den 270 bis 290 Grad heissen Ofen schneidet der Bäcker die Brote in der Regel unter der Nase ein, damit die Oberfläche beim Backen aufreisst und sich eine richtig krosse Kruste bildet. Im Ofen werden zwei Laibe aneinandergedrückt; nach dem Backen haften sie leicht aneinander. Sobald die Brote aus dem Ofen geholt worden sind, besprüht man sie mit etwas Wasser, damit die Kruste glänzt.

Sankt Galler Klostertorte

Torte aus Mandelteig mit Kakao, Konfitürenaufstrich und Teiggitter.

Im Obstgarten auf dem karolingischen St. Galler Klosterplan (vor 830) sind neben heimischen Arten wie Haselnuss, Birnbaum oder Mispel auch Bäume eingezeichnet, deren Überlebenschancen im rauen St. Galler Klima eher gering gewesen sein dürften. Wahrscheinlich sind die aufgeführten Einzelbäume symbolisch gemeint, denn sie säumen auf dem Friedhof der Mönche einen Lebensbaum und hätten es nie geschafft, eine Klostergemeinschaft von 140 bis 180 Menschen mit Früchten zu alimentieren; der Nutzgarten der Küche lag wohl ausserhalb der Anlage. Unter den Exoten auf dem Friedhof findet sich auch ein *amendelarius,* ein Mandelbaum *(Prunus dulcis).*
 Die zweifelhafte Winterhärte des Mandelbaums ist ein Grund, warum die Ursprünge der St. Galler Klostertorte vielleicht gar nicht

in der Klosterküche liegen. An Stelle der Mandeln hätte man zwar Hasel- und Baumnüsse verwenden können, dennoch gab es schon früh einfache Mandeltorten, etwa in einem Kochbuch aus dem Inntal Ende des 15. Jahrhunderts. Neben Mandeln weisen auch andere Zutaten darauf hin, dass zumindest bis zur Entdeckung Amerikas das Backen dieser Mandeltorte ein Luxus, wenn nicht unmöglich war: Zucker war bis ins 19. Jahrhundert teuer (die Grundlagen der industriellen Zuckerproduktion wurden 1801 in Berlin entwickelt) und Kakao *(Theobroma cacao)* gab es in Europa erstmals im 16. Jahrhundert, wobei noch lange nicht klar war, wie man diese aussergewöhnliche Pflanze richtig verwenden konnte. «Auf seiner dritten Reise in die Neue Welt kaperte Kolumbus am 15. August 1502 ein Handelskanu der Maya, das mit Kakaobohnen und andern Produkten beladen war. Er dürfte begriffen haben, dass die Bohnen Geld bedeuteten, aber er fand nie heraus, dass man damit ein Getränk machen konnte» *(The Oxford Companion to Food)*.

Der Klosterbetrieb St. Gallen existierte von 719 bis 1805. Die Klostertorte könnte rein zeitlich aus dem Kloster stammen, allerdings fehlt ein schriftlicher Beleg. Die erste Erwähnung steht im Rezeptbuch *Goldene Kochfibel* von Rosa Graf (1947). Im Kapitel über regionale Spezialitäten nennt die Autorin zwei Torten für den Kanton St. Gallen: die «Kloster-Torte» mit Mandeln, Zimt und einem Teiggitter sowie die «St. Galler Torte» mit Haselnüssen, Kakaopulver und einem Teigdeckel; beide Torten enthalten Konfitüre. Die beiden Rezepte sind offensichtlich später vermählt worden, weisen aber deutlich auf einen europäischen Bestseller hin, die Linzer Torte.

Die bislang ältesten Rezepte der Linzer Torte stehen laut einer Mitteilung der Landesmuseen Oberösterreich in der handgeschriebenen Rezeptsammlung *«durch die Frau Anna Margarita Sagramosin, geborne Gräffin Paradeiserin, mit grossem Fleiß mühe arbeit wie unkosten, vil Jar nach einander zusamen, geklaubt und beschreiben»* aus dem Jahr 1653. Die St. Galler Klostertorte schmeckt etwas weniger süss als die Linzer Torte; sie gleicht ausserdem der Fiderisertorte im Prättigau *(Band 4)*.

Der Konditor rührt Butter und Zucker schaumig, gibt geriebene Mandeln, Kakaopulver, Zimt, Nelkenpulver, Milch sowie Mehl und Backpulver dazu und vermengt alles. Den Teig zugedeckt gut zwei Stunden kühl ruhen lassen, dann zwei Drittel in eine eingefettete Springform drücken und einen kleinen Rand formen. Zwetschgen-, Johannisbeer- oder Himbeerkonfitüre gleichmässig auf dem Teigboden verteilen. Den verbliebenen Teigdrittel auswallen, mit dem (gezackten) Teigrädchen etwa zwei Zentimeter breite Streifen schneiden und damit ein rautenförmiges Gitter über die Konfitüre legen. Den Rand mit der Gabel etwas andrücken, Rand und Streifen mit Ei bestreichen, die Torte bei 180 Grad Celsius 45 Minuten lang backen. Die Torte schmeckt einen bis zwei Tage nach dem Backen am besten.

Schlorzifladen

Flacher Kuchen mit passierten Dörrbirnen und Rahmguss.

Dörrfrüchte gehörten jahrhundertelang zum Winterangebot auf Schweizer Tischen. Im *Schweizer Bauer* stand 1859 zu lesen: «Es [das Dörren] wurde in früherer Zeit weit mehr vorgenommen als jetzt, obschon auch heute noch der Stolz mancher Bäuerin darin besteht, unter anderem auch ansehnliche Kasten voll dürren Obstes zu besitzen und vorweisen zu können.» Erst die flächendeckende Verbreitung des Kühlschranks ab den 1950er-Jahre liess die Kunst des Dörrens langsam vertrocknen.

Das Dörrobst diente als Ingredienz für allerhand Gerichte, einfach nur harte Schnitze zu kauen war kein saisonfüllendes Vergnügen. Vor allem Birnen eignen sich dank ihrer gut pürierbaren Konsistenz für Füllmassen, die für Krapfen, Birnbrot oder Birnenweggen in Teig gebacken oder für Fladen auf Teigböden gestrichen werden. Der Schlorzifladen besteht aus zwei Schichten über dem Teigboden, dem Birnenmus und dem Rahmguss darauf; deshalb heisst er mancherorts Doppelfladen.

Die Bezeichnung Schlorzifladen (*Bereflade*) zergeht auf der Zunge wie die Fladenfüllung selber, ein lautmalerisches «Geschlörz» eben, «verschiedene untereinander gekochte oder gemengte Speisen», die «weniger flüssig als Geschlüder» sind, eine «breiartige Flüssigkeit» im Prinzip *(Idiotikon)*; ein *Pfludder*, wie man in Basel sagen würde. In den beiden Appenzell heimisch und im Kanton St. Gallen, dort vor allem im Toggenburg, geriet der Schlorzifladen beinahe in Vergessenheit. Teig, Frucht- und Rahmguss zuzubereiten bedingt einen gewissen Arbeitsaufwand. Mittlerweile wird er wieder häufiger in gewerblichen Bäckereien und auch privat hergestellt.

Oft verarbeiten die Bäcker eine fertige Birnenweggenmasse von ihrer Einkaufsgenossenschaft. Die Masse enthält 40 Prozent Birnen und ist in der Konsistenz um einiges feiner als eine Farce, die zu Hause aus aufgeweichten, passierten oder pürierten Dörrbirnen fabriziert wird. Der Bäcker breitet einen Kuchenteig aus Mehl, Margarine, Salz, Wasser und etwas Zucker im eingefetteten Backblech aus und verteilt die Birnenmasse darauf, die einen Anteil an Dörräpfeln enthalten und individuell mit Anis, Zimt, Birnbrotgewürz, Wein, Süssmost oder weissem Traubensaft, Obst- oder Kräuterschnaps aromatisiert werden kann. Dann verrührt er Eier, Eigelb, Mehl, Kaffeerahm und etwas Salz in der Schüssel, bis keine Klümpchen auszumachen sind, gibt die Milch dazu und zieht am Schluss geschlagenen Rahm darunter. Mit dem Guss bedeckt er den Birnbrei und backt den Fladen bei 220 Grad Celsius 50 Minuten im Ofen.

Der Birnengeschmack kommt am besten zur Geltung, wenn der Schlorzifladen warm oder lauwarm gegessen wird; traditionell im Obertoggenburg in der Silvesternacht (Hüslinacht), allgemein auch am Freitag, dem einstigen Wähen- und Fischtag. Beim besuchten Produzenten im Toggenburg rangiert der Schlorzifladen nach dem Mandelfisch und vor dem Zimtfladen.

— *Siehe auch: Dörrbirnen, Luzerner Birnenweggen, Ofenkrapfen (Band 1); Brienzer Krapfen (Band 2).*

Toggenburger Birnbrot

In Hefeteig gebackene Masse aus gedörrten Birnen und Ruchbrotteig.

Wie auch für Mandel- und Nussgipfel, verwenden die Bäcker für Birnbrot und Birnenweggen zunehmend vorfabrizierte Füllmassen. Sie gewinnen viel Zeit, wenn sie mit Readymade-Produkten arbeiten; dafür verliert das Gebäck an Ausprägung, wenn sein Inhalt nicht mehr individuell zubereitet wird. Diese Feststellung klingt wie nostalgisches Gejammer, hat aber durchaus ihre Berechtigung, denn eine Masse aus gedörrtem und wieder aufgeweichtem Obst bietet dank dem Kombinationsspektrum von Gewürzen sowie dem Potenzial der Sortenvielfalt insbesondere von Hochstammbäumen viel Raum für persönliche Signaturen. Leider sind zahlreiche alte Birnensorten längst dem hindernisbefreiten landwirtschaftlichen Verkehr auf Wiesen und Feldern sowie der Bautätigkeit geopfert worden. Als Ergebnis leidet die malträtierte Landschaft an augenfälligem Artenschwund.

Birnbrot und Birnenweggen sind vor allem in der Deutschschweiz verbreitet. Es gibt zwei Typen: Für Birnbrot wie im Toggenburg, Bündner- und Glarnerland wird eine Masse aus Birnen und Ruchbrotteig in einem Hefeteig eingepackt, für einen Luzerner Birnenweggen streicht man eine weichere reine Birnenmasse auf einem Teig aus und rollt sie wie eine Roulade *(ausführlicher in Band 1)*.

Für die Toggenburger und Glarner Birnbrote werden die gedörrten Birnen gekocht, passiert und mit den weiteren Zutaten vermengt, während für die Bündner Variante die Birnenschnitze in Rosenwasser oder Birnenträsch eingelegt werden. Heute geniesst man Birnbrot und Birnenweggen als Delikatesse, doch entstanden sind die Gebäcke in den vor- bis hochalpinen Gebieten wahrscheinlich im Spätmittelalter aus purer Not, um kostbares Mehl mit gedörrtem Obst zu strecken. Die Verhältnisse besserten sich und man konnte sich im Lauf der Zeit erlauben, die Fruchtmassen mit edlen Gewürzen zu aromatisieren. Das Sparbrot entwickelte sich zum winterlichen Festtagsschmaus, zu einem typischen Weihnachts- und Neujahrsgebäck. Durch die stete Verlagerung des Backens in gewerbliche Betriebe vor allem im 20. Jahrhundert sind die Birnbrote zum Alltagsgebäck geworden, das während des ganzen Jahres hergestellt wird.

Eine Delikatesse ist das Birnbrot geblieben, einen Vorteil weist es immer noch aus: Es hält sich dank der feuchten Füllung länger frisch und vertrocknet nicht so rasch wie andere, vorwiegend industrielle Brote. Die erste Erwähnung des Toggenburger Birnbrots findet sich wie die Abgrenzung zu Bündner Birnbrot und Birnenweggen im Fachbuch *Der Schweizer Bäcker-Konditor* von 1944. Verbindliche

Rezepte bestehen bis heute nicht, auch wenn die Fachschule Richemont (Luzern) in den 1950er Jahren der Toggenburger Füllung noch eingekochte Zwetschgen und Apfelmarmelade beigibt und der Glarner Variante Anis zubilligt – im Gegenteil, manche Bäcker geben auch Nüsse, Feigen oder Weinbeeren dazu.

Traditionell legt man die geschälten und halbierten Dörrbirnen über Nacht in lauwarmes Wasser ein, kocht sie anderntags weich und dreht sie durchs Passevite, verrührt die Masse mit Ruchmehlteig, (gehackten) Baumnüssen, Sultaninen, etwas Obstbrand, Zucker, Zitronat und Orangeat sowie einer Gewürzmischung aus Koriander, Sternanis, Anis und Nelken. Diese Füllung drapiert man in Längsrichtung auf ein Rechteck aus Hefeteig, das zuvor mit Wasser bepinselt worden ist, damit es besser zusammenklebt. Zuerst deckt man die Stirnseite zu, dann die Längsseite. Das Brot legt man mit der Naht nach unten auf das Blech, sticht kleine Löcher in den Teigmantel und bestreicht ihn mit verquirltem Ei. Das Birnbrot wird eine gute halbe Stunde bei 210 Grad Celsius gebacken.

Das Toggenburger Birnbrot findet man auch in andern Teilen des Kantons St. Gallen sowie im benachbarten Thurgau. Am besten schmeckt es, wenn man eine Scheibe mit Butter bestreicht. In manchem Restaurant, das ein assortiertes Käse-Buffet pflegt, werden Tranchen zu rezentem Käse gereicht.

— *Siehe auch; Birnenweggli, Luzerner Birnenweggen, Dörrbirnen (Band 1); Dörrobst, Seite 185; Bündner und Glarner Birnbrot (Band 4).*

Törggabrot

Brot aus Mais- und Weizenmehl.

In der Schweiz wird Mais fast ausschliesslich als Tierfutter angebaut. Ausnahmen sind das St. Galler Rheintal, wo der Ribelmais (von *rible,* reiben), *Türggen* (von Türkenkorn) beziehungsweise *Törgga* zu Hause ist, das Linthgebiet, das Tessin mit *Farina bóna* und *Farina di mais rosso* sowie verstreute Bio-Bauernhöfe. Im St. Galler Rheintal wird Ribelmais sicher seit dem 17. Jahrhundert angebaut, durch zahlreiche Selektionen ist genetischer Reichtum erwachsen. Dieser Mais beherrschte die Küchen der einfachen Kleinbauernfamilien gut 300 Jahre lang bis nach dem Zweiten Weltkrieg. Das Mehl wurde nach einem recht aufwändigen Verfahren gewonnen und vor allem für Ribel, grobkörniges, in Butter gebratenes Maisgriess, sowie *Törggabrot* verwendet. Maisbrote gab es um 1900 auch in Basel (Herbstmesse), im Bündner- und Glarnerland, wo auch Mais angebaut wurde. Heute sind Maisbrote dank backfertiger Mehlmischungen auch andernorts erhältlich.

Der Bäcker verrührt das fein gemahlene Maismehl mit Wasser im Verhältnis 1:1 und lässt es über Nacht stehen. Am frühen Morgen gibt er das eingeweichte Maismehl zusammen mit Halbweissmehl und einem Ruchmehl-Hebel (Vorteig) sowie Wasser, Salz und Backhefe in eine Schüssel und beginnt zu kneten. Die beiden Weizenkomponenten sorgen dafür, dass der Teig zusammenklebt und nicht auseinanderfällt, denn Mais enthält keine Klebereiweisse, ist also glutenfrei. Um ein Brot mit Volumen zu erhalten und keine mexikanischen Tortillachips, braucht es Weizenmehl im Teig. Der Bäcker gibt noch Sultaninen dazu; früher nahm man auch gedörrte Birnenschnitze, die sind mittlerweile nicht mehr gefragt im Brot. Nach etwa anderthalb Stunden formt der Bäcker 500 Gramm schwere, eher flache Laibe mit halbrunder Oberfläche. Bei 240 Grad Celsius werden die Maisbrote gut 50 Minuten lang gebacken.

Trotz Hefe und Weizenmehl-Zugabe bleibt der Teig relativ dicht. Die Sultaninen geben dem *Törggabrot* eine süssliche Aromakomponente. Als Alltagsbrot war es nie an einen speziellen Feiertag gebunden; heute gilt es als Liebhaberei, dank seiner langjährigen Verankerung in der regionalen Tradition geniesst es eine neue Wertschätzung. In der langen Geschichte des *Törggabrots* gab es kaum Veränderungen, es wird seit 100 Jahren nach gleicher Methode produziert. Nur einmal sorgten die Umstände für eine gravierende Massnahme, wie der besuchte Bäcker erzählt: Während des Zweiten Weltkrieg habe man das frisch gebackene Brot 48 Stunden beiseite legen müssen, ehe es verkauft werden durfte. «Frisches Brot, das weiss jeder aus eigener Erfahrung, schmeckt so gut, dass man über Gebühr davon isst» – in Kriegszeiten eine Verschwendung.

— *Siehe auch: Linthmaismehl (Band 1); Rheintaler Ribel, Seite 93; Farina bóna (Band 4).*

Waffeln

Zwischen heissen Eisen gebackenes Konfekt.

Die dickeren und weicheren Waffeln oder *gaufres* gehören wie die hauchdünnen und zartbrüchigen Bretzeli oder *bricelets* zur Familie der Gebäcke, die zwischen zwei gravierten Eisenplatten, die an langen Griffen über dem Feuer gehalten werden, oder auf heissen Eisenstäben (Hüppen) gebacken werden. Sie sind formenreich und in der ganzen Schweiz verbreitet. In manchen Museen von nationaler bis lokaler Bedeutung landauf, landab bilden zahlreiche Waffel- und Bretzeleisen einen wichtigen Stammfundus, während man auf Flohmärkten und in Brockenhäusern über ausrangierte elektrische Bretzelbackgeräte stolpert. Mit dieser vielgestaltigen Hinterlassenschaft aus Backstuben und Küchen können nur hölzerne Model für Butter oder Gebäck mithalten.

Die frühesten gefundenen Waffeleisen in Europa stammen aus der Epoche der Wikinger (700 bis 1000) sowie aus Frankreich und Belgien im 9. Jahrhundert. Die ältesten vorhandenen Schweizer Formen sind Hostieneisen aus St. Gallen, sie waren im 11. Jahrhundert in Gebrauch. Die ersten spezifischen Waffeleisen sind in der Deutschschweiz zu Beginn des 16. Jahrhunderts registriert worden, in der Romandie ein paar Jahrzehnte später. Traditionell verwendet man für Waffeln rechteckige, eher grössere Eisen, für Oblaten und Bretzeln kleinere runde oder quadratische.

Waffeln sind eine europäische Leckerei, sie werden von Italien bis Schweden gebacken. Auf dem Bild «Der Kampf zwischen Fasching und Fasten» (1559) hat Pieter Bruegel der Ältere (1520–1569) eine Frau beim Waffelbacken gemalt. Der Name «Waffel» wird aus dem niederländischen *warfel* hergeleitet, Honigwabe. Der Begriff wurde zu Wabe germanisiert und zu *walfre* verändert, aus dem das französische *gaufre* entstand. Im Schweizerdeutschen gab es Bezeichnungen wie *Goffern, Goferen* von «gaufre f., Waffel, daher als Fremdwort mit schwankender Lautform» (Zwinger, *Theatrum botanicum*, 1696), *Brissi, Brëtzelen*; im 16. Jahrhundert wurden «*wafeln zum guten jar geschenckt*» (1560, *Idiotikon*).

Die Muster zahlreicher Waffeleisen erinnern an die Verbindung zum Bienenstock, vor allem Brüsseler Waffeln *(gaufres à la belge)*, die in tiefgravierten Eisen gebacken werden. Sie sind weich und üppiger als die dünnen Bretzeli und werden mit warmem Erdbeerkompott, flüssiger Schokolade oder anderen Beigaben konsumiert. Dieser Waffeltyp wird heute oft an Messe- und Marktständen fabriziert und verkauft.

Waffeln und Bretzeli werden beide mit heissen Eisen angepackt. Sie unterscheiden sich etwas im Teig, vor allem aber in der finalen Konsistenz. Marianne Kaltenbach führt verschiedene Rezepte auf: Für *Gaufres* (Hauswaffeln) gibt man einen Teig mit Vanillezucker und Rum oder Zitronenzeste dickflüssig ins Waffeleisen, bestreut die gebackenen weichen Waffeln mit Zimtzucker und isst sie warm oder kalt. Für süsse *Bricelets* (Bretzeln) formt man aus Teig mit Zimt, Kirsch und geriebener Zitronenschale eine kompakte Kugel, die man im Eisen flachdrückt und goldbraun ausbackt; für *Bricelets fins* (Waadtländer Rahmwaffeln) belegt man das Bretzeleisen ebenfalls mit Kugeln aus einem süssen Teig mit Rahm, Weisswein, Kirsch und Zitronenzeste, wickelt nach dem Backen die noch weichen Scheiben um den Stiel der Teigkelle und lässt die gerollten Bretzeln auskühlen; sie sind trocken und brüchig. *Bricelets au cumin* (Kümmelbretzeln) oder *au fromage* (Käsebretzeln) werden auch als Kugeln aufs Eisen gelegt und dann zusammengedrückt gebacken.

— *Siehe auch: Hüppen, Offleten (Band 1); Bretzeli (Band 2); Sensler Bretzeln, Bricelets, Gaufres (Band 5).*

Chörbliwasser

Alkoholfreies Destillat aus Süssdolde und Wasser *(Abbildung Seite 94)*.

Beim Lesen dieses Namens melden sich Bedenken, man denkt an Übelkeit und ähnliche Purgatorien, doch *Chörbliwasser* hat nichts Unangenehmes an sich, im Gegenteil, als Hausmittelchen gegen allerhand Gebresten beruhigt es den Magen, reinigt das Blut und senkt den Druck. Der Name *Chörbliwasser* leitet sich von Kerbel ab, dem *Chörblichrut*, wie man in Gegenden wie dem Werdenbergischen im St. Galler Rheintal und im Emmental sagt – dort, wo Chörbliwasser herkommt und produziert wird.

Seit wann Chörbliwasser zubereitet wir, ist nicht klar; gewiss seit mehreren Generationen oder mehr als 100 Jahren. «*Cerifolium, sacrepia, körbliskrut*», zitiert das *Idiotikon* aus einem medizinischen Handbuch des 15. Jahrhunderts (Schwyz). In diversen Angaben wird nicht klar ausgedrückt, welche Kerbelart für Chörbliwasser verwertet wird: einmal (und eindeutiger) die Süssdolde *(Myrrhis odorata)*, in *Flora Helvetica* als «*Chörblichrut*» bezeichnet; in andern auch der Garten-Kerbel *(Anthriscus cerefolium)*, der allerdings als weniger wirkungsvoll gilt.

Das Wasser schmeckt stark nach Anis und soll, äusserlich aufgetragen, auch gegen Hautprobleme wirken und Sportverletzungen mildern. In den Naturheilkunde-Klassikern *Das grosse Kräuterbuch* von Pfarrer Künzle und *Der kleine Doktor* kommt die Süssdolde allerdings nicht explizit vor, sie spielt nicht einmal marginal eine Rolle. Vielleicht wird sie unterschätzt, vielleicht hält sich ihre Wirkung in Grenzen.

Das hält viele Rheintaler und Emmentaler nicht ab, auf Chörbliwasser zu schwören. «Hausmittel Nummer eins in der Gegend, hochgerühmt und begehrt, ist aber das ‹Chörbliwasser›», schrieb der Ethnologe Paul Hugger in seiner volkskundlichen Monographie *Werdenberg – Land im Umbruch* (1964):

«Früher war es nur in Buchs und den dazu gehörenden Weilern bekannt; heute hat es aber einen Siegeszug durch die Gegend angetreten, und aus den Brennereien werden Flaschen voll ‹Chörbliwasser› weit herum versandt. [...] Dann sei es aber auch wirksam bei innerlichem Brand. *‹Für üsserlig sogäär oo, aber do häts, ja mr wänn sääge, no vor zwanzg Joore, do hämm mr no Töggter im Spitool kaa, die hänn no glachet ob däm. Jo die Wärdebärger, häts dänn ghaisse, jo die heegen en Gloobe. Aber i has sälber erfaare, drum han i sälber o dr Gloobe draa.›*»

Chörbliwasser wird zubereitet wie das berühmte Rosenwasser, also alkoholfrei destilliert. Das wäre an sich nichts Aussergewöhnliches, aber man hat mancherorts vergessen, dass ein Destillat nicht zwingend Schnaps sein muss, sondern auch schlicht der Extrakt einer aromatischen Substanz. Das war ursprünglich auch Sinn und Zweck, als durch Destillation flüchtige Düfte aus Pflanzen gefangen wurden.

Die bislang ältesten Spuren reichen nach Mesopotamien, wo Archäologen einfache Destilliergeräte aus dem 4. Jahrtausend vor Christus fanden, die laut Keilschriften zur Herstellung von Parfüm dienten. Die Methode bewies in der Antike ihre Nützlichkeit; Aristoteles erkannte den wichtigsten Vorzug des Destillierens: Aus dem kondensierten Dampf von gekochtem Salzwasser entstand trinkbares Süsswasser. Die Araber, die das junge Europa mit alter Technologie beglückten, entwickelten die Kunst des Destillierens weiter. Der Wissenschaftler und Philosoph Abu Jusuf Jaqub ibn Ischaq al-Sabbah al-Kindi (um 801 bis 873) definierte in seinem *Buch über die Chemie des Parfüms und die Destillationen*: «Destillation ist das Verfahren, das der Herstellung von Rosenwasser entspricht.» Arabische Forscher entdeckten später auch, dass man Wein destillieren und seine berauschende Wirkung um ein paar Grad steigern konnte.

Was den Duft der Rosenblätter konzentriert, kann auch anderen Pflanzen zur Entfaltung verhelfen. Für Chörbliwasser füllt man frische, zerschnittene Süssdolden in den Brennhafen und giesst Wasser darüber; für einen Liter Chörbliwasser braucht man gegen zwei Kilo Süssdolden. Dann erhitzt man das Destilliergerät, der Süssdolden-Dampf steigt auf, kondensiert und träufelt dank seiner ätherischen Öle als milchiges Destillat in ein Fass. Man kann es kalt oder warm trinken, pur oder verdünnt. Dass Chörbliwasser nicht bekannter geworden ist, hat sich das «St. Galler Tagblatt» gefragt: «So wenig, wie man weiss, warum und wo dieses Mittel der Hausmedizin seinen Ursprung hat, so unklar ist, warum das Chörbliwasser im benachbarten Sarganserland und im Fürstentum Liechtenstein lediglich ein Schattendasein fristet. Neben dem Werdenberg wird das Chörbliwasser nämlich nur noch im Emmental, im Kanton Bern, hergestellt» (2014).

Süssdolde, auch Myrrhenkerbel genannt, kann man roh essen; die Blätter in Salaten und Suppen, fein geschnitten als Beilage in Joghurt und Bowlen, Kompott und Müesli. Das Kauen der Süssdoldenwurzel soll gegen Mundgeruch wirken, zumindest für frischen Atem sorgen.

…onig *(Seite 130)*, Sankt Galler Alpkäse *(Seite 90)*, Sankt Galler Brot *(Seite 115)*

Honig

Gesundes Nährkonzentrat der Bienen aus Wasser, Zucker, Enzymen und weiteren Stoffen *(Abbildung Seite 128)*.

Rückblickend wirkt eine von vier Segnungen, die Ekkehart IV. von St. Gallen in seinen *Benedictiones ad mensas* vor mehr als 1000 Jahren dem Honig gewidmet hat, wie ein prospektiver Stossseufzer: «*Hoc mel dulcoret deus, ut sine peste saporet* – Diesen Honig möge Gott süss machen, damit er ohne Schaden schmackhaft macht.» Der Mönch hätte sich in den schlimmsten Alpträumen wohl kaum vorstellen können, wie der industrialisierte Mensch dereinst seine Umwelt plündern würde, so dass er sich zu Beginn des 21. Jahrhunderts fragen muss, ob Honig, diese «Natur-Apotheke», angesichts weit verbreiteter Umweltschäden überhaupt noch gesund sei.

In einem kranken Lebensraum schwächeln auch die Bienen, grassierendes Bienensterben ist die Folge. Im *Expertenbericht – Vorschläge für Massnahmen zur Förderung der Gesundheit der Bienen,* herausgegeben vom Zentrum für Bienenforschung der Agroscope Liebefeld im Mai 2014, heisst es einleitend: «Bei der Honigbiene waren überall auf der nördlichen Halbkugel in den letzten zehn Jahren erhöhte Völkerverluste zu verzeichnen. Auch nach mehreren Jahren internationaler Forschung konnte kein einzelner Faktor als alleinige Ursache dafür identifiziert werden. In der Wissenschaft ist man sich heute einig, dass diese Verluste hauptsächlich auf bestimmte Bienenkrankheiten (Parasiten, Viren, Bakterien) und auf das Zusammenwirken verschiedener Umwelt- und biologischer Faktoren zurückzuführen sind. [...] Ein wesentlicher Faktor für die hohen Völkerverluste ist der Befall mit der parasitischen Milbe *Varroa destructor* (1984 erstmals in der Schweiz nachgewiesen) und die durch sie übertragenen Viren. Auch wenn es in der letzten Zeit beunruhigende Hinweise auf die Wirkung bestimmter Insektizide unter Labor- und Halbfreilandbedingungen gab, so sind die tatsächlichen Auswirkungen dieser Substanzen in Bezug auf die Winterverluste bei der Honigbiene weiterhin zu wenig bekannt, da sich die Laborversuche im Freiland schwer bestätigen lassen.»

Das gleiche Szenario gelte auch für Wildbienen (inklusive Hummeln), die «seit den sechziger Jahren des 20. Jahrhunderts teilweise beträchtliche Rückgänge sowohl bezüglich ihrer Artenvielfalt als auch bezüglich ihrer Bestandesgrössen» erlitten hätten. Hauptgründe für den Rückgang «sind das heutzutage vielerorts stark verminderte Angebot an Nahrungs- (Blüten) und Nistressourcen (Kleinstrukturen) sowie die starke Verinselung blüten- und kleinstrukturreicher Flächen in einer zunehmend fragmentierten Landschaft».

Schweizer Honig sei trotz aller Widrigkeiten «top», so ein Experte des Zentrums für Bienenforschung. Die Begründung: Das Opfer der Umweltschäden ist nicht der Honig, sondern die Biene. Sie filtert den Honig in der Honigblase und füllt die Wabe mit einem sauberen Produkt. Gefährlich sind Antibiotika und falsche oder nicht zugelassene Medikamente etwa zur Bekämpfung der Varroa-Milben und ihren Folgen. In der Schweiz und weiteren Ländern ist die Abgabe von Antibiotika an Honigbienen verboten, in vielen Länder nicht.

Versuche mit Fungiziden und weiteren Schadstoffen zeigten, dass solche Substanzen auf den Pflanzen, aber nicht mehr im Honig messbar waren. Das Gift blieb in den Bienen zurück. Was die Situation nicht harmloser macht: Den Schaden haben die Bienen selber, die Gesundheit leidet, der Orientierungssinn, ihre Lebensdauer (ohnehin höchstens sechs Monate, nur die Königin kann fünf bis sechs Jahre leben). Bienenvölker erneuern sich ständig, dies zu bewältigen ist schon ein Kraftakt; kommen Stressfaktoren wie Gift und Krankheiten dazu, wächst die Anfälligkeit, die Völker leiden und mit ihnen die Umwelt:

Die Bienen produzieren nicht bloss Honig, Gelée Royale (reines Sekret, das Elixier für die Bienenkönigin, das laut Aberglaube ewige Jugend garantiert), Wachs, Propolis (Bienenkittharz, ein starkes natürliches Antibiotikum), Pollen (den die Bienen an ihren «Höschen» eintragen und im Stock verzehren) und das Gift im Stachel, das Gelenkschmerzen lindert – sie leiten als Bestäuberinnen die Reproduktion zahlreicher Pflanzen ein.

Jeder dritte Bissen, den ein Mensch zu sich nimmt, ist bestäubungsabhängig; etwa 80 Prozent dieser Bestäubungen leisten die Honigbienen. Deshalb sei, so das Forschungszentrum, «die Erhaltung einer flächendeckenden Bestäubung aus Gründen der Ernährungssicherung» das «Oberziel aller Bemühungen in der Bienenforschung». 1998 wurde die Biene als unverzichtbare Bestäuberin in der *São Paulo Declaration* als bis dato einziges Nutztier unter den Schutz der UNO gestellt.

Die Biene gibt es seit circa 20 Millionen Jahren. Eine neolithische Malerei in der Höhle Araña nahe Valencia (Spanien) zeigt einen Mann beim Honigsammeln. «In der Schweiz ist die Verwendung von Bienenwachs und damit indirekt auch die Gewinnung von Honig im 2. Jahrtausend vor Christus gut belegt» *(HLS)*. Die älteste schriftliche Erwähnung steht in den anfangs erwähnten *Benedictiones* des Klosters St. Gallen.

Bis ins 19. Jahrhundert blieb die Bienenhaltung quasi unverändert: Wenn die Stöcke «reif» waren, vertrieb man die Bienen durch Rauch, erstickte oder ertränkte sie, brach die Waben heraus, nahm Honig und Wachs und die Bienen konnten von vorne beginnen – zumindest jene, die das archaische Vorgehen überlebt hatten oder im anstehenden Winter nicht verhungerten; dass sich Bienen mit Zuckerlösungen durchfüttern lassen, blieb lange unbekannt. Mit der Zeit baute man Stöcke aus Stroh, Lehm und Ruten, später Kästen, die einzeln oder in kleinen Häuschen den Bienen kontrollierbare Nistmöglichkeiten bieten. Honig diente nicht nur zum Süssen (Lebkuchen, Wein, Bier) und Heilen, sondern auch der Konservierung von Früchten.

Die Bienen fliegen zu Pflanzen, trinken deren Nektar sowie Honigtau, zuckerhaltige Absonderungen von Schild- und Blattläusen. Der Blütenstaub, der bei diesen Flügen an den Härchen der Bienenbeine hängen bleibt, wird auf einer nächsten Pflanze abgestreift und ermöglicht mit frischem Erbgut die Befruchtung der Pflanze.

Die Bienen versetzen die Säfte in diversen Arbeitsgängen mit bieneneigenen Stoffen und Sekreten. So ensteht Honig, den die Bienen als konzentrierte Nährlösung für den Bienennachwuchs in Waben aus selbst produziertem Wachs deponieren; die Waben verschliessen sie luftdicht, um Gärung zu verhindern. Neben Wasser und verschiedenen Zuckern enthält Bienenhonig Proteine in Form der Enzyme, Aminosäuren, Acetylcholin und Cholin, Mineral- und Aromastoffe (der unterschiedlichen Pflanzen), Vitamine, anorganischen und organischen Säuren; antibakterielle, keimtötende und konservierende Wirkung erhält der Honig unter anderem durch Sekrete, die dem Nektar aus Drüsen der Bienen zugesetzt werden und die Glucose-Oxidase enthalten (Penicillin B).

Honig war das wichtigste Süssungsmittel bis ins 19. Jahrhundert, als die rationellere Herstellung den Zucker verbilligte – mit einer Zuckerraffinerie halten auch die fleissigsten Bienlein nicht mit. Dafür ist ihr Produkt gesünder. Spezifisch schweizerisches «Honigmachen» bzw. «Wachsmachen» gibt es nicht – die Arbeit erledigen ja die Bienen; aber Eigenheiten in Flora und Fauna fallen ins Gewicht, in denen sich Landschaften und Mikroklimata auswirken. Bis Mitte des 20. Jahrhunderts war die Dunkle Biene *(Apis mellifera mellifera)* die einzige Honigbiene in der Schweiz nördlich der Alpen. Hier lebt sie seit der letzten Eiszeit, sie hat es stets geschafft, sich anzupassen. Dazu gekommen sind graue Carnica- (vor allem Westschweiz) und gelbe Ligustica-Rassen (Tessin).

In der Schweiz halten 19 000 Imkerinnen und Imker insgesamt 170 000 Bienenvölker (2014). Die meisten betreiben die Imkerei aus Interesse, aus Freude oder innerhab eines Landwirtschaftsbetriebs; gegen 20 arbeiten semi-, zwei bis drei vollprofessionell. Die Wanderimkerei ist wichtig geworden, denn nicht überall gibt es genügend Bestäuberbienen, also muss man einen Trupp temporär in Marsch setzen.

Die Vielgestaltigkeit von Landschaft und Klima in der Schweiz erlaubt eine Vielfalt an Honigaromen. Im Tessin vom Gotthardmassiv durch die *Valli* bis an die Seeufer, auf der Alpennordseite von den Voralpen via Mittelland bis in den Jura. Am meisten verbreitet sind Blüten- und Waldhonig; in Blindtests schneidet Rapshonig dank seiner hellen Cremigkeit besonders gut ab. Spezialitäten lassen die Quelle des Honigs erschmecken wie Tannenhonig und Löwenzahnhonig; variantenreich ist die Tessiner Honiglandschaft mit Lindenblütenhonig, «Tausendblütenhonig» mit Spuren von Heidelbeeren, Thymian, dann vor allem Kastanien- und Akazienhonig sowie Rhododendronhonig aus höheren Lagen.

Je nach Herkunft und Verarbeitung hat Honig eine fast gelblich-hellbraune Farbe bis schwarzbraun; je nach Kristallisationsgrad ist er dünn- oder dickflüssig bis stichfest.

Paidol

Sehr feines Mahlprodukt für Babynahrung und als Küchenhilfe.

Ein *Paidol-Bubeli* würde sich heute über den Spottnamen wundern, wenn es auf einer Packung dieses weissen Pulvers «Backwunder, Saucenbinder» läse. Das Bubeli dürfte längst AHV-Rente beziehen, denn die Zeiten, als Kinder wegen unzureichender Ernährung schwächelten, liegen zwei, drei Generationen zurück. Um solch kränkelndem Nachwuchs auf die Sprünge zu helfen, erfand Dr. Jacob Weber, Oberfeldarzt der Schweizer Armee, einen Nahrungsmittelzusatz.

Weber hatte im ausgehenden 19. Jahrhundert beobachtet, dass besonders Kinder an Vitamin- und Nährstoffmangel litten, weil in den damals verabreichten *Bäbbeli* und Breigerichten wichtige Stoffe fehlten. Der Arzt vermischte Weizengriess, das neben Kohlehydraten auch wichtige Eiweiss- und Fettstoffe enthält, mit eisenhaltigem Hirsegriess und Weizenkeimen, die reich an Vitamin E sind. Die drei Komponenten werden zu einem höchst feinen, schneeweissen Pulver von puderartiger Konsistenz gemahlen; über die Zusammensetzung im Detail und die Produktion wird Stillschweigen bewahrt.

Jacob Weber bediente sich für seine Babynahrung des altgriechischen Wortes «pais» (Kind). 1886 wurde Paidol in grösseren Mengen produziert und 1900 in Frankfurt am Main mit einer Goldmedaille ausgezeichnet. In der ersten Hälfte des 20. Jahrhunderts befand sich der Produktionsstandort, die *Paidoli,* in Ebnat-Kappel im Toggenburg; die Produktionsrechte wurden nach St. Gallen und später Wädenswil verschoben. Im Zuge wachsender Konkurrenz im Sektor Babynahrung durch Fertigprodukte und Conveniencefood sank der Paidol-Umsatz. 2002 übernahm die Firma Morga, spezialisiert auf Lebensmittel und Reformprodukte von Tee bis Bouillon, die Rechte und brachte Paidol zurück nach Ebnat-Kappel.

Als Babyfood spielt Paidol eine geringere Rolle als einst. Das feine Pulver kann auch in Diät- und Schonkost für Erwachsene verwendet werden, als natürliches Bindemittel für Saucen, Crèmes und Fondue (wie Maizena aus Mais) sowie als Backhilfe; es sorgt für Luft im Teig und hält diesen länger feucht.

Im Geist des Terroirs

Gewürze, Salz, Essig und Öl: Aromat *(Seite 138)*, Rapsöl *(Seite 140)*

❊

Fleisch- und Wurstwaren: Hallauer Schinkenwurst *(Seite 145)*

❊

Konditorei- und Backwaren: Merishauser Bienenstich *(Seite 147)*,
Schaffhauserzungen *(Seite 150)*, Schlaatemer Rickli *(Seite 151)*,
Tabakrolle *(Seite 152)*, Wiigueteli *(Seite 155)*

❊

Getränke: Sauser *(Seite 156)*

Eingezwängt zwischen dem «grossen Kanton» und den zwei kleineren, im Vergleich direkt weitflächigen Zürich und Thurgau, fällt Schaffhausen kaum durch ein Produkt auf, das in der Nachbarschaft nicht ebenfalls zu schaffen wäre. Dafür zeigt dieser Flecken auf der nördlichen Seite des Rheins, wie nahe sich Kleinräumigkeit und Weitsicht stehen können. *Schlaatemer Rickli* sind vielleicht nicht einmal allen Einwohnern bekannt, Aromat dagegen kennt man in der ganzen Schweiz und darüber hinaus.

Kleinräumigkeit muss nicht Enge bedeuten, im Gegenteil, sie forciert Offenheit und kann Geist und Sinne strecken. Das lässt sich bei wenigen landwirtschaftlichen Tätigkeiten so deutlich zeigen wie im Weinbau, und da hat das «Blauburgunderland», unter dessen Firmament sich Weinbauern und Weinmacher versammeln, Exemplarisches zu bieten. Die Weine aus Schaffhausen, aus dem westlichen Klettgau und vom Umfeld des Rheins, haben sich dank prägnanter Terroir-Typizität Identität und Beachtung erworben.

Für die Deutschschweiz war Schaffhausen lange Zeit der wichtigste Weinlieferant. Heute rangiert Schaffhausen hinter Zürich als zweitgrösstes Weingebiet der Deutschschweiz noch vor Graubünden. Verbrieft ist der Weinbau seit 1100 durch Schriften, die das Kloster zu Allerheiligen als Besitzer von Reblagen in Hallau ausweisen. Weniger klar ist, wer den Weinbau in die Gegend brachte – die Römer, Mönche und Nonnen, die das römische Erbe weiter pflegten, oder gar die Kelten wie im Burgund? Das Burgund steht ja nicht nur für Schaffhausen als leuchtendes Richtfeuer, auch andere Kantone – etwa Neuenburg – weisen auf die Vergleichbarkeit der Voraussetzungen hin, auf Böden, Klima und kleine Flächen, die Terroirs, und natürlich auf die Rebe, einst Blauer Burgunder genannt, dann Blauburgunder, früher eng verknüpft mit den leichten Beerliweinen, und seit der Beschäftigung mit Eichenfässern nun Pinot Noir wie im Burgund und überall auf der Welt, wo diese einzigartige Sorte angebaut wird.

Man wolle nicht mit dem Burgund konkurrieren, betonen die Blauburgerland-Mitglieder. Sie setzen auf Eigenständigkeit ihrer Weine, das wechselhafte Wetter unterstütze eine besondere «Feinfruchtigkeit, ein reichhaltiges Bouquet, feine Aroma-Nuancen und einen harmonischen Körper». Eigenschaften, die Winzer anderswo auch beanspruchen. Darin liegt kein Widerspruch, sondern die Absicht, das Wesentliche sichtbar zu machen: Den Wein aus Traube und Boden holen, dem Terroir, nicht aus der Reduktion. Begriffe wie *Produit du Terroir* oder *Cuisine du Terroir* stammen nicht grundlos aus dem Setzkasten des Weinbaus: Im Terroir sind die Grundzüge enthalten, die naturgegebenen wie Landschaft und Klima, die menschengemachten wie Sortenwahl und Arbeit auf dem Rebberg wie im Keller.

Die Eltern des Pinot Noir sind laut genetischer Analysen unbekannt, wie oft bei alten, wirklich wichtigen Edelsorten. Man geht davon aus, dass Pinot Noir eine besonders alte Rebsorte ist, vielleicht eine spontane Kreuzung, vielleicht auch eine Selektion aus Wildreben durch Menschenhand vor mehr als 2000 Jahren.

Im 14. Jahrhundert war der Rote aus dem Burgund bereits eine Grösse, Adel und Klerus stritten sich um die Weine aus dem Burgund. Der Grund für dieses frühe Verlangen nach rotem Burgunder liegt in der erfolgreichen Arbeit des Zisterzienserordens, gegründet 1098 im Kloster Citeaux. Seine Mönche erarbeiteten sich rasch den Ruf landwirtschaftlicher Experten, vor allem im Weinbau. 1336 ummauerten sie bei Vougeot einige Rebparzellen. So entstand der erste «Clos», die erste Einfriedung: der berühmte Clos de Vougeot. Bald stellten die Mönche fest, dass die Reben nicht überall gleich hohe und gleich gute Erträge produzierten, und sie brachten die beobachteten Resultate mit Boden, Klima und Bewirtschaftung in Verbindung: Sie entdeckten das Terroir und die Crus.

SCHAFFUSER BÖLLETÜNNE

SCHAFFHAUSER ZWIEBELKUCHEN

Den Teig 4 mm dick auswallen. Das bebutterte Blech damit belegen. Mit einer Gabel mehrmals einstechen. — Die Zwiebeln in sehr feine Streifchen schneiden. Zusammen mit den Speckwürfelchen in Butter oder Fett unter Wenden 5 Minuten dünsten, ohne dass sie Farbe annehmen. — Auf dem Kuchenboden verteilen. — Eier, Maizena und Sauerrahm verquirlen. Mit Salz, Pfeffer, Muskatnuss und Kümmel würzen. Über die Zwiebeln giessen. — Mit einigen Butterflocken belegen und 40 Minuten bei 230 °C backen.

Variation: Backen Sie zur Abwechslung einmal einen Zwiebelkuchen ohne Guss, wie es früher im Zürcher Oberland gemacht wurde. Ein ganz einfaches, aber köstliches Gericht: Die Zwiebeln mit Butter und fein geschnittenem Speck glasig dünsten, auf den Kuchenboden verteilen, mit wenig Salz, Pfeffer und Kümmel würzen und im Ofen backen, bis sowohl der Teig als auch die Zwiebeln Farbe angenommen haben.

Arbeitsaufwand: 25 Minuten
Backzeit: 40 Minuten

Für ein Kuchenblech
(24 cm Durchmesser)

300 g Weggliteig oder
  geriebener Teig
800 g Zwiebeln
50 g Magerspeckwürfelchen
2 EL Butter oder Schweinefett
2 Eier
1 EL Maizena
2 dl Sauerrahm oder halb
  Milch, halb Rahm
Salz, Pfeffer, Muskatnuss
½ TL Kümmel
Butterflocken

Aromat

Industriell hergestellte Streuwürze mit Glutamat *(Abbildung Seite 142).*

Ein *ménage à trois* kitzelt die Neugier im Gegensatz zum *ménage à deux,* dem Normalfall, den es in dieser Wortfolge gar nicht gibt, weil seine Bedeutung so selbstverständlich ist: *ménage,* einfach nur Ehepaar, oder, in juristischem Sinne, Hausstand. Also auch Haushalt, das gehört dazu, und schon denkt man: ach wie langweilig, wo bleibt da die Würze? Wir finden sie in «Menagen», handlichen, vorzugsweise schmiedeeisernen Gestellen auf Wirtshaustischen, die man mit Essig, Öl und Zahnstocher bestücken kann, mit Salz und Pfeffer, der nach Jahren diskreter Verwendung so aussieht wie der Staub, der sich auf den Menagen festgebissen hat.

Jahrzehntelang haben die Menagen die Gaststätten des Landes mit einem geschmacklichen Einheitsfirnis überzogen, eine kleine Sensation im Grunde, denn mit Politik ist ein derart durchschlagender Erfolg nur bei Notstand zu erzielen. Man mag die Menagen, eigentlich *ménagers,* heute mit Verachtung strafen, zumeist zu Recht, es sei denn, sie sind mit dem Zaubermittel bestückt, das ihnen einst zu landesweiter Verbreitung verhalf, mit Aromat.

Das feine gelbe Granulat wurde von Walter Obrist erfunden, einem gelernten Koch, der 1945 seine Stelle als Küchenchef im renommierten «Vitznauerhof» am Vierwaldstättersee gegen einen Job als Versuchskoch bei der Schweizer Niederlassung (seit 1907) der deutschen Firma Knorr in Thayngen eingetauscht hatte. 1952 entwickelte Obrist seinen laktovegetabilen «Knorr Pflanzenextrakt» aus Speisesalz, Milchzucker, Weizenstärke, Hefeextrakt, pflanzlichen Fetten und Ölen, Zwiebeln, Antiklumpmittel, Gewürzen, Gewürz- und Pilzextrakten sowie Natriumglutamat. Das Rezept wird geheim gehalten.

Knorr brachte Obrists Würze als Würfel auf den Markt, der sich gegen Maggis Vorherrschaft nicht durchsetzen konnte; Maggi beherrschte seit Beginn des 20. Jahrhunderts den Markt zu 90 Prozent. Knorr reagierte rasch, füllte die Würze als Pulver in die mittlerweile legendäre gelb-grüne Dose mit rotem Deckel ab und lancierte das Produkt 1953 unter dem Namen Aromat; seine gelbe Farbe hat es

Kurkuma zu verdanken. Um der Verbreitung Schub zu verleihen, verschenkte Knorr 30 000 Menagen an Restaurants im ganzen Land. 1954 konterte Maggi mit der Streuwürze Fondor, doch der Zug war abgefahren, die Infiltration der Schweizer Haushalte von der Plattform der Beizentische aus wirkte längst: Bereits zehn Monate nach der Lancierung war Aromat 80 Prozent der Bevölkerung bekannt.

2013, 60 Jahre nach der Lancierung, sind in der Schweiz rund 2640 Tonnen Aromat produziert worden, mehr als die Hälfte für den Export insbesondere nach Deutschland, Frankreich und die Niederlande; das Produkt ist 96 Prozent der Schweizer Bevölkerung ein Begriff und in mehr als 50 Prozent der Gewürzschubladen der Nation vorhanden.

Aromat und Maggiwürze sind ein Kultprodukt geworden, ein *ménage* mit Gefahrenpotenzial, denn das Paar verführt zur Sucht. Die einen schütten Flüssigwürze in die Suppe, ohne zuvor überhaupt einen Löffel probiert zu haben, die andern pudern hartgekochte Eier mit Aromat voll. Schwerstsüchtige beschneien die Butter auf dem Brot mit einer dicken Schicht Aromat – neben einer solchen Schnitte behauptet sich Fleur de sel wie die Blockflöte gegen die Posaune.

Der «Kraftstoff» im Aromat trägt in der Lebensmittelverordnung E-Nummern von 620 bis 625: Glutamat, ein Geschmacksverstärker, der in Parmesan genau so natürlich vorkommt wie in andern Lebensmitteln, allerdings in homöopathischen Dosen. Im Übermass genossen, kann Glutamat den Körper in unerwünschte Schwingungen versetzen, das Hirn angreifen, Stress bewirken und andere Störungen auslösen. Laborratten treibt Glutamat zu rasender Gier beim Fressen. So gesehen, hat Aromat schon früh eine Entwicklung in Gang gesetzt, die der Lebensmittelindustrie mit ihrer Geschmacksplafonierung förderlich ist.

«Aromat ist eine Antwort auf die Frage nach der Art des Massengeschmacks, es ist Inbegriff für das wenig differenzierte Urteil ‹gut›. Der Erfolg der Büchse ist aber nur zu verstehen über die Rechtzeitigkeit ihrer Lancierung. Aromat ist ein klassisches Produkt der fünfziger Jahre. In den Schweizer Haushalten war damals die grösste Revolution des 20. Jahrhunderts im Gange. Die Aufrüstung mit Waschmaschinen, Kühlschränken, Ölheizungen, Staubsaugern, Elektroherden und Küchenmaschinen war ein Erfordernis, das mit dem schnell wachsenden Wohlstand ebenso schnell bewältigt wurde. [...] Die industriellen Nahrungsmittelhersteller eroberten sich laufend Terrain im angestammten Revier der Hausfrau, am Herd und in der Vorratskammer: Mit Fertigprodukten versprachen sie der Frau, für das neue Glück des Wohlstandes mehr Zeit zu haben. Die Verkürzung der Hausarbeitszeit aber durfte dabei das Idyll der Familie nicht tangieren [...]. Die Suppen und Saucen schienen alles das zu enthalten, was die Mutter und Gattin immer schon verwendet hatte, nur war die Mühsal an Rüsttisch und Herd behoben. Fünf Minuten Einsatz, ein wenig Petersilie liebevoll auf den Tellerrand drapiert, vielleicht ein Schuss Wein, einmal umrühren und in jedem Fall: Knorr Aromat. Das Pulver geriet zur Landeswürze, zu einem Stück helvetischer Esskultur» (Jost Auf der Maur, «NZZ am Sonntag», 2003).

Aromat ist aus dem kulinarischen Alltag der Schweiz nicht wegzudenken, ob man es mag oder nicht. Ein saisonaler Höhepunkt sind die Ostertage mit den Eierbergen, die der Vertilgung harren. Aromat steckt in manchem Wanderrucksack und wird auf Fernreisen als Notvorrat mitgenommen, denn es verkörpert einen klassischen Heimwehgeschmack. Die *Haute Gastronomie* verabscheut Aromat als Frevel an der *Haute Cuisine,* als veritable Kultursünde. Wer seine Tischgesellschaft im Sternelokal düpieren will, zücke das 30-Gramm-Döschen und streue in einem subversiven Akt Aromat über das *Œuf fermier poché aux truffes blanches du Piémont.*
— *Siehe auch: Salz, Maggiwürze (Bd. 1); Cenovis (Bd. 2); Sel de Bex (Bd. 5).*

Rapsöl

Pflanzliches Öl, das aus den Samen von Raps gewonnen wird.

3000 Jahre bereits als Brennmaterial für Lampen verwendet, und heute, im frühen 21. Jahrhundert, zunehmend zu Bio-Diesel verarbeitet für Kettensägen, Baumaschinen oder Aussenbordmotoren: In seiner langen Geschichte war Raps mit seinem Öl stets da, stand aber nie im Rampenlicht – das Mauerblümchen im Strauss der Ölpflanzen, auch wenn Raps als ölreichste Ackerpflanze gilt.

Rapsöl wird nicht von einem Ölbaum gewonnen, der in der Bibel zu den auserwählten Wesen gehört, sondern stammt aus den Niederungen der Kohlfamilie. Da ist sie stets geblieben, die Art *Brassica napus,* hat während Jahrhunderten als junge Pflanze mit ihren knackigen Blättern frisches Frühlingsgrün geliefert und nach der Reife ein bitteres Öl, das vor allem in der Armenküche eine Rolle gespielt hat und zu Kriegszeiten. Bis begonnen wurde, durch gezielte Kreuzungen die Verursacherin der Bitternis, die Erucasäure, aus dem Raps zu züchten.

Entstanden sind neue 00-Sorten, die ein leichtes, eher neutrales Öl hergeben, das beim Kochen den Eigengeschmack des entstehenden Gerichts nicht dominiert wie ein stark aromatischer Fettstoff, beispielsweise Olivenöl. Vor allem aber unterstützt das neue Rapsöl die Herztätigkeit, denn es enthält zahlreiche einfach ungesättigte Fettsäuren. Diese Fettsäuren helfen dem Körper Gefahren abzuwehren wie Entzündungen und Blutgerinnsel, die zu Arteriosklerose und am Ende zum Herzinfarkt führen können. Verstärkt wird diese Wirkung im Rapsöl durch Alpha-Linolensäure (nicht zu verwechseln mit Linolsäure), eine dreifach ungesättigte Fettsäure aus der Reihe der Omega-3-Fettsäuren.

Raps ist ein botanisches Kuriosum, denn als Vorfahr hat er keine Wildform, sondern Eltern, die schon lange kultiviert werden, Rübsen *(Brassica campestris,* sieht dem Raps ähnlich) und Kohl *(Brassica oleracea)* – dies weiss man auf Grund von Chromosomen, die man im Raps identifiziert und gezählt hat. Wilder Rübsen ist alt, bei Grabungen in Schichten der Jungsteinzeit wurde in der Seeufer-Siedlung Seeberg am Burgäschisee neben Getreide, Schlafmohn, Erbsen und Leinsamen auch kleine kugelige Samen gefunden, die als Feldkohl bestimmt wurden, die Wildform des Rübsens. Vor 3000 Jahren sei Raps in Indien kultiviert worden, heisst es in *The Cambridge World History of Food,* dann ums Jahr null in China und Japan eingeführt und im 13. Jahrhundert in Europa. Grossflächig wurde er erstmals im 17. Jahrhundert in den Niederlanden angebaut.

Der Name «Raps» stammt aus dem Niederdeutschen, als Kurzform von «*rapsad*», Rübsamen (Rübsen). «*Rap-* ist sozusagen die Grundform für die meisten indoeuropäischen Rübenwörter», schreibt Wolfgang Seidel in *Die Weltgeschichte der Pflanzen,* «etwa lateinisch *rapa,* englisch *rape.* Im politisch überaus korrekten Amerika

142

omat *(Seite 138)*, Hallauer Schinkenwurst *(Seite 145)*, Sauser *(Seite 156)*,
haffhauserzungen *(Seite 150)*

verwendet man das ursprüngliche Pflanzenwort allerdings nicht mehr, weil *rape* auch ‹Vergewaltigung› bedeutet». Das französische und italienische Wort «*colza*» ist eine Adaption des holländischen Begriffs für Kohlsamen, «*koolzaad*».

In der Schweiz beginnt der weitflächige Rapsanbau im 18. Jahrhundert. Derzeit werden rund 22 000 Hektaren Raps bewirtschaftet (2013), am meisten in der Waadt (6734 Hektaren); proportional zur Kantonsfläche dürfte Schaffhausen weit vorne rangieren (1357 Hektaren – mehr als im Thurgau). Ab Ende des 20. Jahrhunderts ist der Rapsanbau bis 2014 um 60 Prozent gestiegen. *Brassica napus* wird idealerweise in Fruchtfolge nach Getreide, Kartoffeln oder Grünbrache ausgesät; zumeist Ende August bis Mitte September, damit von Juli bis August mit Mähdreschern geerntet werden kann.

Als die *Encyclopédie d'Yverdon* publiziert wurde (1770–1776), verarbeitete man Rapsöl wie Baumnuss-, Hanf- und Fischöl zu Seifen, «*mous ou liquides, noirs ou verts*», weich oder flüssig, schwarz oder grün. Die *Oekonomische Encyklopädie* von Krünitz (1806) ordnet Rapsöl den Lebensmitteln zu. Im 19. Jahrhundert kam exotisches Erdnussöl auf und konkurrierte mit den einheimischen Pflanzenölen – nicht nur Raps, auch Sonnenblumen-, Nuss-, Mohn- und Leinöl. Bis Anfang des 20. Jahrhunderts wurde Rapsöl häufig als Brennmaterial in Lampen gebraucht. Rapsöl litt unter Billigimporten, bis es in den 1970er-Jahren in Kanada gelang, neue Sorten zu entwickeln, in denen die unerwünschten Stoffe stark reduziert waren.

Ein weiteres Problem mit dem Raps war seine Empfindlichkeit gegenüber starker Hitze. Die Faustregel, Rapsöl nicht weiter zu erhitzen, wenn aus der Pfanne Rauch aufsteigt, ist zu hausbacken – erst recht für die neuen Sorten, die heute angebaut werden. Die kleinen Samenkügelchen, die in länglichen Schoten wachsen und gut 45 Prozent Ölanteil enthalten, werden ja kalt gepresst; die Wärme, die durch den Pressvorgang entsteht, darf 50 Grad nicht übersteigen. Zu hohe Wärme schadet den wertvollen ungesättigten Fettsäuren und zerstört sie, vor allem in der Bratpfanne. Deshalb hat ein Konsortium von interessierten staatlichen Stellen, Verbänden und Firmen Geld und Arbeit in die Forschung investiert und Sorten geschaffen, deren Öl so hohe Temperaturen erträgt, dass man es auch zum Frittieren brauchen kann: *High Oleic – Low Linolenic*, sogenannte

Holl-Sorten (erstmals 2004). Diese Öle enthalten kaum mehr Omega-3-Säuren, aber viele einfach gesättigten Fettsäuren, sind also immer noch besser als gebräuchliches Frittieröl mit gesättigten Fettsäuren und müssen ausserdem nicht gehärtet werden.

Raps ist die wichtigste Ölpflanze, die in der Schweiz angebaut wird. Er wird auf drei Arten gepresst: Traditionell *à l'ancienne,* roh oder auch geröstet, kalt und in kleinen Mengen. Dann artisanal, auch kalt gepresst und durch langsames Drücken durch Gewebe oder Papier filtriert, bis das Öl eine gelbliche Farbe hat. Der dritte Weg ist der industrielle: Die kleinen Körner werden auf 80 Grad Celsius erhitzt und abgepresst; der Presskuchen (also die Reste) werden in einem zweiten Gang auf 110 Grad Celsius erhitzt und nochmals gepresst, dann in der Zentrifuge filtriert. Das industrielle Öl ist länger haltbar als das kalt gepresste, weil es durch Erhitzung raffiniert worden ist und somit keine Oxidation oder Gärung drohen sollte. In der Schweiz produzieren zwei Grossbetriebe in Muttenz bei Basel und in Manno im Luganese Rapsöl.

Im Zug der Renaissance der Regionen bieten zunehmend Bauernbetriebe oder Manufakturen ihr Rapsöl an. Das kalt gepresste schmeckt aromatischer als das industrielle, das wie das spezielle Holl-Öl geschmacksneutral ist. Rapsöl verwendet man vor allem in der kalten Küche, in Salaten, Suppen und für Fisch.
— *Siehe auch: Baumnussöl (Band 2); Huile de noix (Band 5).*

Hallauer Schinkenwurst

Geräucherte Brühwurst aus Rindfleischbrät mit Schinkenstücken und Kümmel *(Abbildung Seite 142).*

Ein kleiner Kanton am Rhein, zerfleddert zwischen Schwabenland und den Kantonen Zürich und Thurgau, hat es schwer, ein eigenes kulinarisches Erbe vorzuzeigen. Man könnte bei den meisten Produkten, die in Frage kämen, auf die andere Seite der Grenzen weisen wie beim *Wiigueteli,* das auch im Thurgauischen und Zürcherischen gebacken wird. Doch die Schinkenwurst, wie sie in Hallau vor mehr als 100 Jahren erstmals komponiert worden ist, signalisiert ganz klar Schaffhauser Eigenständigkeit – auch wenn nicht klar ist, welche Metzgerei sie nun als erste angeboten hat.

Jedenfalls keine in der erweiterten Nachbarschaft im Westen, wo die Aargauer Sonntagswurst, die ebenfalls Schinkenstücke enthält, mehr als ein halbes Jahrhundert später als Jubiläumswurst einer Metzgerei dem Publikum präsentiert wurde.

Die Ursprünge der Hallauer Schinkenwurst sind auch so reichlich komplex, wenn zwei sich streiten, wer sie nun geschaffen hat, und wenn nichts Schriftliches darüber vorhanden ist. Den Konsumenten kann dies nur recht sein, denn das Zerren um das Privileg der Kreation zeugt von der erfreulichen Resonanz, die diese Wurst geniesst.

Die Dynastie Auer führt die Hallauer Schinkenwurst auf den Gründer Georges zurück, der 1874 den Gasthof «Schweizerbund» kaufte und ihm eine Metzgerei angliederte. Im Hause Pfistner in Hallau hält man den einstigen Angestellten Hermann Rüedi für den Vater der Wurst, der sie um die Wende vom 19. zum 20. Jahrhundert ersonnen haben soll. Der Versuch der Schaffhauser Metzger, die Hallauer Schinkenwurst unter Markenschutz zu stellen, scheiterte an den hohen Kosten – da wäre trotzdem Weitsicht geboten, denn wenn kulinarische Edelstücke schon so dünn gesät sind, sollte man sie nicht dem Risiko unerbetener Nachahmung aussetzen.

Der Metzger würfelt Schweinefleisch vom Stotzen, dem Schinkenstück, und lässt sie, vermengt mit Nitritpökelsalz, über Nacht im Kühlraum ziehen. Die Stücke werden mit dem Grundbrät aus Rindfleisch und Gewürzen wie Pfeffer, Muskat und Kümmel vermischt, dann in künstliche Hautfaserdärme gestossen und zugeclipt. Anschliessend werden die Würste eine gute Stunde lang bei 50 bis 60 Grad geräuchert, eine weitere Stunde bei 70 Grad gebrüht und dann kalt geduscht oder gebadet, damit sie nicht einschrumpfen. Die Wurst wiegt zwischen 150 Gramm und 1,6 Kilo.

Charakteristisch ist neben dem Schinken- der Kümmelgeschmack, der lange anhält – wie ein guter Pinot Noir, den es im Blauburgunderland, wie sich der Weinkanton Schaffhausen bezeichnet, in überraschender wie erfreulicher Vielfältigkeit zu trinken gibt. Wein, Wurst und Brot sind eine klassische Kombination, in der in jedem einzelnen Produkt regionale Eigenständigkeit und Lokalbewusstsein zu schmecken sind – wenn man will. Die Hallauer Schinkenwurst wird als Aufschnitt kalt gegessen oder, in dickere Scheiben portioniert, heiss mit Lauch und Salzkartoffeln oder mit Rippli und Speck auf der Hallauer Platte.

Wer in einer Schaffhauser Metzgerei einen Bauernschüblig bestellt, muss nicht erstaunt sein, wenn er eine Schinkenwurst erhält – unter diesem Namen kennen ältere Semester ihre Wurst. Was nicht garantiert, dass man einen Bauernschüblig erhält, wenn man eine Schinkenwurst verlangt.

— *Siehe auch: Aargauer Sonntagswurst (Band 1); Berner Zungenwurst (Band 2); Churer Beinwurst (Band 4).*

Merishauser Bienenstich

Mit Vanillecrème gefülltes süsses Hefegebäck mit einem Oberflächenguss aus Haselnüssen, Butter und Honig.

Die einzige Verbindung zwischen dem Stich der Biene und dem Bienenstich ist genau das: der Stich – denn aus dem Schmerz der einen erwuchs die Freude der andern. Zwei Städte am Rhein unterhalb von Koblenz in Deutschland, Andernach auf der einen und Linz auf der andern Seite, stritten sich um die Gunst, von der Schifffahrt Zollgebühren kassieren zu dürfen. 1474 übertrug der Kaiser das Recht von den Linzern auf die Andernacher. Die Linzer liessen sich den Verlust der Geldquelle nicht gefallen und machten sich auf den Weg, den Konkurrenten den Marsch zu blasen. Als sie sich der Mauer näherten, wurden sie von zwei Bäckerlehrlingen entdeckt, die frühmorgens auf der Mauer aus hängenden Bienennestern Honig stibitzten. Flugs warfen die Jungen die Nester auf die Angreifer, die Bienen stachen, die Feinde flohen. Zur Feier der verjagten Linzer buken die Sieger einen besonderen Kuchen, den Bienenstich.

So weit die Legende. Das luftige, süsse Hefegebäck verbreitete sich und gelangte auch in die Schweiz, wo das Rezept immerhin 1944 im Fachbuch *Der Schweizer Bäcker-Konditor* schriftlich festgehalten wird. Gebacken mit einem zuckrigen Guss und gehobelten Mandeln, dann in der Mitte zerschnitten und mit einer üppigen Masse gefüllt, zumeist Buttercrème. So wird der Bienenstich traditionell fabriziert, aber nicht in Merishausen, zwischen Schaffhausen und der Landesgrenze gelegen.

Der feine Unterschied liegt im Guss, den der Erfinder der Merishauser Variation, Bäcker Leu, in den letzten Jahren des 19. Jahrhunderts kreiert hat: Er nahm Honig statt Zucker und Haselnüsse statt Mandeln. Über drei Generationen blieb das Rezept in Familienhand und der Merishauser Bienenstich das Markenzeichen der Bäckerei, bis das Geschäft 1991 aus Mangel an Nachfolge geschlossen wurde. Die Spezialität drohte zu verschwinden. Zehn Jahre später nahm eine Merishauserin die Tradition wieder auf.

Für den Bienenstich braucht es drei separate Zubereitungen, Hefeteig, Füllung und Guss. Das Besondere am Hefeteig sind nicht die Zutaten Weizenmehl, Milch, Butter, Hefe, Zucker und etwas Salz, sondern die Behandlung: Der Teig entwickelt sich einen Tag lang, damit er im Ofen den Brenneffekt übersteht und nicht in sich verpufft, wenn der Guss bei starker Oberhitze karamellisiert. Dieser Guss wird aus viel Honig und wenig Zucker, geraffelten Haselnüssen und Butter zuerst geschmolzen, aber nicht gekocht, und vor dem Backen auf den Teig gepinselt.

Nach dem Backen lässt man die Kuchen erkalten, halbiert sie horizontal in der Mitte, streicht kalt angerührte Vanillecrème fingerdick auf den unteren Teil und legt dann den Deckel darauf. Die Bäckerin stellt den Merishauser Bienenstich in vier Grössen her, von 1800 Gramm bis Einpersonenhappen.

Exkurs: Vanille gehört zu den intensivsten olfaktorischen wie gustatorischen Ausprägungen der Welt. Spanischen Konquistadoren war das Vergnügen beschieden, als erste Vertreter der Alten Welt das einzigartige Aroma der Vanille zu kosten. Der Aztekenkönig Montezuma liess ungesüsste Schokolade anrühren, gewürzt mit rotem Chili und Vanille. Ab 1510 wurden die kostbaren Vanillekapseln nach Spanien verschifft. Die Kunde von der wundersamen Substanz

breitete sich in England und in Frankreich aus, wo man bald Schnupf-
tabak mit Vanille parfümierte. Botaniker mühten sich vom 18. Jahrhundert an vergeblich, die Vanille zur Reproduktion zu bewegen.
Ein Drama.

Vanilla planifolia ist eine Kletterorchidee. Sie schlägt in der
Erde aus und schlingt sich an einer Wirtspflanze hoch. Mit der Zeit
sterben ihre Bodenwurzeln ab. Sie verpflegt sich wie alle Orchideen
mit der nährstoffreichen, feuchten Tropenluft. Sie pflanzt sich nur
in einem gewissen Ökosystem fort, wobei bestimmte mexikanische
Bienen, Kolibris, Ameisen und Schmetterlinge die weisslich grünen
Blüten bestäuben. Nachher beginnt die Fruchtkapsel als dünner,
länglicher Stängel herauszuwachsen. Bei der Reife springt die tief-
gelbe Kapsel auf, und das Mark mit den unzähligen winzigen, punkt-
gleichen Samen quillt heraus. Der Duft des unvergleichlichen Aro-
mas lockt Vögel herbei, die das Mark herauspicken und über ihre
Ausscheidungen die Samen ausstreuen.

Erst Mitte des 18. Jahrhunderts gelang es in französischen
Kolonialgärten, das Mysterium der verweigerten Fortpflanzung zu
knacken: Mit einem dünnen Hölzchen vereinte man den männlichen Blütenstaub mit der geöffneten weiblichen Narbe.

1874 gelang es Chemikern in Deutschland, aus Lignin, das
die Verholzung von Pflanzen bewirkt, einen künstlichen Ersatz zu
isolieren, Vanillin. Das billige Substitut hat den teuren Vanillestän-
gel fast von den Märkten geschwemmt. Doch wie die meisten kopier-
ten Düfte und Aromen ist es mit einem Makel behaftet: Die Fäl-
schung erreicht die Komplexität des Originals bei weitem nicht,
Vanillin schmeckt flach und übertrieben, besonders schauderhaft
in puffigen Parfüms.

In der Schweiz dürfte Vanille etwa zur gleichen Zeit wie in
Frankreich aufgetaucht sein, wenn auch fast unbemerkt nur in den
reichsten Zirkeln, denn sie war extrem teuer. Billig geworden ist sie
indessen nie, denn der Prozess dauert einige Zeit, bis aus der grünen
Kapsel eine opulente Geschmacksbombe geworden ist: Die Vanille-
kapsel muss fermentieren, bis sie schwarz ist, um die volle Kraft
ihrer betörenden Substanzen zu entfalten. In einem Berner Rezept
aus dem 18. Jahrhundert wird Schokolade nicht mit Vanille zubereitet, sondern mit Zimt.

Schaffhauserzungen

Zartes Nussgebäck mit Füllung und Markenschutz *(Abb. Seite 142).*

Der Erfolg der Schaffhauserzungen hat früh Nachahmer bewogen, ein ähnliches Gebäck zu produzieren, das einfach *Züngli* heisst und Schokolade enthalten kann. Dennoch bestreiten die Nachfolger des Erfinders heute fast die Hälfte ihres Umsatzes mit dem Gebäck, das seit 1902 als «Schaffhauserzungen» dem gesetzlichen Markenschutz unterstellt ist. Dabei hätte alles ganz anders geschehen können, denn Jean Reber-Hüsler, gebürtig aus Sempach im Luzernischen, hatte die Wahl zwischen zwei Geschäften.

Nach langen Wanderjahren durch die Schweiz und Frankreich suchte Reber 1895 eine feste Bleibe. In der damaligen «Schweizerischen Konditoreizeitung» stiess er auf zwei interessante Möglichkeiten, ein Geschäft in Altstätten im St. Galler Rheintal und eines in Schaffhausen. Er entschied sich für Schaffhausen und eröffnete 1896. Der Beginn verlief harzig, «die Schaffhauser, damals meist alte Bürgersfamilien, wollten von dem neuen Konditor nichts wissen», schrieb Reber in seinen Memoiren. Ihm blieb nichts anderes übrig, als die Kundschaft durch Verführung zu gewinnen, und er baute die Angebotspalette aus. Zum Kronjuwel verhalf ihm ein Missgeschick.

Eine *«abverheite Bödelimasse»,* die der Konditor trotzdem verarbeitete, entpuppte sich als Delikatesse. Reber strich Buttercrème zwischen zwei ovale *Bödeli* und nannte das Ergebnis anfänglich «Dora», ein paar Monate später «Schaffhauserzungen» – vielleicht der vergleichbaren Form wegen, vielleicht auch deshalb, weil das zarte Nussgebäck auf der Zunge zergeht. Das Besondere an dieser Leckerei ohne Mehl sind die dünnen, knusprigen Gebäckplättchen aus gemahlenen Haselnüssen und Mandeln, Eiweiss und Zucker.

Das Geheimnis der Zubereitung liegt im Mischverhältnis, deshalb macht der heutige Konditor nichts anderes als der Erfinder vor 120 Jahren. Die Biscuits erhalten durch das Auskristallisieren des Zuckers eine feste Konsistenz. Die Schaffhauserzungen sind wetterabhängig: In sommerlicher Hitze leidet die Füllung, eine helle Crème aus Butter, pflanzlichem Fett, Nougat und etwas Vanillezucker, bei

Regenwetter macht das Biscuit schlapp (wie Brot in den Tropen); nur im Winter bleibt alles so, wie es sein soll. Anhänger haben beide Varianten, die weiche wie die knackige. Das fertige Gebäck wird mit Puderzucker bestäubt.

Schlaatemer Rickli

Schwimmend in Fett gebackene Spezialität aus Schleitheim.

Schlaate bedeutet Schleitheim, das Dorf liegt nördlich von Hallau an der deutschen Grenze. Ein *Rickli* kann eine Schlinge, Schleife oder ein *Mäscheli* sein. Das *Idiotikon* bezeichnet das *Rickli* 1909 als «eine Art Kuchen aus schmalen, maschenförmig durch- und übereinander gelegten, in Butter gebackenen Teigstreifen». Der *Atlas der Schweizerischen Volkskunde* verzeichnet, dass man das *Rickli* kurz vor dem Zweiten Weltkrieg in Schaffhausen und Schleitheim kannte. Das Gebäck, das schwimmend im heissen Fett gebacken wird, gehört zur grossen Familie der Fasnachtsküchlein, *Chneublätz,* Rosenküchlein, *Graswürmleni, Striflates* und so weiter, die in eigentlich allen Regionen der Schweiz seit Jahrhunderten hergestellt werden; auch in den Nachbardörfern von Schleitheim. Das Fasnachtsküchlein zum Beispiel wird 1445 in den Haushaltsrechnungen des Basler Klosters Klingental erwähnt.

Die *Schlaatemer Rickli* fallen durch ihre besonders kunstfertige Form auf, die Fingerfertigkeit verlangt, und durch die Erhältlichkeit: Während die meisten andern Fettgebäcke an jahreszeitliche Bräuche wie die Fasnacht oder die Basler Herbstmesse gebunden sind, kann man die *Rickli* im ganzen Jahr erhalten. Das liegt allein an der Bereitschaft der «Ricklifrauen», die Küchlein zu backen. Traditionell waren die *Rickli* zwar ein Hochzeitsgebäck, und geheiratet wird übers ganze Jahr, heute freilich sind sie auch an Vernissagen gefragt, Familienfeiern, Volksfesten und als Geschenk.

Das Backen der *Rickli* verlangt einen beträchtlichen Aufwand, den nur noch wenige Mütter und Grossmütter auf sich nehmen können; da stehen dann die Ricklifrauen bereit, die über Wissen und Erfahrung verfügen und gerne Backaufträge annehmen. Die besuchte Expertin stellt den Teig zwei Tage vor dem Backen her, sie schlägt Zucker und Eier schaumig, gibt Salz dazu, rührt die Hälfte des Mehls in den Teig; die Butter hat sie am Tag zuvor aus dem Kühlschrank genommen, damit sie weich verarbeitet werden kann. Danach gibt sie das restliche Mehl dazu, Zitronensaft und -zeste sowie Kirsch. Den Teig formt sie zu einer Kugel, wickelt diese in Klarsichtfolie ein und stellt sie ein bis zwei Tage kalt.

Am Backtag wallt sie den Teig circa sieben Millimeter dünn aus und schneidet mit dem Teigrädchen Stücke von sieben mal fünf Zentimetern. Die Rechtecke werden der Höhe nach vier Mal untereinander parallel mit Schlitzen versehen, die man anschiessend so kunstvoll *schlickt,* dass man am Ende die gewünschten Schleifen in Händen hat. Ein Teigling sieht aus wie eine schmalbauchige Acht mit einem kräftigen Mittelstück, dem *Bänkli.* Die Teiglinge ruhen kühl gestellt, bis das Schweineschmalz (Kokosfett, Frittieröl) im gusseisernen Topf genügend heiss geworden ist. Nun werden die *Rickli* schwimmend gebacken. «Jedes muss mindestens zweimal beim Backen gekehrt werden», erklärt die Produzentin. Das fertige Gebäck wird auf Küchenpapier gelegt, damit es Fett abgibt, und nach Erkalten mit Puderzucker bestäubt.

Das *Rickli* sieht aus wie eine Acht mit Gürtel, wie ein Kettenglied oder wie eine Fliege, ein *bow tie.*
— *Siehe auch: Fasnachtsküchlein, Graswürmleni, Rosenküchlein, Schenkeli, Striflates (Band 2); Beignets à l'entonnoir, Beignets des brandons de Moudon (Band 5).*

Tabakrolle

Frittiertes, zylinderförmiges, hohles Gebäck aus Haselnussteig.

Die Tabakrolle besetzt im Angebot heutiger Konditoreiwaren die Stelle des Sonderlings, weil die Backtechnik dieses *fuerigen* Leckerbissens an vergangene Epochen erinnert, als man das Gargut um einen hölzernen oder metallenen Stab wickelte und diesen solange über die Glut hielt, bis das aufgezogene Essen geniessbar war. Auch die Tabakrolle legt man um einen Holzstab, den man in heisses Fett taucht. Noch näher an der Antike stehen Stäbe, die mit Specktranchen eingepackt und auf den Grill gelegt werden.

Das *Idiotikon* erklärt im sechsten Band (1906) die Herkunft des Namens mit den spiralförmigen Einkerbungen, entstanden durch das Befestigen des Teigs mit Schnur, die «einige Ähnlichkeiten mit den Rollen erzeugen, in denen der Rauchtabak früher zum Verkauf kam».

Rezepte für dieses Gebäck findet man in diversen Kochbüchern des 19. Jahrhunderts; heute sind Tabakrollen im Unteren Klettgau und im Kanton Zürich heimisch. Früher waren sie weit verbreitet, zur Rarität geworden ist das Gebäck, weil der Arbeitsaufwand in neurotisch-stressigen Zeiten kaum Profit erlaubt.

In den alten Küchen war dies noch anders, so auch rheinabwärts in Basel, wo die Tabakrolle heute nicht mehr zum Angebot der Konditoreien gehört. Doch in der persönlichen Rezeptsammlung von Anna Margaretha Iselin-Wetzel (1733–1821) und ihrer Tochter Frau Deputat Maria Magdalena Schorndorff-Iselin (1760–1832) findet sich ein Rezept für «*Taback Rollen: ½ Pfund Anken, ½ Pfund Mehl, ein wenig Salz zum Teig Zur Fülle ½ Pfund Mandlen gestossen, ½ Pfund reiner Zucker, ein wenig Zimmet, mit zwei Weiss vom Ey angefeuchtet. auch der Teig worauf die Fülle kommt, mit angestrichen. Die Hölzer mit süssem Anken wohl angestrichen, 4 Loth Teig darum gebunden* [mit Bindfaden], *mit gelb vom Ey angestrichen und gebachen*»; Herausgeber Andreas Morel schreibt dazu: «Als Teig wird – was wir aus dem hohen Butteranteil schliessen – Blätter- oder (in der zeitgemässen Bezeichnung) Spanischbrotteig vorgeschrieben. Die Basler Variante wurde im Backofen gebacken und nicht etwa schwimmend im Schmalz wie vorzugsweise im süddeutschen Raum (z. B. 1791)» (*Basler Kost*).

Der Teig besteht aus Mehl und Butter, die zuerst verrieben werden, dann kommen Puderzucker und geriebene Haselnüsse dazu; Salz und Zimt werden mit Ei vermischt und in den Teig eingerührt (*ausführlicher: Band 1*). Im Unteren Klettgau wird dem Teig noch Weisswein beigegeben; der Wein dient als Geschmacksträger, er neutralisiert aber auch den Fettgeschmack, der je nach Frittierstoff dem Gebäck anhaften kann.

SCHAFFUSER ÄSCHE

ÄSCHEN NACH SCHAFFHAUSER ART

Arbeitsaufwand: 30 Minuten

Für 2 Personen
1 mittelgrosse Äsche
Salz, Pfeffer
2 EL Mehl
50 g frische Butter
Saft von ½ Zitrone
50 g Tafelbutter

Die Äsche ausnehmen und seitlich mit fünf Quereinschnitten versehen. — Den Fisch innen und aussen mit Salz und Pfeffer würzen, dann im Mehl wenden. — Die Butter im vorgeheizten Backofen schmelzen lassen. Fisch hineingeben und bei mässiger Hitze (etwa 150 °C) hellgelb braten. Immer wieder mit Butter begiessen. — Die Butter darf auf keinen Fall dunkelbraun werden! — Die Äsche aus dem Bratenfond heben, auf eine vorgewärmte Platte legen und mit Zitronensaft beträufeln. — Die Tafelbutter hellgelb schmelzen lassen und darüber verteilen.

Wiigueteli

Kleingebäck mit Rotwein und rötlicher Gewürzmischung.

Zwei Geschmackskomponenten zeichnen das *Wiigueteli (Wiiguetzli)* aus, Rotwein und eine Gewürzmischung aus Nelken, Zimt, Zucker und Sandelholz. Der rote Wein, im Schaffhausischen vorwiegend Blauburgunder, und das Sandelholz färben den Teig rötlich. Das Kleingebäck, das entlang des Rheins in Weingemeinden der Kantone Schaffhausen, Zürich und Thurgau gebacken wird, kennt man sicher schon seit mehr als 100 Jahren – so lange nämlich mischt die Firma Rito in Stein am Rhein ihr «Wiigueteli-Gewürz – das Original» an. Die Mischung erinnert an Magenträs *(Band 1)* bzw. Trietold *(Band 4)*. Auch schon älter als ein Jahrhundert ist das Rezept, das ein pensionierter Drogist in Stein von seinem Vorgänger übernommen hat und immer noch herstellt.

Das *Wiigueteli* scheint ein typisches Backtag-Gebäck zu sein, eine süsse Belohnung, die von den Bäuerinnen nach Wähen und Brot zum Schluss in den Dorfbackofen geschoben wurde, als dieser bereits Hitze verlor. Die *Wiigueteli* wurden einst als Zwischenverpflegung aufs Feld mitgenommen, sie waren ziemlich hart und gut lagerfähig. Das Weinbauerngebäck ist kein Massenprodukt geworden, das sieht man allein schon an den individuellen Ausformungen von beinhart bis butterzart oder an den geschmacklichen Variationen, auch pressen die einen ihre *Gueteli* in ein Model, andere stechen sie mit Förmchen aus oder andere schneiden den Teig einfach mit dem Messer in mundgerechte Stücke.

Ein allgemeingültiges Rezept gibt es nicht, weil jede Familie ihre Präferenzen pflegt, etwa mit Zugabe von Kakaopulver, Backpulver, Nüsse oder Haferflocken im oder statt Mehl, Zitronensaft, Orangen- oder Zitronenschalen. Man vermengt zuerst Zucker, Rotwein, Eier und die Gewürzmischung, gibt dann portionenweise Mehl dazu und knetet einen festen Teig. Den Teig rollt man auf knapp einen Zentimeter Dicke aus und sticht oder schneidet die *Gueteli* daraus. Man platziert sie auf ein Blech und lässt sie 24 Stunden lang trocknen, dann backt man sie gut acht Minuten bei 180 Grad Celsius.

Heute fabrizieren vor allem im Herbst Landfrauen das *Wiigueteli* für den Hausgebrauch oder den Verkauf auf lokalen Märkten, an Basaren oder Trottenfesten. Ob weich oder hart, am besten schmeckt es zu Kaffee, Wein oder saurem Most.
— *Siehe auch: Wiiguetzli (Band 1).*

Getränke

Sauser

Traubensaft zu Beginn des Gärstadiums *(Abbildung Seite 142).*

Natürlicher, unpasteurisierter Sauser ist ein wundervoller flüchtiger Genuss im Herbst zur Zeit der Weinlese (Traubenernte, Lese, *Herbsten, Wimmlet, Wimmet, Wümmet).* Nur noch selten bieten Weinbauern frisch gepressten Traubenmost im anfänglichen Gärstadium an, der Saft ist schlicht zu wertvoll, um nicht in Wein verwandelt zu werden. Pasteurisierter Sauser aus dem Ausland kostet weniger als einheimischer und lässt sich mehrere Wochen lagern, während der unbehandelte *Suser* weiter gärt, hefige Noten bildet und zum sauren Jungwein mutiert, den der Kellermeister in diversen Schritten zu einem geniessbaren Tafelwein vinifiziert.

Bei einer Rebfläche von landesweit knapp 15 000 Hektaren, bestückt mit insgesamt etwa 200 Rebsorten, grenzt die Produktion von Traubensaft und Sauser fast an Verschwendung. Mehrwert lässt sich durch Wein erzielen, nicht durch Vorstufen; erst recht, seit die Qualität des Schweizer Weins enorm verbessert wurde und die heimischen Gewächse fast bis auf den letzten Tropfen im eigenen Land getrunken werden – für den Export bleiben ein paar Prozent übrig. Die wichtigsten Traubensorten sind die weissen Chasselas, Müller-Thurgau (fälschlich Riesling×Sylvaner), Chardonnay, Johannisberg (Sylvaner), Pinot Gris (Malvoisie), Petite Arvine und Sauvignon Blanc, die roten Pinot Noir (Blauburgunder), Gamay, Merlot, Gamaret, Garanoir, Syrah, Humagne Rouge und Cornalin. Reben wachsen in allen Kantonen, am meisten im Wallis (4976 Hektaren, Stand 2014), am wenigsten in Appenzell Innerrhoden (0,77 Hektaren).

Sobald das Innere einer Traubenbeere durch Verletzung (Stich, Schnitt, Quetschung) mit der Aussenwelt in Kontakt kommt, starten Luft und Wärme den Zersetzungsprozess, beginnen «Wunden» und Saft zu gären.

«*Dennoch ist der Saft nit grad der ersten zyt wyn, sunder zum ersten most, darnach suser, zuletst erst wyn*», werden die Wege des Weinmachens im 16. Jahrhundert beschrieben (*Idiotikon*). Bis zur Entdeckung des Pasteurisierens im 19. Jahrhundert konnte man den Fruchtsaft nur ein paar Tage lang einigermassen süss trinken; sobald aber die Tage kälter wurden und im Haus ein nachhaltig kühler Keller zur Verfügung stand, liess sich der Saft länger konservieren: «*Derselb [aus gefrornen Trauben gemachte] wyn wollt nie vergesen [ausgären]; man trank den ganzen winter most, der was süess alse honig und in dem sumer ward er sur*» (*Idiotikon*; 14. Jahrhundert).

Stimmen die Bedingungen, fallen Hefe und andere Mikroorganismen über den Zucker her, der im frisch gepressten Traubensaft bis 25 Prozent erreichen kann, und verarbeiten ihn zu Alkohol und Kohlendioxid. Wer schon einmal einen Gärkeller mit vollen Standen betreten hat, wird nicht so schnell vergessen, wie rasch er nach frischer Luft gejapst hat. Das Platzen der Kohlensäurebläschen erzeugt einen feinen Geräuschteppich, es zischelt und *süselet,* und so dürfte der Name Sauser oder *Suser* entstanden sein. Im Welschen heisst er *moût (de raisin),* im Tessin *mosto (d'uva),* nach *Vinum mustum,* dem Begriff der Römer für Traubenmost.

Je nach Traubensorte wird «lebendiger» Sauser milchig-trüb und gelblich oder trüb-rötlich; die Farbe verändert sich mit dem Gärprozess wie auch der Alkoholpegel. In der Nordostschweiz kennt man drei Kategorien: *Goofesuser* (0,5 bis 1 Prozent Alkohol), *Wiibersuser* (ca. 4 Prozent) und *Herresuser* (6 bis 8 Prozent). Bis der Weinbau dank technologischer Fortschritte ab Ende des 19. Jahrhunderts zu kontrollierbaren und qualitativ besseren Resultaten führte, war der Sauser ein verlässlicher Wert. Der Kellermeister wusste lange Zeit nicht, ob der werdende Wein plötzlich einem Essigstich zum Opfer fallen würde oder nicht. Sauser dagegen blieb dank einer gewissen, sich verringernden Restsüsse zumindest einige Tage lang trinkbar. War die Lese erledigt, verpuffte die Sausersaison wie die letzten matten Bläschen.

Die Tradition weist weit zurück, wie ein Beleg von 1540 zeigt: «*Als etliche herpst ein grosser zuolouff in schenken(hof) zum suser ist, damit aber ein unordnung erwachsd, vil zites und susers unnützlich verbrucht und vergüdet wirdt*» (*Idiotikon*). Der Hang zum Sauser hielt an, wie der Zürcher Schriftsteller Gottfried Keller in der Einleitung zu seiner Novellensammlung *Die Leute von Seldwyla* (1856) verdeutlichte: «[…] Alles dies macht ihnen grossen Spass, der nur überboten wird, wenn sie allherbstlich ihren jungen Wein trinken, den gärenden Most, den sie Sauser nennen; wenn er gut ist, so ist man des Lebens nicht sicher unter ihnen, und sie machen einen Höllenlärm; die ganze Stadt duftet nach jungem Wein und die Seldwyler taugen dann auch gar nichts.»

Entscheidende letzte Voraussetzungen für einen guten Wein sind der Zuckergehalt, der mit dem Refraktometer in Oechsle-Einheiten gemessen wird, und ein möglichst perfekter Reifegrad, was man anhand der Farbe der Traubenkerne beurteilen kann. Je mehr Zucker die Beeren enthalten, desto länger dauert die Gärung, desto höher steigt der Alkoholgehalt: das Fundament, auf dem ein guter Wein entsteht – zusammen mit weiteren Faktoren wie Saftmenge und -dichte sowie beim Rotwein die Qualität der Schalen, die Farbpigmente und Phenole (Aroma- und Gerbstoffe) enthalten. Die Beeren werden gemahlen und gepresst; beim Weissen wird der Saft sofort von den Schalen getrennt und vergoren, beim Roten bildet der Most zusammen mit den Schalen die Maische. Je nach Ziel lässt der Kellermeister diese Mischung kürzer oder länger gären, bevor er Saft und Festbestandteile trennt. Der Saft gelangt in Tanks (z. B. Edelstahl, Zement, Emaille) oder Holzfässer; der Rest, Trester genannt, wird zu Marc oder Grappa gebrannt, zu Tierfutter verarbeitet oder kompostiert. Aus Traubenkernen kann Öl gepresst werden.

Mit Trester wurde in einem zweiten Gang, bei dem man die Pressreste mit Wasser vermischte und nochmals gären liess, *Lüre* gewonnen, ein Weinchen für arme Leute oder Winzer, die ihren Edeltropfen lieber verkauften als selber tranken. «*Der Herr hat die hochzyt [zu Kanaa] begaabet nit mit öpfeltrank, mit lüren oder wasser, sonder mit wyn*» (*Idiotikon*; 1561). Im Vergleich mit solidem Wein, der ja noch nicht so lange auf geschmacklichen Höhen schwebt wie seit dem 20. Jahrhundert, muss «*Leure, Laur, Lore, lora, posca, dilutum vinum*» (1662) eine Tortur für die Geschmacksknospen im Mund gewesen sein, was Johann Heinrich Pestalozzi zu einem kernigen Bild inspirierte (1785): «Es sei mit ihm [Vogt Hummel nach seiner Verurteilung] nicht anderst als mit einem abgestandenen Wein; so lang man ihn schüttle und rüttle, schiene es, er habe noch etwas Geist; wenn man ihn dann aber nur ein paar Stunden stehen lasse, sei es gleich wieder die abgestandene Lüren.»

In Zeiten kulinarischer Gleichschaltungen und Nachahmungen blüht die Lust auf das kurzlebige, dafür umso exklusivere Original wieder auf – ein pasteurisierter Sauser mit 1,5 Volumenprozent Alkohol lässt sich mit einem lebendigen *Herresuser,* in dem «es schafft», überhaupt nicht vergleichen. Obschon damit kaum Geld zu verdienen ist, bieten ihn zur Saison Winzer und Wirte wieder häufiger an. Auch in der Hoffnung, Interesse am Geschmack des Hauses zu generieren.

— *Siehe auch: Saurer Most und Süssmost, Seite 198.*

Ein Sinn fürs Unaufgeregte

Fleisch- und Wurstwaren: Fleischkäse *(Seite 164)*,
Frauenfelder Salzisse *(Seite 168)*, Landjäger, Gendarme *(Seite 171)*
✱
Fisch: Gangfisch *(Seite 176)*
✱
Käse- und Milchprodukte: Tilsiter *(Seite 181)*
✱
Früchte, Gemüse und Pflanzen: Dörrobst *(Seite 185)*, Essiggurken *(Seite 189)*
✱
Konditorei- und Backwaren: Hüppen *(Seite 192)*,
Thurgauer Böllewegge *(Seite 194)*
✱
Getränke: Kräuterschnaps *(Seite 196)*, Saurer Most und Süssmost *(Seite 198)*

Auf einer stilisierten Schweiz, gezeichnet in einem Strich und ohne
Worte, liegt oben rechts ein hellgrünes Quadrat; daneben, ausserhalb
des Umrisses, die gleiche Markierung nochmals verkleinert, dazu
die Instruktion: «Wo Sie die Region Thurtal & Seerücken auf einer
Schweizer Karte finden.» So gesehen in einem Büchlein über die genannten Landschaften, «die Region, die Rezepte», erschienen 1998
im Auftrag des Zentralverbands schweizerischer Milchproduzenten, heute Swissmilk.

Braucht es tatsächlich einen Hinweis, um den Thurgau zu
lokalisieren? Ist dieser Kanton, der immerhin mit Abstand den längsten Teil des Schweizer Bodenseeufers säumt, ein unbekanntes Wesen
ohne Konturen? Natürlich nicht, nur schon die Bezeichnung «Mostindien» zeigt an, wie prägnant dieser Kanton auf der Landkarte steht:
als Landwirtschaftsgebiet in erster Linie, auch wenn nur noch wenige Menschen ihr Auskommen im Primärsektor verdienen. Mit mehr
als sechs Prozent ist der Anteil agrarischer Arbeitsplätze im Thurgau
gut doppelt so hoch wie der schweizerische Durchschnitt. Gewerbe und Industrie stehen ebenfalls über dem Landesschnitt, nur der
Dienstleistungssektor liegt darunter.

THURGAUER ÖPFELTURTE

THURGAUER APFELTORTE

Arbeitsaufwand: 30 Minuten
Backzeit: 25–30 Minuten

Für eine Springform
  (26 cm)
125 g Butter
125 g Zucker
2 Eigelb
Saft einer ½ Zitrone
200 g Mehl
1 TL Backpulver
2 Eiweiss, steif geschlagen
4 Äpfel
2 EL Zucker

Die Butter und den Zucker schaumig rühren, die Eigelbe und den Zitronensaft beifügen, weiterrühren. — Mehl mit dem Backpulver sieben. Abwechslungsweise das Mehl und das steif geschlagene Eiweiss sorgfältig unter die Masse mischen. — Den Biskuitteig in eine bebutterte, mit Mehl bestäubte Springform giessen. — Die Äpfel schälen, halbieren, vom Kerngehäuse befreien und so in dünne Schnitze auffächern, dass die Hälften noch ganz bleiben. — Im Zucker wenden und auf den Teig verteilen, etwas eindrücken und die Torte im vorgeheizten mittelheissen Ofen (180 °C) 25–30 Minuten backen. Die Äpfel sollen weich werden.

Der Thurgau wird gerne unterschätzt, dabei galt seine «Riviera» früh als Gebiet, wo man sich zur Kontemplation zurückzog. Auf Schloss Arenenberg lebte von 1817 bis 1837 Königin Hortense Bonaparte, gelegentlich besucht von ihrem Sohn, Kaiser Napoleon III. Auf der Wasserseite des Seerückens, dieser langgezogenen Hügellandschaft zwischen Thurtal und Bodensee, wurden noch weitere Schlösser und Herrenhäuser errichtet. Man könnte den Thurgau mit der Waadt vergleichen, die auch am Wasser liegt – als bodenständiges Pendant, dem die Metropole fehlt, das Mondäne, das Spektakuläre wie die Reblagen des Lavaux und die Nähe der Viertausender.

Das braucht der Thurgau nicht. Seine sanft gestrichene Landschaft fördert Entspannung, der Tourismus wirbt mit Wander- und Velowegen und holt den Besucher aus dem Stress der Kampfzone Freizeit auf den Boden zurück. In eine ländliche Ordnung, deren Stärke auch kulinarisch im Elementaren wurzelt: Das Birchermüesli hat zwar ein Aargauer in Zürich erfunden, die Flocken dazu baut der Thurgau an. Man lebt nicht hinter dem Mond, in klinisch sauberen Erdbeerkulturen könnte man im Sonntagsanzug arbeiten. Ein Sinn fürs Unaufgeregte scheint das Leben im Thurgau zu charakterisieren. Seit langem, wie ein Bericht über die «Nahrungsverhältnisse» im 19. Jahrhundert illustriert. J. Häberlin-Schaltegger schrieb:

«Eine grosse Rolle spielt hier das *schlegeldicke, obenabe gschmalzene* Habermus mit Milch, das nicht nur oft morgens statt des Kaffee, sondern auch gewöhnlich abends, während des Herbstes mit der Zugabe von köstlich schmeckenden *teigen* Birnen genossen wurde. Ein *Hürebaas,* d. h. Leckerbissen, war neben der *Stupfete,* einem Gebräu von Essig, zerlassenem Schmalz und gerösteten *Böllen,* das *Biest,* d.h. die erst Milch einer Kuh. Wein bekamen wir gewöhnlich nur an Sonntagen, Schnaps gar nie, dagegen Most, so viel wir mochten; *Thee* wurde nur bei Unwohlsein getrunken. [...] Wenn man aus dem Rahme der Milch im Rührfass Butter machte, so gab es köstliche *Ruhrmilch,* bei grosser Hitze trank man *grunneni Milech.* Auf der ‹Winde› des Hauses gab es mancherorts ganze Tröge voll Apfelschnitze, dürre Birnen, Zwetschgen u. dgl. Das Brot bucken gewöhnlich die Hausfrauen selber, nur *Chrüzerbrödli* u. dgl. holte man beim Bäcker. Die Laibe waren oft mehrere Pfund schwer. Wer einen solchen am unrechten Ort anschnitt, wurde ausgelacht» (*Aus dem thurgauischen Volksleben, 1902*).

Fleischkäse

Gebackenes Brät aus Kalb- und Schweinefleisch *(Abbildung Seite 172)*.

Fleisch und Käse sind beide tierischen Ursprungs, aber zwei verschiedene Welten: Das eine bildet einen Bestandteil des Körpers, das andere wird von diesem produziert, um weitere zu ernähren. Fleisch und Käse hängen insofern zusammen, als Kuh, Ziege, Schaf ein Leben lang Milch geben, bevor sie geschlachtet und verwurstet werden.

Fleischkäse gilt nach *Schweizer Wurstwaren,* dem Lehrbuch der Schweizerischen Fachschule für das Metzgereigewerbe in Spiez, als «Brühwurst ungeräuchert», gehört also in dieselbe Kategorie wie Kalbsbratwurst, Glarner Kalberwurst, Siedwurst und andere, unterscheidet sich von den Würsten generell aber in zwei wesentlichen Punkten: Das Fleischkäsebrät wird nicht in einen Natur- oder Kunstdarm gestossen, an zwei Enden geclipt und dann in heissem Wasser gewellt, sondern in eine Form gefüllt und im Ofen gebacken.

In die Grundmischung nach Lehrbuch gehören Schweinefleisch (38 Prozent), Wurstspeck (26 Prozent), Schwartenblock (10 Prozent), Eiswasser oder Milch (26 Prozent); gewürzt wird mit Nitritpökelsalz (hält die rötliche Farbe), Pfeffer, Muskat, Macis, Streuwürze und Frischzwiebeln.

Fleischkäse ist in der Deutschschweiz sehr beliebt und wird häufiger verkauft als Aufschnitt. In der Romandie ist er eher als in Büchsen gepresstes Militärfutter bekannt und wird – durchaus auch aus kulinarischen Gründen – etwas abschätzig betrachtet. Im Tessin kennt man ihn, wenn überhaupt, unter seinem Deutschschweizer Namen. Für einen Metzger bedeutet der Fleischkäse nicht nur ein Produkt, das rund ums Jahr keine Einbrüche erlebt, sondern auch eine Nagelprobe seines Könnens. Deshalb legt er Wert auf eine eigene Handschrift, nimmt besseres Fleisch, etwa vom fettarmen Stotzen, gibt Kalbfleisch ins Brät, würzt individueller, etwa mit weissem Pfeffer, Koriander und Kardamom.

Dank des Eiswassers wird die Masse – noch ohne Speck, er würde mit seinem hohen Fettanteil den Emulsionsprozess stören – auf minus zwei Grad gekühlt, bevor man sie bei 5000 Touren blitzt.

Erreicht die Temperatur des Bräts den Gefrierpunkt, stoppt der Metzger den Cutter und gibt den Speck dazu. Nach weiteren vier bis fünf Minuten Blitzen steigt die Temperatur dank Reibungswärme auf gut acht Grad: Das Brät ist fertig. Nun füllt er es üblicherweise in eine Kastenform und backt den Fleischkäse bei 120 bis 150 Grad Celsius im Ofen.

Manche Fleischkäsevariationen werden auch in einer runden Form gebacken, die an ein Käsejärb erinnert. Ob dies der Grund für den «käse» im Begriff ist? Im dritten Band des *Idiotikons* (1895) steht kurz und bündig: «Fleischchäs: Gehäck aus Schweinsleber und anderem Fleisch, in Form eines Käses gepresst und im Backofen gebraten und daher mit einer Rinde versehen». Da war die Kastenform offenbar noch kein Thema.

Leber kann beigegeben werden, geniesst aber nicht den Status als offizieller Bestandteil des geblitzten Gemischs. Im Grunde gehört Fleischkäse in den unermesslichen Weiten zerkleinerter Fleischmassen zur Abteilung Terrinen, die man in einer Form im *bain-marie* gart, und Pasteten, die im Teigmantel im Ofen gebacken werden. Solche Rezepte und Produkte findet man auf der ganzen Welt, nicht erst, seit ausgewanderte europäische Metzger in Übersee ihre heimischen Produkte anbieten. *Le Saucisson Vaudois,* eine Metzgerei in einem Dorf in Québec, Kanada, führt im reichen Sortiment an Wurstwaren auch *pain de viande* und präzisiert auf der Webseite *(www.saucissonvaudois. qc.ca):* «En Suisse, on l'appelle fromage d'Italie alors qu'en Allemagne c'est Fleischkäse» – was nicht ganz präzise ist.

Eine Übersicht: In der Schweiz kennt man die Bezeichnungen *Fleischchäs* und *fromage d'Italie.* In Deutschland und Österreich Leberkäse, in Bayern Leberkäs. In Frankreich gibt es *fromage de porc* und *pain de viande,* im Elsass *Soïkäs,* obschon sich dort mit der forcierten *Francisation* die französischen Namen zunehmend verbreitet haben; in der angelsächsischen Welt *pork cheese* und *meatloaf.*

«Fleischkäse» weist trotz sehr ähnlichen Inhalts ganz offensichtlich verschiedene Herkunftsstränge auf. Bis ins 19. Jahrhundert hiess er in der Schweiz Leberkäs(e), wie in Deutschland, woher die Spezialität in die Schweiz gelangt sein dürfte. In einem Bericht erklärt das Kantonale Laboratorium Basel Fleischkäse als «ursprünglich bayrische Wurstspezialität». Der Name setze sich vermutlich zusammen aus «*lab*» für Gerinnen (Mittelhochdeutsch) und dem westslawischen Wort «*quas*» für Schmaus, Gelage: «Nach dieser Deutung wäre Fleischkäse ein aus geronnenem Fleischbrei bestehender Schmaus». Das Wort Käse könnte allerdings auch auf den Begriff «Käs» zurückgehen, der eine kompakte Masse bedeutet. Aber auch Laib, bayrisch *Loabl*, könnte als Ursprung für «Leber» stehen, insbesondere deshalb, weil Leberkäs nur selten oder wenig Leber enthält (maximal fünf Prozent laut *Gourmet-Handbuch*). Diese Version wäre dann ein «Laib aus kompakter Masse».

In dieselbe Richtung weist auch *loaf*, Laib auf Englisch. In *The Concise Mrs Beeton's Book of Cookery* werden im Rezept für *Meatloaf* unter gehacktes Rind- oder Schweinefleisch Brotbrösel gemischt. «Zu Zeiten der Angeln und Sachsen bedeutete *loaf* einen Laib Brot wie auch Brot allgemein», schreibt John Ayto in *An A-Z of Food & Drink*. Das Wort sei dann im 14. Jahrhundert auch für «eine konische Menge von Zucker» gebraucht worden; *meatloaf*, sinngemäss «Fleischlaib», sei erst in einem Brief von Lady Newdigate von 1787 aufgetaucht: «*We made a Dinner upon our Cold Loaf*» und habe es ein Jahrhundert später in die Kochbücher geschafft. *Pork Cheese* wiederum wird zweifach gekocht: Zuerst lässt Mrs Beeton im Ofen Schweinebauch garen, den sie eine halbe Stunde abkühlen lässt, in feine Würfel zerschneidet, mit Salz und Pfeffer, Thymian, Rosmarin, Peterli, Salbei, Macis und Muskat, Zitronenzeste und einer hauseigenen Schweinesauce vermengt und backt. Dieses «*pâté-style recipe*» empfiehlt die Autorin als «*excellent breakfast-dish*» und rät: «*The more you pound the mixture, the better the texture*» – stetes Kneten stärkt den Teig.

Ob das französische «*pain*» mit dem Wort «Laib» etwas gemein hat, dürfte eher unwahrscheinlich sein – aber *pain* heisst Brot und Brot wird gebacken. Der *Larousse gastronomique* definiert *pain de cuisine* als Produkt aus einer Farce, die «generell in einer Form im Ofen gebacken oder im *bain-marie* gegart» wird. Die Basis der Farce sei Fleisch wie «Fisch, Meeresfrüchte, Geflügel, weisses Fleisch, Wild sowie Foie gras»; weiter gibt es *pain de légume*, «Gemüsekäse», verquirlte Eier vermischt mit Blumenkohl oder Auberginen, Karotten, Artischockenböden, Spinat. *Soïkäs, pâté de porc au four* nach Elsässer Art, gibt es seit mehr als 200 Jahren. Er wird aus Schweineleber und -fleisch, aus Brust, Magen und *fuseau de porc* (Darmabschnitt) gemacht und hat eine feste Konsistenz. Auch das *Inventaire du patrimoine culinaire de la France* weist im Band *Alsace* auf Verwirrlichkeiten der Benennungen hin. Schweizer Fleischkäse könnte auch aus dem Elsass stammen.

Denn eine «ursprünglich bayrische Wurstspezialität», wie das Kantonslabor Basel schrieb, ist Fleischkäse wohl nicht, denn es war die Metzger- und Küchenmannschaft von Karl Theodor, Kurfürst zur Pfalz, die das Rezept nach Bayern exportierte, als ihr Brotherr 1777 die Nachfolge seines verstorbenen Vetters Maximilian III. Joseph als Kurfürst von Bayern in Angriff nahm und nach München zog. Die Mannschaft brachte aus Mannheim eine Komposition aus fein gehacktem Schweine- und Rindfleisch mit, die in einer runden Brotform gebacken wurde – zu Beginn zumindest offenbar mit Leber.

Für das Rezept von «*Schweinsleber-Käse. Foie de cochon en fromage.*» im Kochbuch (1858) von Johann Rottenhöfer, dem «*Königl. Haushofmeister und vorher erstem Mundkoche weil. Sr. Maj. des Königs Maximilian II. von Bayern*», braucht es Schweinsleber, Speck und Bauchfett. Die Masse wird drei Stunden gebacken. In einem andern Rezept beschreibt Rottenhöfer, wie man Geflügelleber durch ein dünnes Sieb streicht – mit dieser Methode lässt sich ein Brät auch schön verfeinern.

Gegen Ende des 19. Jahrhunderts beendete Joseph Favre sein *Dictionnaire universel de la cuisine pratique,* in dem er *fromage de porc ou de cochon* in Varianten präsentierte: Keine entspricht Fleisch-, Leberkäse oder *Meatloaf.* Das eine Rezept, auch *tête marbrée* genannt, besteht aus gekochtem und gewürfeltem Schweinskopf, ist also eine Art Schwartenmagen, den Favre nur «*aux estomacs jeunes et à toute épreuve*» angedeiht, jungen und erprobten Mägen; «auf andere Art» verarbeitet er Schweinsleber, Speck, Fett mit Kräutern und Gewürzen zu einer gehackten Masse, und zu guter Letzt rezeptiert er *fromage de foie de porc,* den er auch als *fromage d'Italie* bezeichnet: Man drückt gewürfelte Schweinsleber durchs Passoire in kochendes Wasser, lässt sie abtropfen, zerhackt sie mit Speck und Wurstfleisch zu einem Brei, den man mit Salz, weissem Pfeffer, Piment, etwas Zwiebel, Kräutern, Mehl und frischen Eiern vermischt. Dann «*décorer un moule spécial à fromage d'Italie, avec de lardons*» – ob diese «italienische Käseform», die es mit Speckwürfeln zu dekorieren gilt, einem *Järb* für italienischen Käse entspricht? Es wäre zumindest eine einleuchtende Erklärung für den Begriff «*fromage d'Italie*», denn Fleischkäse sucht man vergeblich in Italien. Ein vergleichbares Brät enthält eine gigantische Spezialität aus der Emilia-Romagna, *Mortadella,* die sich allerdings durch einen aparten Eigengeschmack von allen andern Brätvariationen unterscheidet.

Schweizer Sorten umfassen Delikatess-Fleischkäse (sehr fein, mit Kalbfleisch), Bauernfleischkäse (etwas fettiger als Delikatess, mit gescheffeltem Schweinefleisch im Brät), Zürcher Ofenfleischkäse (runde Backform, kräftiger aromatisiert als Delikatess), Fleischkäse mit Leber, mit Bärlauch, Nüssen wie Pistazien, Vegetabilien wie getrocknete Tomaten, Oliven, Chili und so weiter.

Mit den Rezepten läufts wie mit der Zubereitung: Vieles ist möglich, nicht alles geeignet. Kalt und dünn aufgeschnitten, entfaltet sich der Geschmack von Delikatessfleischkäse am besten, oder am Stück mit Senf und Bürli. Dann gibt es das Fleischkäse-Cordonbleu, die fingerdicke, gebratene Tranche mit Spiegelei oder Kartoffelsalat und, von der Gemeinde der Fülscher-Nostalgiker verehrt, das «Dschumbo-Steak»: 500 g Fleischkäse in 6 Tranchen schneiden, mit 200 g Emmentaler (in Scheibchen geschnitten) belegen; in guter Oberhitze backen, bis die Schnitten heiss und der Käse geschmolzen ist; 6 Spiegeleier braten; jeweils ein Steak damit belegen, mit etwas Paprika bestäuben. 50 g Kresse auf 6 Teller verteilen, darauf jeweils ein Steak legen.

Fleischkäse ist ein günstiges Lebensmittel, aber kein Billigfrass: Wer glaubt, bloss Parüren und dergleichen verwursten zu können, macht keinen guten Fleischkäse.

Frauenfelder Salzisse

Fein geblitzte Festtagswurst aus Kalb-, Rind- und Schweinefleisch mit Speck; geräuchert oder roh.

Nur noch wenige Nahrungsmittel, die mit einem Ritual oder einem bestimmten Zeitraum verbunden sind, haben diese Einmaligkeit bewahren dürfen. Im Normalfall verschont die Lebensmittelindustrie weder Geschichte noch Brauchtum durch Verzicht, wenn Geschäfte winken. Die Frauenfelder Salzisse ist eine Wurst, deren saisongebundene Verfügbarkeit von Produzenten wie Konsumenten respektiert wird. Warum? Vielleicht, weil sie seit 200 Jahren stark lokal verwurzelt ist – jedenfalls kaum, weil sie nicht schmecken würde.

Eine Salzisse ist kein Salsiz – das sieht man bei näherer Betrachtung am Wortlaut ebenso wie beim Anschnitt. Die Salzisse gehört in die Kategorie der fein geblitzten Brühwürste, wie Cervelat, St. Galler Stumpen oder Aussteller; der Salsiz, eine Bündner Spezialität *(Band 4)*, ist eine Rohwurst und vergleichbar mit Landjäger und Bauernschüblig. Die Bezeichnung Salzisse dürfte auf der Thurgauer Dialekt-Adaption des französischen Wortes für Wurst, *saucisse,* basieren.

Die Salzisse krönt das Bürgermahl am *Bechtelistag,* dem St. Berchtoldstag, der in Frauenfeld nicht wie üblich am 2. Januar, sondern am dritten Montag im Januar begangen wird. Dieser Ausnahmetag geht auf das 13. Jahrhundert zurück, als sich kurz vor der Stadtgründung eine Gruppe aus Adligen und vornehmen Bürgern zum geselligen Beisammensein in einer eigenen Trinkstube konstituierte. Mit der Zeit stiessen auch Handwerker und nicht ganz so vornehme Bürger dazu. Daraus entstand die Konstablergesellschaft, die seit dem 16. Jahrhundert zu einem jährlichen Gesellschaftsmahl mit Brot, Wurst und Wein lud. Die Runde ist erweitert worden, auch durch Eingemeindungen, doch das Bürgermahl findet immer noch statt, eine reine Männertafel. Laut Aufzeichnungen der Bürgergemeinde Frauenfeld wird das Mahl seit 1811 im Rathaussaal veranstaltet; auch ist seit damals der Name Salzisse erwiesen.

Ins Brät der Wurst wurde früher *Jungmuni* gehackt, junger Stier, der später durch weniger definiertes Rind ersetzt wurde. In den frühen Versionen war das Brät gröber als heute, denn es musste in Handarbeit geschnitten und gehackt werden. Das feine, fast konturlose Brät kennt man erst dank des Cutters, einer Maschine amerikanischen Ursprungs, die ab 1890 nach Europa exportiert wurde. Der Cutter ist im Grunde ein doppelter Mixer: Während die Messer in die eine Richtung drehen, kreist die muldenartige Schüssel in die andere; zum einen wird der Inhalt zerstückelt und je nach Höhe der Drehzahl der Messer in eine Emulsion verwandelt, zum andern bewirkt die langsamer rotierende Schüssel einen Mischeffekt. Der

Cutter kam Anfang des 20. Jahrhunderts in der Schweiz richtig in Gebrauch, lange Zeit mit Tourenzahlen um 1200 und erst seit wenigen Jahrzehnten mit 5000 Umdrehungen pro Minute.

Das schnelle Drehen der Messer erzeugt Reibungswärme, die dem Fleisch nur beschränkt bekommt. Deshalb gibt man Eiswasser in die Masse; es kühlt und unterstützt die Konsistenz – ein Effekt, der vor der Entwicklung des Cutters bereits bekannt war. Im Handbuch *Die Schweizer Köchin* von 1860 wird der «Teig» nach dem Hacken «mit Wasser oder Milch angeknetet, das Wasser jedoch nach und nach und nicht in grossem Masse verarbeitet».

Die Saison der Salzissen beginnt am Frauenfelder Chlausmarkt am ersten Montag im Dezember und dauert bis zum Bechtelistag, dann herrscht Pause bis zur Fasnacht im Februar, und am Frühlingsmarkt, der am dritten Montag im März in Frauenfeld über die Bühne geht, klingt die Saison aus. Die Metzger produzieren zwei Typen Salzissen: eine geräucherte und gebrühte von hellbrauner Farbe, die dem St. Galler Stumpen ähnelt, und eine «grüne», also rohe, die gekocht werden muss. Beide Varianten werden heiss gegessen, die geräucherte manchmal auch kalt. Mit überwiegender Mehrheit findet die geräucherte den grösseren Zuspruch – wohl deshalb, weil sie länger haltbar ist als die grüne.

Das Brät wird zu gleichen Teilen aus Rind-, Kalb- und Schweinefleisch mit Eiswasser geblitzt, später kommen Speck dazu, frische Zwiebeln und Gewürze wie Nitritpökelsalz, Pfeffer, Macis, Ingwer, Kardamom, Nelken. Das Brät wird in Rindskranzdärme gestossen; den einen Zipfel verschliesst der Metzger mit einem Metallclip, den andern mit einem langen, dünnen Stückchen Holz, der Signatur der Frauenfelder Salzisse. Die grüne Wurst ist nun fertig, die andere wird in Buchenrauch heiss geräuchert und dann erwellt; anschliessend wir sie kalt gebadet, damit sie nicht durch langsames Abkühlen antrocknet und verschrumpelt.

Das Frauenfelder Bürgermahl besteht aus einem bescheidenen Essen und steht damit ganz im Sinne der Helvetik für bürgerliche Einfachheit und republikanische Gleichheit: heisse Salzisse mit Bürli und Kartoffelsalat, dazu wird Bürgerwein oder Traubensaft gereicht. Wo der Bürgergeist so appetitlich gepflegt wird, will man nicht durch Abwesenheit glänzen: Das Mahl zieht auch Heimwehthurgauer an, die an diesem besonderen Tag die alte Heimat besuchen und kaum Gefahr laufen, zur Salzisse Senf zu verlangen – ein fürchterlicher Fauxpas.

— Siehe auch: Aussteller, Cervelat (Band 2); St. Galler Stumpen, Seite 82.

Landjäger, Gendarme

Kurze, dünne, viereckig gepresste und geräucherte Rohwurst aus Kuhfleisch und Speck (Abbildung Seite 172).

Der «Gendarme» gehört zu den wenigen Produkten, denen der 1216 Seiten dicke Wälzer Larousse gastronomique eine schweizerische Herkunft attestiert – vielleicht, weil er befürchtet, die Gendarmerie nationale zu beleidigen? Eher nicht, schliesslich führt das Lexikon gendarme auch als Variante für einen getrockneten, eingesalzenen und geräucherten Hering «wegen seiner Steifheit» an. In Frankreich, in Deutschland und auch in der Schweiz hiessen oder heissen Landpolizisten immer noch Gendarmen, Landjäger. Deutsche und französische Gendarmen trugen im 19. Jahrhundert rote Uniformröcke, die nach ausführlichem Gebrauch nicht mehr leuchteten wie reife Erdbeeren, sondern abgeschossen und der rostroten Farbe der Wurst ähnlich sahen. In Karikaturen stellte man Gendarmen unvorteilhaft dar, grossgewachsen, klapprig und gstabig, dünn und dürr – der gedankliche Link zur gepressten Rohwurst drängt sich da auf.

In der Schweiz herrscht die Meinung vor, der im ganzen Land verbreitete Landjäger sei aus dem deutschsprachigen Raum in die Romandie übersiedelt und nach der Sprachgrenze zum Gendarme geworden; eine Tessiner Version ist nicht bekannt, aber südlich der Alpen gibt es ohnehin eine beeindruckende Auswahl an getrockneten Rohwürsten. Ungeklärt bleibt die Frage, ob der Landjäger tatsächlich schweizerischen Ursprungs ist – und nicht aus dem weitläufigeren alemannischen Raum stammt, wie in Deutschland angenommen wird. Ein Produkt, das Peitschenstecken, Unteruhlbacher oder Bauraseufzer genannt wird, muss eine gewisse Zeit existiert haben, um mit solch markigen Bezeichnungen geadelt zu werden

eischkäse *(Seite 164)*, Landjäger, Gendarme *(Seite 171)*, Essiggurken *(Seite 189)*

wie der simple Landjäger im süddeutschen Baden. Den Landjäger kennt man ebenfalls in Österreich, «wie ein echter Tiroler» sei diese «typische kantige Rohwurst aus Tirol», verkündet dort ein Produzent. «Seit jeher wird diese Tiroler Spezialität als Proviant bei der Feldarbeit oder zum Bergwandern verwendet» *(www.handltyrol.at)*.

Aus dem *Atlas der Schweizerischen Volkskunde* wird ersichtlich, dass sich der Landjäger von der Ostschweiz Richtung Westen vorgearbeitet hat. Der Ursprung des Landjägers wird manchmal sogar im kleinräumigen Appenzellerland geortet – ausgerechnet dort, wo der Pantli den Markt beherrscht als fast identische Konkurrenz zur «*lantägä Worscht*», wie ein Radiohörer in den 1960er-Jahren «gelernt» hat (Mailbox, SFR1 2012). Der Pantli wurde früher tatsächlich Appenzeller Landjäger genannt; die beiden Würste unterscheiden sich freilich in der Rezeptur: der Pantli kann neben Rindfleisch auch Muskelfleisch vom Schwein enthalten, der Landjäger neben Kuhfleisch nur den Speck vom Schwein.

Solche etymologischen Überlegungen sind nicht von der Hand zu weisen, bestätigt das *Schweizerdeutsche Wörterbuch*. Die Antwort der Redaktion des *Idiotikons* auf meine entsprechende Frage: «Die Bezeichnung ‹Landjäger› für einen Polizisten geht ins 18. Jahrhundert zurück. Dass die gleiche Bezeichnung für eine geräucherte und getrocknete Presswurst benutzt wird, hat ihren Ausgangspunkt wohl im Spottpotenzial, das eine relativ nahe liegende Volksetymologie geboten hat. Bei der Wurstbezeichnung ‹Landjäger› liegt nämlich mit grosser Wahrscheinlichkeit (Sicherheit gibt es hier nicht) eine scherzhafte Entstellung aus ‹*lang tige* (Würst)› (= lange getrocknete Würste) vor. Das Dialektwort ‹*tige*› (eigentlich identisch mit hochdeutsch ‹gediegen›) bedeutet im Schweizerdeutschen ‹getrocknet, gedörrt, geräuchert›. Für eine solche Herleitung der Wurstbezeichnung sprechen auch die dafür aus der Stadt Sankt Gallen belegten Formen des 19. Jahrhunderts ‹*Langtige*› und ‹*dürri Lantiger*›. Eine andere, ebenfalls von ‹*tige*› ausgehende Umdeutung zeigt sich bei der durchaus tigerfleisch-freien, aber ebenfalls geräucherten ‹Tigerwurst›.»

Eine weitere Verfolgung der Tigerwurst-Fährte lässt sich schwer bewerkstelligen, weil das *corpus delicti*, der Säbelzahntiger, in Europa längst ausgestorben ist.

Zur Unterstützung der Landpolizisten-Spur dient das Statement eines Metzgers, der den Ursprung des Landjägers in der Militärverpflegung sieht – mit einleuchtendem Grund, denn der Landjäger mag manchmal schwer auf dem Magen liegen, aber nie auf dem Budget. Durch das Pressen der Würste erreichte man eine schnellere und gleichmässigere Durchreifung, was ihre Haltbarkeit verlängerte, und die Verwendung von Kuhfleisch (Schweinefleisch war im Gegensatz zu heute einst ein teures Fleisch) verbilligte die Würste. Der Landjäger gehört noch heute zu den absolut billigsten Spezies auf dem Schweizer Wurstmarkt. Der Metzger fügt an, seiner Meinung nach wurden die Mannschaften (und werden immer noch) mit der jeweils günstigsten Wurst ausgerüstet.

Die polizeiliche Schiene unterstützt auch der *Dictionnaire historique de la langue française Robert,* der erklärt, der Terminus für die Wurst «*gendarme*» stamme aus der Suisse romande und sei dort durch die Übersetzung des Wortes Landjäger entstanden. Es handle sich, so *Robert,* um eine «*allusion à la raideur*», eine Anspielung auf die Steifheit der echten Gendarmen. Bleibt zu ergänzen, dass die Gendarmen bzw. Landjäger ihre Patrouillengänge zu zweit unternahmen. Sie standen ihren Mann als Paar – genau wie die Würste.

Der besuchte Metzger verwendet für seine Landjäger vier Fünftel Kuhfleisch und ein Fünftel Rückenspeck. Zuerst blitzt er das Kuhfleisch, gibt dann den Speck dazu und die Gewürze Nitritpökelsalz (sonst wäre der Vergleich mit den roten Uniformröcken illusorisch), gebrochenen Kümmel, Pfeffer, Koriander und Knoblauch sowie Rotwein. Das körnige Brät wird in Schweinsdünndärme oder Colagendärme gestossen, die Würste paarweise abgebunden und dann in die Wurstpresse gefüllt, wo sie bis zu fünf Tagen gepresst werden und ihre eckige Form erhalten. In der Presse finden verschiedene chemische Prozesse statt, welche die Haltbarkeit fördern. Nach der vollständigen Umrötung werden die Landjäger bei 20 bis 25 Grad Celsius ein bis fünf Tage lang kalt geräuchert; dieser Prozess unterstützt Reifung und Konservierung. In der industriellen Produktion kürzt ein Schnellverfahren dank diversen Hilfsmitteln den Prozess ab, was der Charakteristik der Würste im Gaumen nicht dienlich ist. Landjäger werden auch fettfrei oder aus Pferdefleisch hergestellt.

Der Landjäger wird kalt gegessen, er ist neben dem Cervelat die klassische Picknick-, Rucksack- oder Znüniwurst. Wenn man ihn samt der Hülle zerbeisst, knackt er leicht – ein Effekt, der typisch ist für den Landjäger. Wohl deshalb, weil er eben noch schön in den Mund passt und hart genug ist, um dem Gebiss etwas Widerstand entgegen zu setzen.

Supplément: Der Maler Carl Spitzweg «soll offenbar all die lukullischen Kostbarkeiten auf seinen Reisen immer wieder zeichnerisch und mit humorvollen Kommentaren festgehalten haben» (Fritz von Gunten, *Alles ist Wurst),* so auch auf einem Blatt namens «Der Staubbach»: «Schweizer Landjäger. Für Kenner eine ausgezeichnete Wurst-Gattung – auch im Auslande vorteilhaft bekannt. Die ziemlich verbreitete Meinung, dass der Hauptbestandteil derselben aus Steinbockfleisch und Murmelthier Speck bestehe oder aus Fleisch von durch Sturz verunglückten, leichtsinnigen Touristen – oder gar von erschossenen Landvögten, gehört wohl ins Reich der Märchen.» Ohne jeden Hintergedanken ein Satz aus dem Internet: *Wisconsin River Meats makes great Landjaeger.*
— *Siehe auch: Bauernschüblig (Band 1); Gumpesel (Band 2); Toggenburger Bauernschüblig, Seite 84, Appenzeller Pantli, Seite 18.*

Gangfisch

Felchen aus dem Untersee, mit Rogen ganz gesalzen und geräuchert.

Freizeitfischer wissen: Das grösste Problem beim Felchen ist die Unterscheidung der einzelnen Spielarten. Man muss aufpassen wie beim Kleingedruckten in einem Vertrag, dass man nicht den falschen Fisch aus dem Wasser zieht. Das gilt von einem See zum andern, aber auch schon in einem einzigen verlangt die Unterscheidung von zwei, drei, in voluminöseren Gewässern bis fünf verschiedenen Felchentypen höchste Aufmerksamkeit. In der Schweiz haben sich im Verlauf der Jahrtausende knapp 40 Felchenarten entwickelt.

Den Felchen (*Coregonus sp.*) findet man auf der ganzen Welt. Er ist ein Verwandter der Salmoniden, der Lachs- und Forellenartigen, und wie diese von Haus aus ein Wanderfisch. Nach der letzten Eiszeit vor circa 15 000 Jahren ist er in den Wannen hängengeblieben, welche die wandernden Gletscher in die Landschaft geschliffen hatten, die heutigen Seen. In diesen Gewässern haben sich die Fische den lokalen Lebensbedingungen angepasst, so dass eigene, endemische Arten entstanden. Bis weit nach Skandinavien hinauf zählt man allein in Europa mehr als 1000 Felchenarten.

«Ein Mechanismus zur Bildung neuer Arten ist die räumliche Isolation», schreibt die Biologin Marion Mertens im Buch *Der Lachs – Ein Fisch kehrt zurück.* «Ein gutes Beispiel dafür sind alpine Seen nach der Eiszeit. Nur wenige Fischarten überlebten die Kältephase in nicht vereisten Gebieten. Als es wieder wärmer wurde, waren die Alpenrandseen (zum Beispiel Zürich- und Bodensee, Vierwaldstätter- und Genfersee) von lachsartigen Fischen besiedelt, den Felchen oder Renken. In den letzten 10 000 Jahren konnten die Felchen nicht mehr von einem See zum andern wandern, und so entstanden in jedem See eine oder mehrere Arten, die an die jeweiligen Bedingungen in ihrem Heimatsee optimal angepasst waren.» Lange Zeit hielten die Bewohner der Seeregionen ihre Felchen als einzigartig, als autochthon. Sie gaben ihnen Namen, im Bodensee Sandfelchen, Gangfisch, Blaufelchen, Kilch und Weissfelchen.

Der Felchen ist der Brotfisch der Berufsfischer. Den Gangfisch vom Bodensee räuchert man seit dem 14. Jahrhundert, an den andern Seen ist diese Veredelungsmethode erst im 20. Jahrhundert aufgenommen worden als Zusatzverdienst der Berufsfischer. Das Räuchern muss behutsam geschehen, sonst schmeckt das Resultat wie Karton.

Damit sich niemand bei der Ortung des Gangfischs (*Coregonus macrophthalmus* oder *exiguus*) verirren kann, hier die Beschreibung mit Lokalkolorit: «*De Gangfisch isch e silbrige längliche Fisch, wo 25 bis 30 cm lang wird und öppe 300 g wögt. De Rugge esch echli dünkler, aber nöd ase starch gfärbt wie bim Blaufelche. Sini Rugge- und Buuchflosse hend e geele Farbton. De Gangfisch het groosi Auge aber es chliis Muul*» (*us der alemannische Wikipedia*).

Die Felchenarten im Bodensee leben in unterschiedlichen Zonen, die einen eher in Ufernähe, die andern lieber im offenen Wasser, wo der Seegrund tiefer liegt. Das *Deutsche Wörterbuch* der Brüder Grimm, das bis ins 16. Jahrhundert zurückgreift, nennt den Bodensee-Felchen im ersten Lebensjahr *Seelen*, im zweiten *Stüben*, im dritten *Gangfisch*, im vierten *Renchen*, im fünften *Halbfisch* und dann *Blauwling*. Wie der Gangfisch zu seinem Namen gekommen ist, weiss man nicht genau. Eine Legende führt ihn auf ein Abenteuer zurück, das Bischof Gebhard von Konstanz im 10. Jahrhundert widerfahren ist: Der Bischof fuhr in seinem Schiff über den Untersee und sah sich plötzlich von einem mächtigen Fischschwarm umzingelt. «*Gang Fisch!*», soll der Gottesmann gerufen haben, worauf der Schwarm von dannen schwamm. Demnach wäre der Gangfisch seit mehr als einem Jahrtausend bekannt.

Andere Erwähnung wie *ganchvisch, gangvissche* oder *gantvisch* fussen in Fischereiverordnungen aus dem 13. Jahrhundert. Die älteste Erwähnung einer Ankunft der Fische in Laichlaune ist im 1337 vollendeten *Schachzabelbuch* des Benediktinermönchs Konrad von Ammenhausen zu finden. Die Laichlaune setzte am Martinstag, dem 11. November, ein, und dauerte zwölf Tage. Ebenfalls im 14. Jahrhundert datiert eine Quelle, wonach die Ermatinger ihren Zehnten an das Kloster Reichenau mit «*getertem Gantvisch*» aufstocken mussten, geräuchertem Gangfisch. In Gottlieben entrichteten die Bewohner, die auf Befehl des Konstanzer Bischofs über keinen Grundbesitz verfügen durften (was die Gemeindefläche heute noch prägt), ihre Abgaben zwangsläufig mit Fischen: 1521 sollen 13 000 Gangfische gezählt worden sein.

Von «*Felchen, Balcken und Blawlingen*» berichtet der Konstanzer Chronist Gregor Mangolt in seinem *Fischbuch. Von der Natur und Eigenschaft der Fische* (1557) und hielt auch einen Rekordfang fest: «*Im Jahr 1534 fiengents im Manet December [...] ob 46 000 ganfisch ...*». Noch gut 900 Stück wurden zu Beginn des 21. Jahrhunderts verkauft – mehr liegen heute nicht drin, weil der Laich zu wertvoll geworden ist, also vorrangig zur Reproduktion und weniger zum Vergnügen verwendet wird. Beim Gangfischfang ziehen es die Fischer vor, möglichst Rogner ins Netz zu bekommen und keine Milchner, also lieber Weibchen als Männchen, denn Rogner verfügen über Rogen und Milchner über Spermien. Der kantonalen Fischereiaufseher Thurgau: «Das primäre Ziel ist die Laichfischerei, die künstliche Bewirtschaftung

SCHWALE THURGAUER ART

SCHWALENFILETS MIT SPECK

Die Fischfilets mit Zitronensaft beträufeln und mit Salz und Pfeffer gut würzen. — Im Mehl wenden und beidseitig in Butter goldgelb braten. Auf vorgewärmter Platte anrichten. — Speck und geschälte Tomaten in kleine Würfel schneiden, die Champignons vierteln und alles mit den Silberzwiebelchen in Butter dämpfen und über die Fische anrichten. — Mit gehackter Petersilie überstreuen.

Arbeitsaufwand: 30 Minuten

Für 4–6 Personen

800 g Schwalenfilets (evtl. Felchenfilets)
1 Zitrone
Salz, Pfeffer
1 EL Mehl
50 g eingesottene Butter
100 g Speck
3 Tomaten
50 g Champignons
50 g Silberzwiebeln
1 EL gehackte Petersilie

der Fische. Es dürfen nur die Fische mit unreifem Rogen verwendet werden. Die laichreifen Fische müssen abgestreift und der Rogen der Brutanstalt übergeben werden.»

Ein pensionierter Fischereiaufseher erklärte, dass der Begriff «Gangfisch» nur für die Auserwählten im Untersee gelte, die geschlossen und kalt geräuchert werden; sobald der Fisch ausgenommen werde, nenne man ihn Felchen. Der Begriff könnte auch in der Fischereisprache wurzeln, denn im Gegensatz zu Standfischen, die sich ruhig verhalten und «im Wasser stehen» wie ein Hecht auf der Lauer, gibt es aktivere, die «gehen» oder «laufen», um Nahrung zu finden.

Der Gangfisch lebt als Schwebfelchen im offenen Wasser, frisst Plankton und Insekten. Im Spätherbst schwimmt er in Flachwasserzonen, um sich fortzupflanzen. Auf dem Weg in die Laichgewässer vor Ermatingen, Gottlieben und im Seerhein nimmt er keine Nahrung mehr auf. So «leer» gefangen, nur mit Rogen bestockt, wird er bei der Verarbeitung nicht ausgenommen, sondern in Gänze gesalzen. Der Fisch verliert Saft und vertrocknet. Nach drei bis fünf Tagen im Salz, «wenn ich den Fisch am Hals leicht drücke und er knackt», erklärt der besuchte Fischer, «ist es Zeit, ihn zu räuchern». Er spiesst bis zu einem Dutzend durch die Augen auf einen Stab und lässt die Fische im Kaltrauch bei 35 Grad Celsius ziehen. Temperatur und Rauch müssen regelmässig kontrolliert werden, auch nachts. Zum Räuchern eignet sich besonders gut Eichenholz, das dem Gangfisch eine goldgelbe Farbe verleiht. Nach zwei Tagen ist ausgeräuchert. Der Fisch kann gegessen werden.

Die Besonderheit des Gangfischs ist die Ausstattung: Man serviert ihn ganz und verzehrt ihn mit dem Rogen. Felchenrogen kann man auch frisch essen oder leicht gesalzen wie Lachseier oder Kaviar. Habitués brechen den Kopf ab und blasen den Fisch auf, so dass sich die Haut vom Fleisch löst. Dann schneidet man ihn am Rücken auf, entfernt die Gräten und schält auf beiden Seiten die Filets aus der Haut. Zum perfekten Genuss brauchts noch Brot und knackigen Weisswein der Rebsorte Müller-Thurgau (benannt nach dem Önologen Hermann Müller-Thurgau, 1850–1927, Sohn eines Bäckers und Rebbauern in Tägerwilen am Seerhein).

Gangfisch gilt heute als eine Exklusivität aus Ermatingen. Seit 1937 wird dort jährlich das Gangfischschiessen durchgeführt;

es findet am zweiten Wochenende im Dezember statt. Gangfische dienen nicht als Ziel, sondern als Preis.

Supplément: «Im September 1864 widerfuhr einigen Tausend Felchen die sonderliche Ehre, den süssen Tod fürs Vaterland zu sterben, indem bei einer Schiessübung der Schweizer Artillerie eine volle Salve in den See und in einen dichtgedrängten Zug von Felchen einschlug. Es sollen bei dieser Gelegenheit an 4000 Fischhelden oder Heldenfische den Tod gefunden haben zur grossen Freude der biederen Konstanzer und zur tiefsten Betrübnis der braven Artilleristen, die bereits abgerückt waren, als dies Ergebnis ihrer Bemühungen bekannt wurde» (*Das Appetit-Lexikon*, 1894).

«Eine Merkwürdigkeit, die zu studieren ich an Ort die Gelegenheit hatte, sind die Felchen im Genfersee: Sie unterscheiden sich in Farbe und Grösse nach der Seeseite, wo sie leben. Jene, die in der Nähe von Millerie auf der Seite von Savoyen gefangen werden, haben einen irisierenden grünlichen Schimmer, sie sind massig und fest im Fleisch. Die Felchen, die auf der Schweizer Seite an den Waadtländer Ufern gefangen werden, sind zeitweise kleiner mit Schuppen von einem vifen, silbrigen Weiss. Man findet Zwischenstufen; doch dieses Beispiel genügt, um den Einfluss des Wassers und der Tiefenschichten auf die Ausprägung der drei erwähnten Varietäten festzustellen, die kulinarisch die gleichen Qualitäten haben» (Joseph Favre, *Dictionnaire universel de la cuisine pratique*; Favre, 1849–1903, stammte aus dem Wallis und lebte als Koch und Autor in Paris). — *Siehe auch*: Felchen (Band 1), Bondelles (Band 2, Band 5).

Tilsiter

Vollfetter Halbhartkäse aus roher oder pasteurisierter Kuhmilch.

Junge Käser, die in ihren Regionen keine Arbeit fanden, waren im 18. und 19. Jahrhundert zur Auswanderung gezwungen. Sie nahmen ihr Wissen mit und streuten es. So wurde Gruyère in den Jura gebracht und weiter nach Frankreich, Emmentaler unter anderem

Richtung Osten weit über den Bodensee hinaus bis nach Tilsit in Ostpreussen, wo die Pest von 1709 bis 1711 die Bevölkerung stark dezimiert hatte. Einwanderer, darunter Glaubensflüchtlinge wie Mennoniten aus Westeuropa, fanden dort auf Gutshöfen Arbeit. Jeder machte, was er gelernt hatte, und so entstand ein Schmelztiegel der Käserkunst, ein Wirrwarr an Sorten wie Gouda, Edamer, Limburger, Brioler (Backsteinkäse aus West- und Ostpreussen), Emmentaler. Man tauschte sich aus, experimentierte und entwickelte dabei einen neuen Käse, dessen Teig und Lochung an Gouda erinnern und die rötliche Schmiere an Limburger. Emmentaler wurde auch produziert, aber nicht all zu lange, weil seinem Geschmack und seinem gewaltigen Volumen qualitative und quantitative Schwankungen der Milch schlecht bekamen.

Ein besonderes Zeugnis über diese Zeiten legte 1966 Willi Zwahlen in seinen handgeschriebenen Lebenserinnerungen ab; der Käsereifachmann wurde 1894 in Ostpreussen geboren und flüchtete 1944 in die Schweiz: «Nach dem Deutsch-Französischen Krieg 1870–71 waren anfangs vereinzelt, nachher viele Schweizer zuerst nach West-, später nach Ostpreussen ausgewandert. Die deutsche Regierung hatte in der Schweiz Inserate gemacht: Wir suchen Leute für die Milchwirtschaft. Die grossen Güter dort hatten wohl viele Viehherden, aber die richtige Verwertung der Milch fehlte. Zu damaliger Zeit war es den dortigen Männern eine Schande unter einer Kuh zu sitzen und zu melken. Das wurde von den Frauen besorgt ... So entstand der Ausdruck für Melker: einfach Schweizer. Auf einem grossen Gut, wo 5 bis 6 Mann beschäftigt waren, gab es den verheirateten Oberschweizer und die unverheirateten Unterschweizer. War ein Unverheirateter bei einem Bauern allein, hiess er Freischweizer» *(Thurtal & Seerücken)*.

Den ersten Tilsiter soll Anfang des 19. Jahrhunderts die Gattin eines Schweizers, Frau Westphal, in einem Weiler namens Milchbude gekäst haben; offenbar eine Kombination von ungepresstem ostpreussischem Käse und Emmentaler. Daraus erwuchs sieben Jahrzehnte später der Prototyp für den Schweizer Tilsiter, den der Geschäftsmann Otto Wartmann 1893 in seiner Käserei auf dem Holzhof bei Bissegg und der Käser Hans Wegmüller in Herrenhof erzeugten. Die beiden waren 1890 in den Osten gereist und hatten in Tilsit den Tilsiter kennengelernt. Der Name Tilsit kommt vom Flüsschen Tilse; heute heisst die Stadt Sowetsk, gehört zur russischen Exklave Kaliningrad (Königsberg) und liegt an der litauischen Grenze. Den ersten schriftlichen Beleg für Tilsiter in der Schweiz fand die Historikerin Margrit Wartmann (Urgrossnichte von Otto) im Katalog der Land- und Milchwirtschaftlichen Ausstellung von 1895 in Bern.

Der runde Laib mit dem geschmeidigen Teig, den kleinen Löchern und der dünnen, feuchten, rötlich-braunen Rinde ist der einzige Schweizer Käse von Bedeutung, der seine Identität zumindest teilweise der Verwandlung von einem Export- in ein Importgut zu verdanken hat, um sich in der alten Heimat zu einem landesweit gefragten Markenprodukt zu mausern. Jedenfalls wandten sich weitere Thurgauer Käser rasch vom Emmentaler ab und dem neuen Käse zu. 1903 präsentierten an einer Ausstellung 17 Käser ihren Tilsiter. Der Käse stiess auf ein kritisches Echo, die Sorte war nicht als einheitlich erkennbar, der Käse zu unterschiedlich in Machart, Auftritt und Inhalt. Er sei zu hart und mit einem «kurzen bröckeligen Teig mit säuerlichem Geschmack», lautete das Urteil im Schlussbericht der Ausstellung.

Nach dem Zweiten Weltkrieg war die Stilrichtung so weit gediehen, dass 1948 die erste Tilsiter-Marktordnung geschaffen wurde, um die Herstellung zu standardisieren. In den 1960er-Jahren kam zum roten Tilsiter aus Rohmilch der grüne aus pasteurisierter Milch hinzu; der grüne schmeckt milder, weil das Pasteurisieren nicht nur die schlechten, sondern auch geschätzte, aromabildende Bakterien abtötet. Zur gleichen Zeit wurden die roten und grünen gefleckten Tilsiterkühe kreiert, ein Markensymbol, das heute noch im Berner Oberland in Handarbeit aus Föhrenholz gefertigt wird. Anfänglich residierte der Tilsiter mit Emmentaler, Gruyère und Sbrinz unter den schützenden Rockzipfeln der Schweizerischen Käseunion, blieb nach dem Ausscheiden 1966 weiterhin unter staatlicher Obhut bis 1998, als der Käsemarkt liberalisiert und die Sortenorganisation SO Tilsiter Switzerland gegründet wurde. Tilsiter wird auch in andern Ländern produziert, unterscheidet sich indessen stark vom schweizerischen, der von knapp 20 Familienkäsereien in den Kantonen Thurgau, St. Gallen (Toggenburg, Gasterland) und Zürich (Tösstal) hergestellt wird. Zur roten und grünen Sorte sind zwei dazugekommen, der gelbe, sehr weiche und milde Tilsiter mit einem Rahmanteil, der Alpenland-Tilsiter Classic und Bio, veredelt mit Kräutern und Weisswein (Müller-Thurgau) bzw. Bio-Malzextrakt.

Für Rohmilch-Tilsiter wird Abend- und Morgenmilch auf 32 Grad Celsius erwärmt. Dazu kommen Milchsäurebakterien, die von der Forschungsanstalt Agroscope in Liebefeld bei Bern bezogen werden, und Lab. Sobald die Milch stichfest geworden ist, zerschneidet der Käser mit der Käseharfe, einem eckigen, mit feinen Drähten bespannten Rührgerät, die Gallerte in feine Körner. Nun «brennt» man den Bruch auf 43 bis 45 Grad Celsius, so dass sich die Körner weiter zusammenziehen und Flüssigkeit (Molke) verlieren. Wenn sie die gewünschte Festigkeit erreicht haben, werden sie in runde Formen von etwa 25 Zentimeter Durchmesser verteilt, gepresst, mit individuellen Käsepässen versehen und in der Form warm gehalten, damit die Milchsäurebakterien wirken können. Sie verwandeln Milchzucker in Milchsäure und setzen die Aromabildung in Gang. Nach 24 Stunden werden die Laibe aus der Form gehoben und ins Salzbad versenkt, in dem sie je nach Lake 24 bis 48 Stunden liegen; im Salzbad, das dem Käse weiter Wasser entzieht, beginnt sich die Rinde zu bilden.

Anschliessend wird der Käse im Keller bei 14 Grad Celsius und etwa 92 Prozent Luftfeuchtigkeit der Reifung überlassen. Er liegt auf Holzbrettern, wird täglich gewendet und regelmässig mit Sulz geschmiert, Salzwasser mit Bakterienkulturen. Nach gut zwei Monaten übernehmen die Händler den Käse und lassen ihn ausreifen. Mit 180 Tagen bleibt der rote «Tilsiter surchoix», der besonders kräftige, am längsten im Keller.

Tilsiter verteidigt einen Stammplatz auf der klassischen Käseplatte im Speisewagen und in traditionellen Restaurants, die geschmeidige Konsistenz seines Teigs und das Aroma zwischen rezent und dezent prädestinieren ihn dazu. Er passt in ein Sandwich, in Fondues und auf Käseschnitten. Die *Stupfete* ist eine Art Kalt-Fondue: In der Mitte des Tisches steht eine Schüssel mit reichlich Salatsauce aus Essig und Öl, gehackten Zwiebeln und Knoblauch, Senf, Salz und Pfeffer. Nun steckt man mundgerechte Tilsterstängel oder

-würfel auf die Gabel, stupft sie in die Sauce und isst sie mit geschwellten Kartoffeln *(Das Kochbuch der Ostschweiz)*.

— Siehe auch: Bratkäse, Nidwaldner Alpkäse (Band 1); Fromages de Chaux d'Abel (Band 2); Appenzeller Käse, Seite 25, Schwägalpkäse, Seite 35, St. Galler Alpkäse, Seite 90; Bündner Alp- und Bergkäse, Glarner Alpkäse, Mutschli, Formaggella, Formaggio d'alpe, Urner Alpkäse (Band 4); Fromage à raclette, Vacherin fribourgeois (Band 5).

Dörrobst

Getrocknete Früchte wie Äpfel, Birnen, Zwetschgen, Pflaumen oder Aprikosen.

Als die «Saisonalität» mangels technischer Fortschritte so selbstverständlich war wie der Lauf des Lebens überhaupt, beschäftigte sie die Bevölkerung nur dann, wenn frische Früchte und Gemüse im Überfluss zu haben waren oder gar nicht. Erst mit der logistischen Globalisierung wurde es zur Selbstverständlichkeit, jederzeit alles und jedes in gesteuerter Frische konsumieren zu können – Erdbeeren im Januar, Heidelbeeren im Februar, Gartenbohnen im März: Irgendwo auf der Welt ist stets eine Region in der Lage, die gewünschten Produkte zu liefern. Die allumfassende Verfügbarkeit wurde zur Gewohnheit und somit langweilig. Ab Ende des 20. Jahrhunderts rückte der Mangel wieder in den Fokus, die Lücke. Dieses Mal freilich nicht als beklagenswerter Missstand, sondern als Gipfel der Genüsse: Geschätzt und gesucht ist, was *nicht* immer zur Verfügung steht, bloss periodisch, im kurzen Augenblick der vollendeten Reife. Die saisonale Küche erlebt ihre Renaissance. Man unterwirft sich lustvoll den Zyklen der Natur, als gehörten sie zu den Hot Spots des modernen Lebens, vorzugsweise im eigenen Garten.

Mit der weitreichenden Verbreitung von Kühlschränken ab den 1950er- und Tiefkühltruhen ab den 1970er-Jahren stand zu Hause ein Instrument zur Verfügung, in dem sich die Lebensdauer von Obst und Gemüse zumindest um ein paar Tage verlängern lässt.

Vorher war man gezwungen, die Produkte rasch zu verwerten. Wer eine Apfelernte durch Unachtsamkeit verspielte, musste ein Jahr lang auf die nächste warten. Die Haltbarkeit spielte bei Nahrungsmitteln immer eine überlebenswichtige Rolle und forderte von Anfang an den menschlichen Forschergeist. Trocknen oder Dörren war die erste wesentliche Entdeckung, verderbliches Essen zumindest über den Winter zu konservieren; Funde aus dem Neolithikum (6500 bis 2200 vor Christus) in der Schweiz beweisen, dass getrocknetes Wildobst schon damals zum Speiseplan der Menschen gehörte. Methodischer Obst- und Weinbau wurde von den Römern in die Schweiz gebracht.

Auch die Wirkung der Kälte war früh bekannt. Sie liess sich aber schwer steuern und noch lange nicht künstlich erzeugen; man behalf sich mit Höhlen, Grotten oder Eiskellern, die im Winter mit Schnee und Eis gefüllt wurden und bis in den nächsten Sommer hinein funktionieren – in gewissen Gebieten heute noch.

Ob Käse oder Gemüse, Apfel oder Birne – es ist vor allem die Flüssigkeit, die den Verlauf der Verderbnis bestimmt. Weichkäse hält weniger lang als Extrahartkäse, frisches Fleisch fault innert Tagen im Gegensatz zu Fleisch, das mit Salz und Gewürzen eingerieben und an der Luft getrocknet wird wie beispielsweise Tirrs, Urner Trockenfleisch *(Band 4)*. Das Prinzip gilt auch für Obst. Wenn ein bestimmter Anteil der Flüssigstoffe verdunstet ist, kann man das getrocknete Lebensmittel ohne Verlust an Aromen monatelang aufbewahren. Die Mikroorganismen, die für die Zersetzung von organischen Stoffen zuständig sind, brauchen eine bestimmte Menge Wasser, um ihre Arbeit erledigen zu können. Fehlt es, «vertrocknet» das Schadenspotenzial.

Die Dörrtechnik war während Jahrhunderten eine Domäne der Bäuerin, getrocknete Früchte gehörten zum Alltag. Auch Bruder Klaus (1417–1487) hielt sich an Dörrobst, wie das *Sachsler Kirchenbuch* Ende des 15. Jahrhunderts festhält: «Dabei ass er nichts ausser morgens ein Stücklein Brot und etwas gedörrte Birnen.» Der Ratgeber *Schweizer-Bauer* schrieb 1859: «Es wurde in früherer Zeit weit mehr vorgenommen als jetzt, obschon auch heute noch der Stolz mancher Bäuerin darin besteht, unter anderem auch ansehnliche Kasten voll dürren Obstes zu besitzen und vorweisen zu können.» Als Gewerbe allerdings war Dörren offensichtlich eine *qualité négligeable*. 1896 wetterte die *Schweizerische Zeitschrift für Obst- und Weinbau* über den Mangel an Ideen im Gegensatz zu Frankreich und Deutschland: «Wir dagegen in der Schweiz sind in der Benutzung des Obstes noch sehr zurück. [...] Bei einem Gerathjahr stehen wir dann rathlos da und wissen mit der Fülle von Obst fast nichts anzufangen. Mit zweckmässigen und grossartigen Einrichtungen zum Mosten, Dörren, Einkochen, Einmachen in Zucker etc. sind wir nicht versehen, und das Verfahren, wie man in verschiedene Richtungen das Obst am vorteilhaftesten verwerthet, ist in der Schweiz beinahe unbekannt und unbeachtet.» Offenbar nützte die Standpauke. Es wurde besser.

Am längsten dauert Dörren an der Luft, je nach Temperatur, Feuchtigkeit und Sonneneinfall (vorzugsweise im inneralpinen Raum). Bekannt waren einst die separat gebauten Dörrhäuschen für den Privatgebrauch oder zu allgemeinem Nutzen in den Gemeinden: Das Obst, vor allem Apfel- und Birnenschnitze, halbierte (oder ganze) Zwetschgen, Pflaumen und Aprikosen schob man auf Holzrosten übereinander in Kammern. Heissluft und Rauch erwärmten dank eines ausgeklügelten Abzugssystems die Wände der Dörrkammern. Im Küchenbackofen kann man auch dörren, den Vorgang freilich nicht besonders gut steuern: Einmal droht zu starke Hitze das Dörrgut am Rande zu schwärzen, dann bleibt die Gefahr – zumindest in alten Backöfen –, dass die entstehende Feuchtigkeit mangels Abzug nicht entweichen kann. Moderne Combi-Öfen bereiten da keine Probleme. Die dritte Möglichkeit sind spezielle Dörrgeräte, mobile miniaturisierte Weiterentwicklungen des Dörrhäuschens. Um 1900 kannte man den Aufsatz auf dem Küchenherd und den Wanderdörrer, ein Gerät mit eigenem Ofen, dann gab es den Luzerner Dörrapparat, ein Schrank mit isolierten Aussenwänden, einen Evaporator mit schrägstehendem Dörrschacht, sowie Dampfdörrapparate.

Birnen trocknete man in Schnitzen oder ganz, Äpfel in Schnitzen, in Ringe geschnitten oder, wenn sie nicht zu gross waren, ganz als Bohräpfel mit herausgeschnittenem Kerngehäuse. Ganze gedörrte Birnen gehören zum speziellen kulinarischen Erbe der Innerschweiz. Vor allem zu wirtschaftlich schwierigen Zeiten und während der Weltkriege war man froh um gedörrte Äpfel und Birnen,

Kirschen, Zwetschgen und alles andere Obst, das sich durch Trocknen konservieren lässt.

Birnen ertragen wie Äpfel beim Dörren grosse Hitze. «Die Birnen werden mit Vorteil gedämpft – eine Ausnahme hievon machen die Butterbirnen – damit die Zellwände zerrissen werden und das Wasser beim Dörrprozess besser entweichen kann. Ein Kochen ist aber zu vermeiden. Rauhe Birnen werden häufig in Zuckerlösung vorgekocht und dann gedörrt; so erhält man ein ganz gutes Dörrprodukt» *(Die Verwertung des Obstes, 1909)*.

Als geeignete Sorten galten bei den Birnen Gute Luise von Avranches, Schmelzende von Thirriot, Hofratsbirne, Neue Poiteau, Clairgeaus Butterbirne, Weldenser, Herbst-Längler, Luzeiner Längler (eine der wertvollsten Dörrbirnensorten), Heulampen, Theilersbirne (in Kriegszeiten massenhaft gedörrt), Schweizer Wasserbirne (in Kriegszeiten massenhaft gedörrt), Goldschmeckler, Hasenbirne *(Birnensorten der Schweiz, 1948)*. Zu den Apfelsorten schreibt *Die Verwertung des Obstes:* «Wenn auch für den Haushalt alle Sorten Äpfel gedörrt werden können, so wird im Handel dem sauren Dörrobst der Vorzug gegeben. [...] Am besten eignen sich zum Dörren Sorten, die gross und breit sind, ein kleines Kernhaus, möglichst ebene Oberfläche und festes, gedrungenes Fleisch besitzen.» In *Rosenapfel und Goldparmäne* sind unter 365 gelisteten, in der Schweiz identifizierten Apfelsorten 117 für Dörren geeignet und drei besonders: Adersleber Kalvill, Mors de Cochon, Transparent von Croncels.

Dörrobst wird heute privat in Kleinstmengen produziert wie industriell in Grossquantitäten; meistens wohl aber importiert (bereits 1873 gab es in Europa Dörrobst aus Amerika). Die getrockneten Früchte sind als Wanderproviant beliebt – den Zwetschgenkern kann man im Mund noch Stunden zwecks kontemplativer Beschäftigungstherapie drehen und wenden; sie verderben nicht und sind leichter als frische Früchte. In der warmen Küche wird Dörrobst gerne bei Fleischrezepten verwendet, so in einem Schweinshalsbraten, gespickt mit gedörrten entsteinten Zwetschgen (Aargauer Braten); gewürfelte gedörrte Aprikosen und andere Dörrfrüchte, kurz in heisser Butter geschwenkt, veredeln gebratene Ente.

— *Siehe auch: Dörrbohnen, Dörrbirnen (Band 1); Pommes et poires du Valais (Band 5).*

Essiggurken

In Essig und Gewürzen konservierte, höchstens fingerlange Gurken
(*Abbildung Seite 172*).

In Indien herrschte einmal der mächtige König Sagara. Er war mit
zwei Königinnen verheiratet, aber dennoch ohne Kinder. Also bat
er einen weisen Mann um Rat, und der segnete die Frauen und pro-
phezeite, die eine werde einen Nachkommen gebären, die andere
60 000. Darauf wurden die beiden Frauen schwanger und es geschah
wie verkündet. Die eine gebar einen Sohn, die andere brachte eine
Gurke zur Welt. Der König liess sich nicht erschrecken und legte
die 60 000 Gurkensamen in Milch ein. Bald verwandelten sich die
Sprösslinge in gesunde Knaben.

Die Eignung der Gurke als Fruchtbarkeitssymbol lässt sich
äusserlich wie inhaltlich schwerlich übersehen, und so führten die
Wege des kriechenden Rankengewächses *Cucumis sativus* von Indien
aus, wo es vor mehr als 4000 Jahren in subtropischen Tälern am
Fusse des Himalaya entdeckt wurde, in alle Windrichtungen. Die
Wildform ist «sehr bitter und diente den dravidischen Ureinwoh-
nern wahrscheinlich zunächst als Heilmittel, ehe eine milder schme-
ckende Zuchtform selektiert wurde», schreibt der Ethnobotaniker
Wolf-Dieter Storl in *Bekannte und vergessene Gemüse*. Via Mesopotamien gelangte die Gurke in die griechische und römische Antike,
wobei nie klar geworden ist, ob mit den überlieferten Bezeichnungen nicht auch Melonen oder Flaschenkürbisse gemeint sein können. Die Römer nannten sie *cucumis,* daraus entstanden die englische
Bezeichnung *cucumber,* die französische *concombre* und der italienische *cocomero.* Das deutsche Wort Gurke lässt sich aus dem altpolni-
schen *ogurek* herleiten.

Osteuropa entwickelte sich nach Indien als wahres Gurken-
paradies, insbesondere auch für die kleineren, die in Salz und Milchsäure konserviert werden – Wodka mit Essiggurke und Speck gehört
zu den klassischen Mariages. «Die ersten nachweislichen Fundstellen
von Gurkensamen befinden sich in Osteuropa und Ostdeutschland.
Archäologen fanden in Krakau Samen, die irgendwann zwischen

650 und 950 in den Müll geworfen wurden. [...] In Westeuropa tauchen sie erst im 16. Jahrhundert auf, und dann auch nur in der Handelsmetropole Amsterdam» (Storl).

Die Bevölkerung der Schweiz ist vertraut mit Grenzen, sie liegen ja stets in der Nähe, und fast etwas sentimental pflegt sie diverse Gräben, den Röstigraben, den Froschschenkelgraben, den Polentagraben, den Läckerligraben ... bloss keinen Gurkengraben. Der ging vergessen, obschon er durchaus seine Berechtigung hätte, denn die Welschen ziehen das kleine *cornichon* vor, die Deutschschweizer die etwas längere und dickere Essiggurke; das Cornichon gehört zu Raclette, die Essiggurke passt zu Landjäger und Streichleberwurst. Die frische Salatgurke geniesst auf allen Seiten der Gräben Wertschätzung, in Salaten, in Joghurt-Dips und sogar auf dem Gesicht, wo sie in Form von dünnen, saftigen Scheiben das Plissee glätten soll.

Die Pflanzenart ist dieselbe, ob man Gurken von einem halben Meter Länge wachsen lässt oder «unausgegorene» Gürkchen pflückt, die kürzer als der kleine Finger eines Kindes sind. Mit den Jahrhunderten sind Sorten entstanden, etwa *Brodé de Russie,* eine Senf- oder Salatgurke, *Cornichon vert petit de Paris,* laut *Haferwurzel und Feuerbohne* «bei weitem die beste der kleinen Sorten im Hausgarten, die man als Essiggurken einlegt», sowie *Télégraphe,* eine Salatgurke.

In Zeiten der digitalen Vernetzungen vergisst man schnell, wie geruhsam noch vor wenigen Jahrzehnten das Verbreitungstempo von Informationen funktioniert hat. Dem Walliser Raclette zum Beispiel verhalf erst die Landesausstellung Expo 1964 in Lausanne zu nationaler Popularität und somit Silberzwiebelchen und Cornichon zu flächendeckender Verbreitung. Nach einer ersten Erwähnung in der *Encyclopédie d'Yverdon* (1770–1776) «ist das Cornichon nichts anderes als eine kleine Gurke, die man bis zu einem gewissen Punkt wachsen lässt, um sie in Essig kandieren zu können und damit dann im Winter Salat macht». *Krünitz' Oekonomische Encyklopädie* (1780) präzisiert: «Das Einmachen der kleinen Gurken wird zu Ende des Augustmonathes, oder im Anfang des Septembers vorgenommen; denn wenn man es später hin gegen den Herbst thun will, so sind die Gürkchen insgemein nicht mehr so reinlich, sondern etwas fleckig.»

Gurken einlegen, ob gekocht oder roh, in Salz, Essig oder einer andern Mixtur, gehört zu den Grundzubereitungen, die in alten Kochbüchern oft gar nicht aufgenommen wurden, weil sie eine Selbstverständlichkeit waren. Sie kamen bestenfalls in Kurzversionen als Aide-mémoire vor. In *La cuisinière genevoise* (Ausgabe 1817) freilich wird die Zubereitung von «*Cornichons au vinaigre*» detailliert beschrieben. Die möglichst kleinen Gürkchen werden vier Minuten lang in brodelndem Wasser gekocht, in kaltem Wasser abgekühlt, dann lässt man sie abtropfen und füllt sie in ein Glas ein. Auf jede Lage wird Salz dazugegeben, weisse Pfefferkörner und Estragon. Anschliessend giesst man kalten Essig ins Glas, den man zuvor zum Siedepunkt gebracht hat.

Das *Neue Berner Kochbuch* von 1835 enthält ein Rezept und 1840 tauchen Rezepte im *Intelligenzblatt für die Stadt Bern* auf. In seinem *Dictionnaire universel de la cuisine pratique* (1894–1906) definiert Joseph Favre, gebürtiger Walliser Koch und Autor in Paris, das Cornichon als «*concombre au vinaigre avant maturité*» und führt vier Zubereitungsarten auf, bei denen die Cornichons «unversehrt bleiben»: vom Einsalzen und Würzen mit Estragon, Kapuzinerkresse, Zwiebelchen, Knoblauch, Gewürznelken und rotem Chili über mehrmaliges Kochen bis zum Einlegen in kaltem weissem Essig.

Nach dem Zweiten Weltkrieg setzte sich die industrielle Produktion durch, ab der 1970er-Jahre verringerte sich der Gurkenanbau in der Schweiz kontinuierlich, weil die geforderte Handarbeit von Jahrzehnt zu Jahrzehnt mehr kostete. In den 1980er-Jahren zählte man noch 200 Gurkenbauern. 2014 bauen noch sechs Betriebe Gurken von sechs bis neun Zentimetern Länge zum Einmachen in Essig an – Cornichons gar nicht mehr. Vier Betriebe befinden sich im Thurgau, zwei im Emmental. Trotz Abnahmegarantien dünnt die Produktion weiter aus, auch wenn die IG Essiggurken Schweiz postuliert: «Es handelt sich hier um eine Kultur, die dem internationalen Markt die Stirne bieten muss.» Der Konsum von 1,9 Kilogramm Essiggurken pro Kopf (2014) ist seit Jahren stabil.

Supplément: Die Sauregurkenzeit hat mit sauren Gurken zumindest ursprünglich nichts zu tun, das Wort stammt aus dem Rotwelsch («Vagantensprache») und bedeutete die «Zeit der Leiden und der Teuerung» (*Das grosse Lexikon der sprichwörtlichen Redensarten*), also Zeiten magerer Geschäfte. Der alte Sinn des Begriffs begann sich zu verlieren, man verstand unter dem Ausdruck bald einmal die geschäftsarme Zeit im Sommer, der Zeit also, da man Gurken einlegt. Heute meint man mit Sauregurkenzeit die ereignisarmen Wochen während der Sommerferien, das Sommerloch.

— *Siehe Essigzwetschgen (Band 2).*

Konditorei- und Backwaren

Hüppen

Hauchdünnes Gebäckröhrchen, leer, mit Schokolade oder Pralinenmasse gefüllt.

Am Anfang war die Hostie, daraus ward die Waffel, und die Waffel gibt es hauchdünn und knochentrocken oder hauchdick und butterweich. Die Klöster buken aus Oblatenteig (Wasser, ungesäuertes Weizenmehl) Hostien, da brauchten die Nonnen dem Teig nur noch etwas Honig beizugeben, und schon schmeckte die Hostie wie ein Keks. Solche runden Scheiben wurden auf der harten und brüchigen Waffel-Linie zu Offleten entwickelt *(Band 1, Zürich)*. Rollte man nach dem Backen die noch warmen, weichen Offleten zu einem Röhrchen, bevor der Zucker durch Auskühlen hart geworden war, entstanden Hüppen.

Im Thurgau gibt es die Hüppentradition gewiss schon lange, doch sie ist kaum in Gottlieben am Untersee erfunden worden, aber das prächtige Dorf hat von einer Art Kaiserbonus profitiert. Denn in der Nachbarschaft, auf Schloss Arenenberg, lebte von 1817 bis 1837 Königin Hortense Bonaparte, eine Verehrerin von *Gaufrettes,* Waffeln aller Art. Auch ihr Sohn, Kaiser Napoleon III., soll das knusprige Röhrchen aus zartem Teig geschätzt haben, die Hüppe. Im Röhrchen selber war freilich nicht mehr drin als Luft, man konnte bestenfalls mit der Hülle in einen Klacks geschlagenen Rahms fahren; erst «1938 begann man die bis anhin leeren Hüppen als erste Firma/ Manufaktur mit einer Praliné-Masse zu füllen», wie auf der Webseite von Gottlieber Hüppen steht.

Die Ursprünge des zarten Gebäcks reichen weit über den Bodensee hinaus tief in die Vergangenheit hinein. Im Benediktinerkloster Hirschau in Schwaben sollen bereits im 11. Jahrhundert Hüppen gerollt worden sein; gesichert ist der Spruch auf einem der Ausrufbilder von David Herrliberger (1697–1777), den man damals auf Zürcher Märkten gehört haben dürfte: «*Hüp! Wer nichts hat als den leeren Schein, der wird wie unsre Hüpen sein*» (1748). Johann Jakob Schenkel, ein Pfarrer, der 1900 *Das Schweizervolk in seinem Essen und Trinken* beschrieb, setzt den Begriff «Hüppe» in Bezug zum mittelhochdeutschen «*hippig, heppig, hipprig*», was dünn oder mager bedeutet. Der Autor nimmt an, dass in der Schweiz im 14. Jahrhundert mit dem Hüppenbacken begonnen wurde, liefert aber keine Präzisierungen. In St. Gallen hat man laut *Idiotikon* im Jahr 1534 «*erstmal angefangen die hyppen zu backen*».

Der Schaffhauser Prediger Geiler von Kaysersberg (1445–1510) berichtete von «*Offlatenröhrlin, Hippen, das ist aber eine arme Spis. Das ist ein wenig Mehl und Honig, es ist ein wenig süss in dem Mund.*» Honig klingt etwas kostspielig für eine «*arme Spis*», war aber immer noch billiger als Zucker, der im 16. Jahrhundert hierzulande in Gebrauch kam und bis ins 19. Jahrhundert teuer blieb. Geiler von Kaysersberg führte weiter aus, dass sich aus dem Begriff Hohlhippe die Verben «*hippen, hüpen, holhipen, hohlhippeln*» für schmähen, schelten, frech herausgeben, auch etwas verhöhnen bildeten – zu verdanken dem vorwitzigen Mundwerk der Hippenbuben, die einst mit offensiver Taktik die Hüppen zu verkaufen suchten – nicht anders als die Basler Wegglibuben (Weggli, *Band 1*).

Die Herstellung der Hüppen war einst mühselige Handarbeit, heute verläuft sie grösstenteils maschinell. Der elastische Teig aus feinem Zucker, Weizenmehl, Milch- und Eigelbpulver sowie Emulgatoren (Bindemittel) wird auf einem Rollband bei 200 Grad hellbraun gebacken, dann über einen drehenden Eisenstab gerollt; die Hüppe erhält ihre Form und wird mit Gianduja oder einer andern Masse gefüllt. Die überdimensionale Hüppe wird gekühlt, «der Zucker wird hart, deshalb ist das Biscuit brüchig» (Produzent), und anschliessend in die gewünschte Länge von 6 bis 14 Zentimeter geschnitten.
— *Siehe auch: Hüppen, Offleten, Band 1.*

Thurgauer Böllewegge

Hefeteigtasche mit einer Füllung aus Zwiebelschwitze, Speck, Crème fraîche, Paniermehl und Gewürzen.

Eigentlich müsste man das deftige Teigpaket «Weinfelder Bölleweggen» nennen, denn es wird nur in Weinfelden gebacken, und dies erst noch bloss für einen einzigen Tag, die Bochselnacht am letzten Donnerstag vor Weihnachten. Das Wort «*bochseln*» bedeutet rumpeln, lärmen. Traditionell werden in dieser Nacht in Weinfelden die Lichter gelöscht, die Menschen poltern durch die dunklen Gassen und verzehren dann, wenn ihnen die Dezemberkälte in die Kleider gekrochen ist, im Wirtshaus einen Bölleweggen, eine etwa 300 Gramm schwere, aus buttrigem Hefeteig gebackene, mit Zwiebelschwitze, Speckwürfelchen, Crème fraîche, Paniermehl und Gewürzen gefüllte Teigtasche.

Woher der Brauch stammt, wie alt er ist und was er soll, sei «nicht eindeutig geklärt», räumt Albert Bärtsch in seinem Buch *Feste und Bräuche im Thurgau* (2002) ein. Der Autor erwähnt eine Urkunde aus dem Jahr 1848, in der von der Bochselnacht die Rede ist. Conrad G. Weber weist auf die Ähnlichkeit von *bochseln* und *bocheln* hin und schreibt: «Beide gehen zurück auf die nicht eben gemütliche Tätigkeit der Geister, in finstrer Nacht an die Fenster zu klopfen. [...] Aber der Spuk hörte nicht auf, als man schon längst nicht mehr an mythologische Geister und Dämonen glaubte. [...] Das Bochseln war ganz einfach der Unfug junger Burschen. Heute ist aus Mutwillen Spass geworden» *(Brauchtum der Schweiz)*. Weber führt die Ursprünge des Bochselns auf die «Zwölften» zurück, «die Zeit der lärmenden Umtriebe der Götter», als der Mensch sich zwölf Tage und Nächte im Dunstkreis tobender Heerscharen an den Metbecher klammerte.

Für Germanen und Kelten bedeutete der 22. Dezember ein kapitales Datum, weil dieser Tag in der längsten Nacht des Jahres beginnt – «Tiefster Tiefpunkt in der Natur!» –, mit ihm aber auch das Hellerwerden voller Hoffnung von Tag zu Tag: «Die Menschen würden die dämmrigen, raucherfüllten, frostigen Behausungen verlassen können. Auf Schritt und Tritt spürte man das Walten der

Zaubernächte.» Die Dämonen stemmten sich dagegen, doch die Natur setzte sich wie immer durch, auch wenn es knisterte im Gebälk der Schöpfung. «Keine mächtigere Aufforderung zum Festefeiern war ja denkbar! Bis in die Alpentäler hinein vernahm man sie. Die Zwölften, die Heiligen Nächte, waren erfüllt vom Brausen des Frühlingsgottes Wotan» (Weber). Wenn unter solchen Umständen der eine und andere tapfere Jüngling den bösen Geistern *bochselnd* entgegentrat, konnte dies nur optimistisch stimmen.

Wie die Dämonen einst, sind heute die Burschen besänftigt worden. Regie in der Bochselnacht führt nicht mehr Wotan, sondern die Schule, auf deren Webseite zu lesen ist, dass die Kinder «mit ihren ‹Bochseltieren›, ausgehöhlte, mit Schnitzereien verzierte und durch Kerzen erleuchtete Runkelrüben, auf einem festgelegten Parcours durch das Zentrum Weinfeldens» ziehen und vor dem Rathaus *Freut euch des Lebens* singen *(www.schuleweinfelden.ch)*; sie führen ein Theaterstück auf und erhalten Wurst und Brot. Die Jugendlichen dürfen an diesem einen Tag Zigaretten und Stumpen rauchen, bis ihnen der Qualm aus den Ohren steigt. Doch «über das Darbringen des Liedes *Freut euch des Lebens* ist ebenso eine Diskussion entbrannt, wie über die jugendlichen Raucher, die mit bleichen Gesichtern die Strassen des Dorfes ‹zieren›». Gute Geister triezen böse Geister und umgekehrt.

Der besuchte Bäcker brätelt in Butter Zwiebelringe, gewürzt mit Salz, Pfeffer und Muskatnuss, und lässt sie einen halben Tag lang in einem Sieb abtropfen, damit die Füllung nicht zu saftig wird und die Tasche von innen her aufweicht. Zwiebelschwitze und Speckwürfel werden in einer Schüssel mit Crème fraîche und Paniermehl verrührt; das Paniermehl bindet. Es gibt auch eine vegetarische Variante ohne Speckwürfel. Die Füllung wird auf ein Teigrechteck von 20 mal 14 Zentimeter gegeben, dann schlägt der Bäcker den Teig auf beiden Seiten längsseitig um, so dass in der Mitte eine Nahtstelle entsteht, legt die geschlossenen Taschen mit der Nahtstelle unten aufs Backblech, bestreicht sie mit Eigelb und verziert sie allenfalls mit Teigstreifen. Bevor er sie backt, lässt er sie nochmals 20 Minuten gehen.

Die Bölleweggen werden meistens warm serviert, oft mit einem Salat. Dazu trinkt man vorzugsweise Wein oder Most.

Kräuterschnaps

Chrüter ist ein klarer Kernobstschnaps, der mit einer Kräutermischung ein zweites Mal gebrannt wird.

Den *Chrüter* könnte man auch als Edelvariante des einfachen Brandes bezeichnen, der aus Äpfeln und Birnen gewonnen wird, je nach Region oder Zusammensetzung *Bätziwasser, Bätzi, Träsch* oder auch nur *Öpfeli* genannt. Reiner Birnenschnaps gehört zu den edleren Bränden wie *Eau-de-vie de poire à Botzi* (Freiburg) oder *Eau-de-vie des poires Williams* (Wallis). Ein enger Verwandter des *Chrüters,* wenn auch auf die Region Basel(land) beschränkt, ist das *Burgermeisterli.*

In der Schweiz haben die Brenner sicher schon im 18. Jahrhundert den Obstschnäpsen Kräuter beigegeben, vermutlich aus Gründen mildernder Wirkung und medizinischer Hoffnung. Die ältesten Quellen über die Methode, durch Destillation duftende Essenzen zu gewinnen, führen nach Mesopotamien (4. Jahrtausend vor Christus). Später entdeckten arabische Wissenschaftler, dass man Wein durch Destillation in eine stärkere Substanz verwandeln konnte, die für medizinische Zwecke genutzt wurde. Alkohol verdampft bei 78 Grad Celsius, also einiges früher als Wasser, dessen Siedepunkt bei 100 Grad liegt.

Der italienische Alchimist Magister Salernus kannte das Verfahren aus arabischen Schriften und verstand nach diversen Experimenten, dass aus Wein gebranntes Wasser brennt, wenn es Feuer fängt. So kam der Schnaps zum Namen *aqua ardens,* brennendes Wasser, und später, als man es zu einem wohltuenden Wundermittel emporstilisierte, zur Adelung *aqua vitae,* Lebenswasser. Daraus sind Begriffe wie *aguardiente* (spanisch), *acquavite* (italienisch) oder *Eau-de-vie* (französisch) geworden.

Wie nahe sich die Bezeichnungen standen, wurde im Winter 1386 virulent. Karl II. von Navarra, genannt der Böse, lag krank darnieder. Um das Fieber zu bekämpfen und den Körper mit Lebensgeistern zu imprägnieren, wandten die Ärzte die neue Magie an und wickelten den König in Tücher, die in *aqua vitae* getränkt waren. Das ging solange gut, bis eines Nachts ein Diener nach dem König schaute. Er hielt die Fackel etwas gar nahe an den Herrscher, der Weingeist des *aqua ardens* zerbarst in einem Feuerball und der König ging in Flammen auf.

Ob *vitae* oder *ardens,* der gebrannte Wein (daher Branntwein) war nicht nur bei äusserlicher Applikation brandgefährlich, sondern auch bei innerlicher: er brannte in der Kehle. Um das grobe Kratzen zu mildern, gab man Kräuter in den Schnaps. Seit wann in der Schweiz destilliert wird, lässt sich nicht genau festlegen. Im 17. Jahrhundert indessen nahm das Brennerwesen Fahrt auf. «Als sich die obrigkeitlichen Sittenmandate und Stadtsatzungen in der Eidgenossenschaft nach 1600 erstmals mit Branntwein auseinander setzten, war dessen Herstellung bereits verbreitet. [...] Gebrannt wurden vor allem Kirschen, Zwetschgen, Apfel- und Birnenschnitze, Wein- und Mostdrusen, Wein- und Obsttrester, selten Getreide» *(HLS).* Die Verbrauchskurve weist indessen klar nach unten: 1880–84 wurden pro Kopf 11,8 Liter im Jahr konsumiert, 1995–99 noch 3,1 Liter (mehr zu Schnapspest siehe *Saurer Most, Seite 198*).

Die ersten Kräuterschnäpse wurden aus Weinbrand destilliert, später aus billigerem Obstbrand. Die Aromen kann man durch Mazeration gewinnen, also die Kräuter in Alkohol einlegen und auf diese Weise die Geschmacksstoffe herauslösen, oder man kann die Kräuter mit dem Brennobst zusammen in der Maische gären lassen. Dieses Vorgehen ist unwirtschaftlich, es braucht zu viele Kräuter. Klassischer *Chrüter* wird in einem zweiten Brenngang produziert: Man destilliert klaren Schnaps mit einem Kräuterbouquet aus einem guten Dutzend Kräutern oder mehr. Anis und Kümmel sind dabei unentbehrlich, alle andern von Fenchel, Nelken, Orangen, Süssholz bis Wacholder das Geheimnis des Brennmeisters.

Das klare Destillat enthält gegen 70 Volumenprozent Alkohol. Der Schnaps wird gerne zwei bis drei Jahre hochprozentig gelagert, damit sich die Aromen «setzen» können und der Schnaps «ruhiger» wird, wie der besuchte Produzent erklärt. Für den Konsum wird der Kräuterschnaps mit destilliertem Wasser auf weniger als 50 Volumenprozent verdünnt und filtriert, um Trübungen wie ätherische Öle, die nur im Alkohol löslich sind und nicht im Wasser, auszuscheiden. Pro Liter *Chrüter* braucht es 50 bis 60 Gramm Kräuter.
— *Siehe auch: Bätziwasser, Rosoli, Träsch (Band 1); Burgermeisterli (Band 2).*

Saurer Most und Süssmost

Vergorener und unvergorener, trüber oder klarer Saft aus gepressten Äpfeln und Birnen *(Abbildung Seite 200)*.

In Konsum und Wahrnehmung beherrscht zu Beginn des 21. Jahrhunderts der Süssmost seinen sauren Bruder. Historisch liegt der Süsse um zig Generationen hinter dem Sauren zurück, weil Fruchtsäfte ohne Alkohol erst seit der Entdeckung der Pasteurisierung überhaupt länger als ein paar Tage haltbar bleiben. Most wird in der ganzen Schweiz produziert, heute noch in gut 20 gewerblichen Mostereien, davon zwei Grossbetriebe. Most wird auch auf Bauernhöfen gepresst und abgefüllt, gerne in Bag-in-Boxes.

Unter *Suurem Moscht* versteht man vergorenen Most oder Apfelwein, in der Ostschweiz «Saft» genannt. In der welschen Schweiz heisst der Süsse *moût* und der Saure *cidre,* im Tessin *mosto dolce* bzw. *sidro.* Den Begriff «Most» haben die Römer mit ihrem *Vinum mustum* angeschoben, damit allerdings frisch gepressten Traubensaft gemeint. «Most» nennen viele Winzer den frisch gepressten Traubensaft; mit *moût (de raisin)* und *mosto (d'uva)* ist auch *Suuser* gemeint, Traubensaft zu Beginn des Gärprozesses *(Sauser, Seite 156).* Früher gab es unterschiedliche Zusammensetzungen von reinem Birnen- bis reinem Apfelmost, heute besteht saurer wie süsser Most in der Regel aus Apfelsaft mit einem Zehntel Birnensaft.

Die wichtigsten Anbauregionen von Kernobst sind Ostschweiz, Wallis und Genferseegebiet. Ein Bericht der Eidgenössischen Expertenkommission in Handelssachen aus dem Jahr 1844 hält fest, dass die Obstkulturen in der Schweiz wie «vielleicht in keinem Lande Europas so grosse Ausdehnung gewonnen hat». Das 19. Jahrhundert gilt mancherorts als Jahrhundert des Mostes. Um die wachsenden Städte, deren Streuobstwiesen mit Siedlungen zugebaut wurden, mit Obst versorgen zu können, wurde in ländlichen Regionen mehr Bäume angepflanzt, insbesondere Apfelbäume, da Äpfel länger haltbar sind als Birnen. Heute werden in der Schweiz pro Kopf 15,8 Kilogramm Äpfel und 3,3 Kilogramm Birnen konsumiert (2011). Am meisten Bäume stehen im Kanton Thurgau, «Mostindien» im Volksmund

(Bezeichnung in der satirischen Zeitschrift *Der Postheiri* erstmals 1853 erschienen). Das relativ milde Klima der Bodenseeregion bekommt dem Obstbau gut. Im Thurgau wird eine Apfelkönigin erkoren.

Äpfel und Birnen werden frisch als Tafelobst verkauft, gedörrt, eingeweckt, zu Most mit oder ohne Alkohol verarbeitet oder zu Schnaps gebrannt. Die rasante Rationalisierung der Landwirtschaft seit den 1950er-Jahren hat zu Spezialisierungen geführt, zu Sorten, die nur Tafelobst hergeben wie neuzeitliche Niederstammkulturen und zu Sorten, die sich vor allem zum Pressen oder Brennen eignen wie die traditionellen Hochstammbäume.

Apfel und Birne geniessen in Mythologie und Aberglaube den Status eines Paars: Der Apfel ist weiblich, die Birne männlich – trotz verkehrter Artikel, zumindest in der deutschen Sprache. Als Liebesorakel dienen die Bäume übers Kreuz, der Jüngling befragt den Apfel-, die Jungfer den Birnbaum. In gewissen Gegenden wurde das Ergebnis verankert und bei der Geburt eines Sohnes ein Birnbaum gepflanzt, bei einem Mädchen ein Apfelbaum. Dass man Äpfel nicht mit Birnen verwechseln konnte, dürfte sich in der Folge rasch erwiesen haben.

Über die Weltgeschichte von Apfel und Birne sind Bücher geschrieben worden. Im Zeitraffer: Der prähistorische Mensch verzehrte ein paar Wildformen, der postmoderne Nachfolger kann im Supermarkt aus einem Angebot von wenig mehr Sorten seinen Bedarf befriedigen: von gut 152 000 Tonnen Äpfeln steht mit 35 000 Tonnen die Sorte Gala an der Spitze, gefolgt von Golden Delicious mit 29 000 Tonnen und Braeburn mit 16 000 Tonnen (Schweiz, Oktober 2014). Zwischen Urzeit und Zeitgeist liegen Millennien und eine globale Verbreitung beziehungsweise Entwicklung bis zu Zehntausenden von Sorten. Die Rückbildung setzte mit der Rationalisierung der Landwirtschaft und der Einkaufspolitik von Ladenketten wie Grossverteilern ein; sie ist ökonomischem Denken unterworfen, unterstützt durch die Möglichkeiten zweckdienlicher genetischer Eingriffe.

Keine der heutigen Apfelsorten ist älter als ein Jahrhundert. Die berühmteste Schweizer Sorte, Maigold, wurde 1964 an der Fachhochschule Wädenswil gezüchtet. Bereits in den 1920er-Jahren provozierte die auf einen geschmacklichen Massenkompromiss hinzielenden Zuchtbemühungen Kritiker. Der amerikanische Journalist

Süssmost und Saurer Most *(Seite 198)*

A.J. Liebling ärgerte sich 1926: «Ich persönlich schätze an Speisen ein Aroma, das weiss, was es will. [...] Man zieht neutralen Fabrikkäse vor, eben weil er nicht nach Käse schmeckt. [...] So erklärt sich auch der Triumph des Delicious-Apfels, der nicht nach Apfel schmeckt, und insbesondere der des sogenannten Golden Delicious, der nach überhaupt nichts schmeckt» *(Zwischen den Gängen)*. Plinius zählt über zwei Seiten Apfelsorten und Züchternamen auf *(Naturalis historiae,* Buch XV).

Auf Grund von archäologischen Funden wie Trester und Kernen wird angenommen, dass man im süddeutschen Raum bereits in der Jungsteinzeit Holzäpfel und -birnen gepresst, also Most produziert hat. Viel Saft haben die kleinen Früchtchen kaum hergegeben; dank der heftigen Gerbstoffe und der knisternden Säure dürfte der Most eher langsamer als heute vergoren sein.

Neuere Forschungen weisen auf das Dreiländereck Kirgistan, Kasachstan und China als Ursprung der Konsumäpfel hin. Dort fand Barrie Juniper von der Universität Oxford Ende der 1990er-Jahre im Tian-Shan-Gebirge zahlreiche Formen des Wildapfels *Malus sieversii.* «Genetische Untersuchungen dieser Wildform zeigten eine überraschend nahe Verwandtschaft von *Malus sieversii* mit unseren Kulturäpfeln» *(Rosenapfel und Goldparmäne)*. Die Wege der Birne verliefen ähnlich. «Bereits im Tertiär gab es primitive Formen der Gattung in den Bergregionen West- und Südwestchinas. Von dort breiteten sie sich in alle Richtungen der nördlichen Erdhalbkugel aus» *(Paradiesapfel und Pastorenbirne)*. Unsere heimische Holzbirne (Wildbirne, *Pyrus pyraster)* ist nicht verschwunden, aber nur noch selten zu finden in Laubmisch- und Auenwäldern, Hecken- und Trockenstandorten. Ihre Früchte schmecken und wirken ähnlich herausfordernd wie Holzäpfel; «anders als beim Apfel soll jedoch unsere heimische Wildbirne zu einem grossen Teil an der Entstehung der Kultursorten beteiligt gewesen sein. Allerdings wird nicht Mitteleuropa, sondern der Kaukasus als Genzentrum vermutet» *(Paradiesapfel und Pastorenbirne)*.

In der Antike bewährten sich die Griechen als Obstförderer, die Römer als Meister und Entwicklungshelfer des Obstanbaus. Nach ihrem Untergang pflegten die Klöster das landwirtschaftliche Erbe.

An der Geschichte von Birne und insbesondere dem kompakteren, als Reiseproviant besser geeigneten Apfel lässt sich eindrücklich beobachten, wie Zufall und Absicht, Wandertrieb und Sesshaftigkeit, Neugier und Beharrlichkeit, Akribie und Glück, Vorliebe und Widerwille einen unermesslichen Reichtum an Varietäten geschaffen haben – allein schon mit jedem weggeworfenen *Gübschi, Görbsi.* Überraschend ist es also kaum, dass der Kulturapfel in all seinen Formen nicht das Produkt eines einzigen Wildapfels sein kann. «Botanisch spricht man bei unserem Kulturapfel von einem formenreichen Hybridkomplex *(Malus × domestica).* Vereinfacht ausgedrückt bedeutet das, dass sich viele verschiedene Arten eingekreuzt haben» *(Rosenapfel und Goldparmäne).* Wildarten spielen bei der Suche nach neuen Sorten weiter eine Rolle, und je nach Eigenschaft, die man in den Apfel «eintragen» möchte, sogar Arten, die man gar nicht essen kann. Zum Beispiel Zieräpfel.

Kern-, Stein- und Beerenobst war im Gegensatz etwa zu Käse leicht verderblich und «spielte als herrschaftliche Abgabe eine untergeordnete Rolle, weshalb es in den Quellen wenig Spuren hinterliess» *(HLS).* Funde in Ufersiedlungen aus prähistorischer Zeit beweisen, dass hierzulande bereits im 5. Jahrtausend vor Christus wildes Obst gesammelt und gegessen wurde. In der Landgüterverordnung *Capitulare de villis,* die Karl der Grosse erstellen liess (812), werden *piracium* und *pomacium* erwähnt, Birnen- und Apfelmost. Eines der ältesten Zeugnisse von Obstgärten findet sich auf dem St. Galler Klosterplan, gezeichnet auf Kalbspergament (vor 830). Der Friedhof der Mönche war mit Bäumen bepflanzt, beschrieben sind «Apfelbaum oder Birnbaum, Pflaumenbaum, Speierling, Mispel (Steinapfel), Lorbeerbaum, Edelkastanie, Feigenbaum, Quitte, Pfirsich, Haselnuss, Mandelbaum, Maulbeerbaum und Walnussbaum» *(Heilkräuter und Gartenanlagen im Kloster St. Gallen).*

In den *Benedictiones ad mensas,* den Segenssprüchen des Klosters von Mönch Ekkehart IV. (ca. 980–1057), sollen «die von den Bäumen gesammelten Geschenke Gottes gesegnet» sein, insbesondere «die verschiedenen Apfelarten möge der Segen süss machen» und «der Schöpfer selbst möge geben, dass die harten Birnen weich werden». Von späterer Hand hinzugefügt wurden zwei Sätze zur Präzisierung des Wirkungsbereichs der Birne: «Bei den Holzbirnen möge sich das Wüten der Blase beruhigen, auf dass die Blase hinsichtlich der Holzbirne gut sein möge.»

Schon aus diesen wenigen Sätzen lässt sich herauslesen, wie unterschiedlich die Früchte wahrgenommen wurden: der süsse Apfel gegen die herbe, von Gerbstoffen geeichte Birne. Diese Kombination prägt das Mosten (aber nicht die Obstschale). In einem Vortrag, gehalten an der Mostchilbi in Tübach bei Rorschach, pries O. Koch im Herbst 1912 die medizinischen Werte des Mostes: «Jawohl, einverstanden. Für manch' alt Bier- und Weinbäuchli ist so ein intensiver Mostgenuss eigentlich geradezu eine gesundheitliche Wohltat, indem ohne Beihülfe ärztlicher Rezepte der Most als Purganz seine Wirkung nicht verfehlen wird und somit manch' alte klemmende Beschwerden beseitigt» (*Der Schweizerische Obstbauer*).

Die Wege der Reifung einer Frucht führen stets in die Zersetzung, denn Ziel des Prozesses ist, den Samen freizulegen, und wenn das nicht grosse Tiere erledigen, braucht es eben kleine. Also hat die Evolution dafür gesorgt, dass die Frucht mit Hilfe von Mikroorganismen ihre Reproduktionspflicht erfüllen kann. Ob aus Äpfeln, Birnen oder Trauben, Kirschen, Erdbeeren oder Himbeeren: Obst beginnt sofort zu gären, kaum ist es angebissen, verletzt oder gepresst der Luft ausgesetzt. Bis man lernte, den Gärprozess zu stoppen, war die Gelegenheit, alkoholfreien Fruchtsaft zu trinken, von kurzer Dauer – je nach Umgebungstemperatur ein paar Tage.

In der Natur verläuft die Verwandlung von reifen Früchten in faule durch das Wirken von Luft und Wärme sowie Mikroorganismen wie Hefe- und Schimmelpilzen und Enzymen. Bei der Zersetzung spielen Hefen eine besondere Rolle. Hefezellen, die an den Früchten haften, aus der Luft stammen oder in Form von Reinzuchthefen zugegeben werden, fressen den Fruchtzucker und produzieren dabei Alkohol und Kohlensäure, die beide ab einer gewissen Menge den Zerfallsprozess verlangsamen und den Saft je nach Temperatur und Zeit bis zu einem gewissen Grad selber konservieren. Hat der Most 15 Volumenprozent Alkohol erreicht, sterben die Hefepilze und der natürliche Gärprozess wird beendet.

Süssen Most frisch ab Presse gab es so lange, bis alles Obst gepresst war – so lange und so oft, bis der neue Most zu gären begann und der nächste gepresst wurde. Mit fortlaufender Gärung wurde der «neue» Most zum «alten», sauren, den man klärte oder naturtrüb trank.

Ein altes Klärmittel war Scheidmost. Ein gewisser Prozentsatz Scheidmost wurde dem süssen wie dem vergorenen Most zugegeben, um die trübenden Partikel zu binden. Die hilfreichen Substanzen im Scheidmost sind Gerbstoffe, Eiweiss und Pektin, sie sind in den Früchten minimal vorhanden, prägen aber den Geschmack. Sie verbinden sich im Saft, nehmen Schwebstoffe auf, Trub, und sinken ab. Spätreifende Sorten enthalten in der Regel mehr Gerbstoffe, Eiweiss und Pektin, so dass sich die Säfte selber klären. Wenn diese Sedimentation nicht möglich ist, muss der Produzent beim Schönen nachhelfen. Dafür gibt es verschiedene Methoden, etwa Klärung mit chemischen oder natürlichen Substanzen, Zentrifugierung und Filtration sowie Produkte wie Gelatine oder Mineralien.

Um Scheidmost zu gewinnen, schüttelte man grüne, noch unreife Früchte von den Bäumen, mahlte sie grob und presste sie aus. Dieser Saft von markdurchdringender Adstringenz überzieht den Gaumen mit einem «Pelzmantel» und ist völlig untrinkbar – abschreckend wie ein Putzmittel eben so ist. Typische Sorten für Scheidmost waren Reinholzbirne, Marxenbirne, Schellenbirne, Rotbärtler oder späte Weinbirne. Der Scheidmost ist in Vergessenheit geraten; er ist ein Klärungsmittel, das hervorragend in den Katechismus der Veganer passen würde.

Am Ende der Saison wurde mancherorts der «Süsslautere» gepflegt, der Reine, Ehrliche, Geläuterte. Dieser Most aus den letzten Äpfeln und Birnen sollte möglichst lange unvergoren bleiben. Man lagerte das Fass in der Kälte, es bedeutete für alle, die lieber süssen statt alten Most tranken, die *pièce de résistance* für den Winter. Die Gärung begann mit dem Frühling, wenn die Temperatur anstieg und sich die Hefezellen regten und nach Zucker lechzten. Im Fass wurde dieser Langzeit-Süssmost zwischendurch *läng,* es bildete sich eine ölige Konsistenz, er zog Fäden; durch Rütteln verteilten sich die zur Verdickung geballten Moleküle wieder und der Most wurde dünn wie vorher.

Eine Besonderheit in der Ostschweiz war der «Ansteller», ein Mischgetränk, das «in der Zentral- und Westschweiz verpönt» war, steht in *Die Verwertung des Obstes* (1909). Das Lehrbuch erklärt: «In der Ostschweiz unterscheidet man genau zwischen Most und Saft. Was ohne alle weitern Zusätze aus dem Obst gepresst und so eingekellert wird, ist Saft. Wenn mit diesem mehr oder weniger ‹Ansteller› gemischt wird, so gibt es Most. Der Ansteller oder Glör wird gewonnen, indem man das Obst (Trester), von dem durch einmaliges Mahlen und Pressen der grösste Teil des Saftes gewonnen worden ist, nochmals mahlt, in Standen bringt, mit einem gewissen Quantum Wasser begiesst und das Ganze nach einer bestimmten Zeit abpresst. Most und Ansteller ist also nicht dasselbe. Most = Saft + Ansteller.»

Der Ansteller wurde unterschiedlich verwendet: Die einen verschnitten ihn etwa zur Hälfte mit reinem Saft, die andern tranken das ziemlich dünne Säftchen pur. So definiert auch das *Idiotikon* den Ansteller als «durch ‹Anstellen› gewonnener geringwertiger Most oder Wein» und führt zwei Belege auf: «Das kann man wohl etwa in obstarmen Jahren tun, den Saft mit Ansteller zu strecken (1890)» sowie: «Unsere Bauern trinken Ansteller und haben nur, wenn es gut geht, für besondere Anlässe und kranke Tage ein Fässchen realen Wein» (1905).

Richtig süssen Most gab es also nur frisch ab Presse und dank der Winterreserve. Im Sommer versetzte man den vergorenen Most mit Zuckerwasser, wenn man ihn süsser und leichter im Alkohol trinken wollte. Während Jahrhunderten war dies die einzige Art, Most zu trinken. Erst in der zweiten Hälfte des 19. Jahrhunderts gelang es, haltbaren Süssmost einzukellern, indem man die Gärung stoppen lernte. Das geschieht am einfachsten durch Temperatursteuerung: Kälte friert den Prozess ein, Hitze tötet Mikroorganismen ab. Auch schwefelige Säure verhindert Oxidation und unerwünschte Mikroorganismen.

Die Forschungen des französischen Chemikers und Mikrobiologen Louis Pasteur (1822–1895) führten zum Verfahren des Pasteurisierens. Ein Pionier in diesem Fach war Hermann Müller-Thurgau (1850–1927) aus Tägerwilen, erster Direktor der landwirtschaftlichen Versuchsanstalt Wädenswil und Namensgeber der Rebsorte Müller-Thurgau, fälschlicherweise Riesling × Sylvaner genannt. Er stellte Versuche über die alkoholische Gärung in Fruchtsäften an. Um immer genügend Arbeitsmaterial zur Verfügung zu haben, füllte er Traubensaft frisch ab Presse in Flaschen ab, die er dann im Wasserbad auf 70 Grad Celsius erhitzte. Die gewonnenen Erkenntnisse und Erfahrungen publizierte er 1896 in seiner Schrift *Die Herstellung unvergorener und alkoholfreier Obst- und Traubenweine.* «Er schuf die wissenschaftlichen Grundlagen für eine gärungslose Obstverwertung. So wurde Müller-Thurgau zum weltweiten Pionier der unvergorenen Fruchtsäfte» *(Rosenapfel und Goldparmäne).*

Die Vorteile der alkoholfreien Säfte waren nicht zu übersehen, dennoch brauchte es Zeit und das Engagement des Bundes im Kampf gegen die Trunkenheit (Alkoholgesetzgebung in den 1930er-Jahren), um dem alkoholfreien Most auf die Sprünge zu helfen. Noch 1909 notierten die Autoren des Lehrbuchs *Die Verwertung des Obstes* ihre Zweifel am Erfolg: «Was dem Konsum der alkoholfreien Obstweine bisher ziemlich starken Eintrag brachte, ist der relativ hohe Preis, zu dem sie in den Wirtschaften verkauft werden. Schon aus diesem Grunde kann der ‹Alkoholfreie› als durststillendes Getränk für den körperlich streng arbeitenden Mann nie in Betracht kommen; sodann ist es auch seine chemische Zusammensetzung, welche ihn zu diesem Zwecke als ungeeignet erscheinen lässt. Die Technik scheint ferner nicht verhindern zu können, dass allen alkoholfreien Obst- und Traubenweinen ein leichter Kochgeschmack anhaftet, der zweifelsohne durch das Pasteurisieren erzeugt wird.»

Damals tranken Arbeiter «täglich 5 bis 6 Liter vergorenen Most», heisst es in *Rosenapfel und Goldparmäne,* «so war es etwa üblich, dass Melker, bevor sie in der Früh in den Stall gingen, einen Liter Obstwein erhielten». Fabrikarbeiter bekamen als Tagesration zwei Flaschen. Das reichte offenbar nicht, denn häufig wurde vor Arbeitsbeginn ein Gläschen Apfelschnaps gekippt. «Noch Anfang der 1920er-Jahre stand die Schweiz in der Schnapsproduktion und im Schnapskonsum europaweit an der Spitze. Englische Ethnologen, die zu Studienzwecken die ländlichen Gegenden der Schweiz bereisten, berichteten über den katastrophalen Gesundheitszustand der Schweizer Bevölkerung» *(dito).*

Um die «Schnapspest» zu bekämpfen, wurden viele Eisen geschmiedet, propagandistisch wie politisch. In seinem Vortrag über «die Vorteile des Mostes» frohlockte der bereits genannte O. Koch (1912): «In Sängerkreisen verleiht er [der Most] den Tönen den zarteleganten Schwung. Will man seine politische Überzeugung verfechten, so geht dies auch leichter, wenn man seine oppositionelle Kehle aus einem Mostkrug von Zeit zu Zeit anfeuchten kann. […]

Der Most macht zäh und ausdauernd, und wenn ein Biertrinker, bei seiner strengen Arbeit, den sogenannten Knieschlotter bekommt, so steht derjenige, der sich an den Most gewöhnt hat, noch stark und aufrecht wie eine Eiche. [...] Denn: ‹Wo du Most trinkst magst du lachen, Böse Menschen trinken schärfre Sachen.›»

In den 1930er-Jahren wurde die Obstverwertung der Eidgenössischen Alkoholverwaltung unterstellt und erst 1997 dem Bundesamt für Landwirtschaft übergeben; der Bund förderte den Anbau von Tafelobst, liess Alkoholsteuern erheben und betrieb methodisch das Ausrotten der Hochstammbäume. Der Erfolg? «Ihre ursprüngliche Zielsetzung, den Alkoholkonsum zu senken, vermochte diese Gesetzgebung auf die Länge nicht zu erfüllen. Die konsumgesellschaftliche Entwicklung der Nachkriegsjahre hat deutlich gemacht, dass Motive und Deutungen für das Trinken alkoholischer Getränke einem starken Wandel unterliegen und mit gesetzlichen Instrumenten nicht gesteuert werden konnten» (HLS).

Der Reichtum der Sorten gibt dem Most den Geschmack – diese Gleichung zählt heute noch, wie der Besuch bei einem Grossbetrieb zeigt. «Dank der Hochstammbäume kennt man in der Schweiz noch gut 100 Apfelsorten», erklärt der Produktionsleiter der Mosterei. Insgesamt dürften es aber eigentlich mehr als 1000 sein, würde man auf jeden einzelnen Baum im Land ein präzises Auge werfen. Aber schon 100 Sorten sind reich. «Das ist einmalig in Europa», betont der Mann. Auch wenn nicht alle 100 von Bedeutung sind, sondern etwa 30. In versenkten Behältern im Form von Schiffscontainern liegen Mostbirnen, gelblich-grünlich bis rötlich-braun, einige mit dunklen Flecken und Dellen, hart, rundlich, fast wie Äpfel. «Die sind unglaublich sauer, wenn Sie da reinbeissen, halten Sie das im Mund nicht aus.» Im Most sind die sauren Mostbirnen willkommen, sie tragen zu einer markanten Geschmackserweiterung bei. Die übliche Cuvée Suisse besteht aus 90 Prozent Apfel- und 10 Prozent Birnensaft, «einmalig in Europa».

Von der Anlieferung gelangen Äpfel und Birnen getrennt nach einem Bad im Schwemmkanal in die Rätzmühle, wo sie zu Mus verarbeitet werden, zur Maische. Dieser Brei aus zerfetzten, zerhackten und zerriebenen Früchten wird in die Trommel der Pressanlage gefüllt und versaftet. In der Trommel befinden sich Schläuche von etwa 4–5 Zentimeter Durchmesser; sie bestehen aus einem aussen gerillten Gummistrang, der von einem Nylon-Gewebe eingefasst ist. Wenn die Maische eingefüllt wird, ist die Trommel langgezogen, die Schläuche sind gestreckt; beim Pressen drückt das eine Ende der Trommel gegen das andere, dabei wird es immer enger in der Trommel, die Schläuche bilden vertikale Bögen, der Druck nimmt zu, der Saft dringt durch das Gewebe in die Rillen und wird vom Druck hinausgestossen.

Bei Äpfeln dauert dieser Entsaftungsprozess anderthalb Stunden, bei Birnen eine Stunde. Aus zehn Tonnen Maische resultieren am Ende acht Tonnen Saft und zwei Tonnen ausgepresste Feststoffe wie Gehäuse, Schalen und zerquetschte Zellstrukturen, der Nasstrester. Diese Masse lässt man trocknen und verkauft sie an die Futtermittelindustrie, wo diese Ballaststoffe, die reich an Geschmack sind (die Aromen befinden sich vor allem in den Fruchtschalen), verschiedenen Kraftmischungen für Vieh zugesetzt werden.

Der frisch gepresste Saft wird pasteurisiert, dann getrennt in eine Linie für «frisch ab Presse» und die andere, mit Abstand grösste Linie, wo der Saft in Verdampfungssäulen konzentriert und in Lagertanks gefüllt wird. Da die Früchte separat gepresst, die Säfte getrennt konzentriert und gelagert werden, muss man sie vor der vollständigen Rück-Verwässerung degustieren und mischen. In den Säften frisch ab Presse, die sofort (nach zweiter Pasteurisierung vor dem Abfüllen) in den Verkauf gelangen, sorgen vor allem die vielfältigen Sorten der Hochstammbäume je nach Anlieferung und Verarbeitung innerhalb höchstens zweier Tage für Geschmacksnuancen.

Die andern Getränke sollen aber übers Jahr einheitlich schmecken, deshalb degustieren die Fachleute bei der besuchten Firma die verschiedenen Tankinhalte und assemblieren die Säfte – nicht anders als bei klassischem Champagner üblich, dessen normale, jahrgangslose Form auch immer gleich schmecken soll. Am längsten dauert der ganze Prozess bei der Produktion von alkoholfreiem Apfelwein. Die Vergärung des Mostes wird erst nach der Rückverdünnung in Gang gesetzt, und am Ende muss man einem Teil den Alkohol wieder entziehen.

Die Schweizer Bevölkerung trinkt gerne Apfelsaft. Die Karriere des Süssmostes erreichte dennoch nur einen kurzen Höhepunkt;

kaum hatte er begonnen, den Markt zu erobern, wurde er von globalen Label-Limonaden wie Coca-Cola vom Sockel gestossen. Die Einführung des Apfelschorles lässt ihm wieder mehr Raum. Den Begriff «Schorle» kennt man aus Deutschland, er bedeutet Weisswein, den man mit Wasser verdünnt – in der Schweiz als «Gespritzter» bekannt. Apfelschorle ist also Süssmost, der mit Mineralwasser gestreckt worden ist – nicht aus Geiz, sondern der Linie und der Leichtigkeit zuliebe. In der Schweiz trinkt man im Schnitt 10 Liter Apfelsaft pro Kopf in einem Jahr. Neben Schorle als Süssmost oder Apfelwein, oder auch frisch ab Presse.

Vor allem Hochstammbäume liefern Mostfrüchte, alte Sorten mit charakteristischem Geschmack, die man nicht als Tafelobst verkaufen kann, weil Händler und Kunden sie nicht mehr verlangen. Wer Apfelsaft trinkt, unterstützt die alten Hochstammbäume und mit ihnen zahlreiche Pflanzen und Tiere, die vom, im und am Baum leben. Das 19. Jahrhundert galt als Zeitalter des Mostes. Das 20. als Zeitalter der Industrialisierung. Im 21. Jahrhundert legen sich die Wogen der Globalisierung wieder etwas zugunsten einer verloren geglaubten Eigenwilligkeit im Nahbereich. Die Rückbesinnung auf das regionale kulinarische Erbe verhilft dabei nicht nur alten, etwas vernachlässigten Rezepten zu neuer Beachtung, sie korrigiert auch die schwere Sünde der Vergangenheit: Die Hochstammbäume, aus Gründen der Alkoholbekämpfung wie der Siedlungserweiterung in Massen ausgerissen, werden wieder gepflanzt, wenn auch nur langsam. Sie aromatisieren nicht nur einen guten Most, sie wirken mit ihrer Präsenz und ihrer Funktion als Lebensraum für eine stattliche Zahl von Pflanzen und Tieren wie ein Naturheilmittel im lädierten Landschaftsbild. Und der Bund zahlt wieder Prämien – dieses Mal nicht für die Vernichtung, sondern für den Erhalt der Hochstammbäume.

Most in der Küche: Apfelwein für Ostschweizer Fondue mit Appenzeller Käse oder für Toggenburger *Öpfeläbere mit Böle;* «alten Most» braucht man in der Innerschweiz für *Balle* (grosser Felchen) an Mostsauce; ein Dessert sind *Äpfelkugeli,* frittierte Teig-Apfelkuchen; Süssmost für Apfelrösti, für Thurgauer Süssmostcrème oder im Ofen geschmorte Äpfel mit Nussfüllung.
— *Siehe auch: Orangenmost (Band 1); Sauser, Seite 156.*

Quellenverzeichnis

www.kulinarischeserbe.ch
www.patrimoineculinaire.ch

www.aop-igp.ch
www.prospecierara.ch
www.slowfood.ch

Walter Aebischer, François de Capitani — *Kochen wie im alten Bern* (STÄMPFLI VERLAG, Bern 2008).

Jacques André — *Essen und Trinken im alten Rom* (PHILIPP RECLAM JUN., Stuttgart 1998 [französische Originalausgabe 1981]).

Atlas der Schweizerischen Volkskunde: www.sagw.ch/sgv/publikationen

John Ayto — *An A – Z of Food & Drink* (OXFORD UNIVERSITY PRESS, Oxford 2002).

Hanns Bächtold (*Hg.*) — *Handwörterbuch des deutschen Aberglaubens* (WALTER DE GRUYTER, Berlin 1987).

Brigitte Bartha-Pichler, Markus Zuber — *Haferwurzel und Feuerbohne – Alte Gemüsesorten neu entdeckt* (AT VERLAG, Aarau 2002).

Brigitte Bartha-Pichler u. a. — *Rosenapfel und Goldparmäne, 365 Apfelsorten – Botanik, Geschichte und Verwendung* (AT VERLAG, Baden/München 2005).

The Concise Mrs Beeton's Book of Cookery (WARD LOCK, London 1996 [First published in 1861 by S. O. Beeton]).

Isabelle Bratschi et Laurence Margot — *Histoire de Goûts – 36 recettes traditionnelles des cantons romands* (EDITIONS FAVRE SA, Lausanne 2012).

Jean Anthelme Brillat-Savarin — *Physiologie des Geschmacks oder Physiologische Anleitung zum Studium der Tafelgenüsse* (FRIEDRICH VIEWEG UND SOHN, Braunschweig 1865 [Nachdruck von 1983]).

Alexander Buchhofer, Emma Suter-Buchhofer — *Buchhofer's Schweizer Kochlehrbuch* (MAB, Bern 1934).

François de Capitani — *Festliches Essen und Trinken im alten Bern* (BENTELI VERLAG, Bern 1982).

François de Capitani — *Soupes et citrons – La cuisine vaudoise sous l'Ancien Régime* (EDITIONS D'EN BAS, Lausanne 2002).

André Dähler und Mannechochklub Biän-Cuit Interlaken — *Berner Oberland – Das Kochbuch* (SCHLAEFLI & MAURER AG, Thun-Uetendorf 2010).

Andrew Dalby — *Dangerous Tastes – The Story of Spices* (BRITISH MUSEUM PRESS, London 2000).

Maja Dal Cero — *Unsere Heilpflanzen* (OTT VERLAG, Bern 2009).

Alan Davidson — *The Oxford Companion to Food* (OXFORD UNIVERSITY PRESS, Oxford 1999).

Cédric Dumont — *Kulinarisches Lexikon – Kochkunst, Lebensmittel, Länderküchen, Nährwerte* (HALLWAG VERLAG, Bern 1997).

Ralph Dutli — *Das Lied vom Honig – Eine Kulturgeschichte der Biene* (WALLSTEIN, Göttingen 2012).

Trude Ehlert — *Das Kochbuch des Mittelalters* (ARTEMIS & WINKLER, Zürich 1990).

Schweizerische Fachschule für das Metzgereigewerbe (*Hg.*) — *Schweizer Wurstwaren – Saucisses de chez nous* (Spiez 1988).

Joseph Favre — *Dictionnaire universel de la cuisine pratique* (Edition nouvelle [éditions originales 1894–1906], OMNIBUS, Paris 2006).

Elisabeth Fülscher — *Das Fülscher-Kochbuch* (MÜLLER RÜSCHLIKON VERLAGS AG, 13. Auflage, Cham 1995 [1972]).

Hermann Gräff, Ernst Seewer — *Die Verwertung des Obstes, Landwirtschaftliche Lehrbücher* (VERLAG VON HUBER & CO., Frauenfeld 1909).

Erich Grasdorf — *Thurtal & Seerücken – Die Region. Die Rezepte* (Zentralverband schweizerischer Milchproduzenten, Bern 1998).

Fritz von Gunten — *Alles ist Wurst – Auf dem Wurstweg durch die Schweiz* (OTT VERLAG, Bern 2006).

Gütesiegel Toggenburg (Hg.) — *Bloderchäs und Schlorziflade – Rezepte aus dem Toggenburg* (TOGGENBURGER VERLAG, Wattwil).

Robert Habs, Leopold Rosner (Hg.) — *Appetit-Lexikon* (Wien 1894; Neuauflage im OASE VERLAG, Badenweiler 1997).

Johanna Hall Brierley — *Spices – The Story of Indonesia's Spice Trade* (OXFORD UNIVERSITY PRESS, Oxford 1994).

Andreas Heller — *Um die Wurst* (ECHTZEIT VERLAG, Basel 2007).

Volker Hirsch, Gerhard Fouquet (Hg.) — *Das Haushaltsbuch des Basler Bischofs Johannes von Venningen (1458–1478)* (SCHWABE VERLAG, Basel 2009).

HLS (Stiftung) — *Historisches Lexikon der Schweiz* (SCHWABE VERLAG, Basel 1998–2014 [HLS, www.hls.ch]).

Idiotikon (Schweizerdeutsches Wörterbuch in bald 16 Bänden und mehr als 150000 Stichwörtern vom Spätmittelalter bis ins 21. Jahrhundert, Zürich; www.idiotikon.ch).

Paul Imhof (Hg.) — *Culinarium – Essen und Trinken in der Schweiz* (WERD VERLAG, Zürich 2003).

Paul Imhof — *Nach allen Regeln der Kunst – Von der Cacaobohne zur Edelschokolade* (WERD VERLAG, Zürich 2008).

Paul Imhof — *Kochen mit Schweizer Obst und Beeren – 53 Rezepte zu 100 Jahre Schweizer Obstverband* (ORELL FÜSSLI VERLAG, Zürich 2011).

Hugh Johnsons Weingeschichte – Von Dionysos bis Rothschild (HALLWAG VERLAG, Bern 1990).

Hans Kessler — *Apfelsorten der Schweiz* (Verbandsdruckerei AG, Bern 1945).

Hans Kessler — *Birnensorten der Schweiz* (Verbandsdruckerei AG, Bern 1948).

Kenneth F. Kiple, Kriemhild Coneè Ornelas — *The Cambridge World History of Food* (CAMBRIDGE UNIVERSITY PRESS, Cambridge 2000).

Pierre Knecht, André Thibault u. a. — *Dictionnaire suisse romand* (EDITIONS ZOÉ, Carouge-Genève 2004).

Udelgard Körber-Grohne — *Nutzpflanzen in Deutschland – Kulturgeschichte und Biologie* (KONRAD THEISS VERLAG, Stuttgart 1987).

Johann Georg Krünitz — *Oekonomische Encyklopädie oder allgemeines System der Staats- Stadt- Haus- und Landwirthschaft* (1773–1858; 242 Bände).

Hansjörg Küster — *Kleine Kulturgeschichte der Gewürze – Ein Lexikon von Anis bis Zimt* (VERLAG C.H. BECK, München 1997).

Larousse gastronomique (LAROUSSE-BORDAS, 1996).

Konrad Lauber, Gerhart Wagner — *Flora Helvetica* (HAUPT VERLAG, Bern, 5. Auflage 2012).

Claude Lebey (Hg.) — *L'inventaire du patrimoine culinaire de la France* (Conseil national des arts culinaires, EDITIONS ALBIN MICHEL, Paris 1993 – Bände *Alsace* und *Ile-de-France*).

A. J. Liebling — *Zwischen den Gängen – Ein Amerikaner in den Restaurants von Paris* (BERENBERG VERLAG, Berlin 2007 [Original: *Between Meals. An Appetite for Paris*, 1959]).

Liechtensteinische Trachtenvereinigung (Hg.) — *Liechtensteiner Kochbuch – Rezepte von gestern und heute* (Vaduz 2001).

Elmar M. Lorey — *Die Weinapotheke – Amüsantes, Kurioses und Wissenswertes aus alten Arzneibüchern und Chroniken* (HALLWAG VERLAG, Bern 1997).

Kurt Lussi — *Liebestränke – Mythen, Riten, Rezepte* AT VERLAG, Baden 2006).

Jennifer McLagan — *Fett – Loblied auf eine verruchene Ingredienz* (ROTPUNKTVERLAG, Zürich 2012).

Marion Mertens u. a. — *Der Lachs – Ein Fisch kehrt zurück* (HAUPT VERLAG, Bern 2011).

Massimo Montanari — *Der Hunger und der Überfluss – Kulturgeschichte der Ernährung in Europa* (VERLAG C. H. BECK, 1993).

Andreas Morel (*Hg.*) — *Basler Kost – So kochte Jacob Burckhardts Grossmutter* (178. Neujahrsblatt GGG, SCHWABE VERLAG, Basel 2000).

Andreas Morel — *Der gedeckte Tisch – Zur Geschichte der Tafelkultur* (PUNKTUM, Zürich 2001).

Andreas Morel — *Zu Tisch – Ein Pot-pourri zur Esskultur aus drei Jahrzehnten* (MENZACH-VERLAG, Menziken 2013).

Fritz J. Oberli — *Das Kochbuch aus der Innerschweiz – Rezepte aus über zwei Jahrtausenden aus der Nabel-Region Europas* (VERLAG WOLFGANG HÖLKER, Münster/Zürich 1978).

Gerd von Paczensky, Anna Dünnebier — *Leere Töpfe, volle Töpfe – Die Kulturgeschichte des Essens und Trinkens* (ALBRECHT KNAUS VERLAG, München 1994).

Charles Panati — *Universalgeschichte der ganz gewöhnlichen Dinge* (EICHBORN VERLAG, Frankfurt am Main 1994).

Felix E. Paturi — *Chronik der Technik* (CHRONIK VERLAG, Dortmund 1988).

Nathalie Pernstich-Amend, Konrad Pernstich — *Pfeffer – Rezepte und Geschichten um Macht, Gier und Lust* (MANDELBAUM VERLAG, Wien 2011).

Hans-Peter von Peschke, Werner Feldmann — *Kochen wie die alten Römer – 200 Rezepte nach Apicius* (ARTEMIS & WINKLER, Zürich 1995).

Udo Pini — *Das Gourmet-Handbuch* (KÖNEMANN VERLAGSGESELLSCHAFT, Köln 2000).

C. Plinius Secundus der Ältere — *Naturalis historia – Naturkunde* (hg. auf Lateinisch und Deutsch in 37 Bänden von Roderich König und Gerhard Winkler, ARTEMIS VERLAG, München 1981).

Anita Rauch — *Originalrezepte der alten Basler Küche* (WALTER VERLAG, Olten 1978 [Sonderausgabe für den WELTBILD VERLAG, Olten 2002]).

Hans Riedhauser — *Essen und Trinken bei Jeremias Gotthelf* (VERLAG PAUL HAUPT, Bern 1985).

Gioia Romagnoli, Stefania Vasetti — *Klassische Kräuter und Heilpflanzen* (STÜRTZ VERLAG, Würzburg 1996 [ital. Orig.: Nardini Ed., Fiesole 1996]).

Waverley Root — *Das Mundbuch – Eine Enzyklopädie alles Essbaren* (EICHBORN VERLAG, Frankfurt am Main 1994).

Alfred G. Roth — *Der Sbrinz und die verwandten Bergkäse der Schweiz* (EMMENTALER DRUCK, Burgdorf 1993).

Marie-Louise Roth — *Das Kochbuch aus Zürich* (VERLAG W. HÖLKER, Münster/Zürich 1977).

Roth, Daunderer, Kormann — *Giftpflanzen – Pflanzengifte* (NIKOL VERLAGSG., Hamburg 1994).

Johann Rottenhöfer — *Neue vollständige theoretisch-praktische Anweisung in der feinen Kochkunst mit besonderer Berücksichtigung der herrschaftlichen und bürgerlichen Küche* (BECHTERMÜNZ VERLAG im WELTBILD VERLAG, Augsburg 1997 [Nachdruck der 6. Auflage; 1. Auflage 1858]).

Erika Schermaul — *Paradiesapfel und Pastorenbirne – Bilder und Geschichten von alten Obstsorten* (JAN THORBECKE VERLAG, Ostfildern 2004).

Didier Schmutz, Hughes de Wurstemberger, Christian Lutz — *AOC – Zurück zu den Ursprüngen. Die Schweizer Käsesorten mit geschützter Ursprungsbezeichnung* (INFOLIO, Gollion 2005).

Amalie Schneider-Schlöth — *Basler Kochschule* (FRIEDRICH REINHARDT VERLAG, Basel 1983 [Neubearbeitung der Erstausgabe von 1877 durch Andreas Morel]).

Anne Schulz — *Essen und Trinken im Mittelalter (1000–1300)* (DE GRUYTER, Berlin/Boston 2011).

Georg Schwaiger *(Hg.)* — *Mönchtum, Orden, Klöster – Ein Lexikon* (C. H. BECK, München 1994).

Wolfgang Seidel — *Die Weltgeschichte der Pflanzen* (EICHBORN VERLAG, Köln 2012).

Albert Spycher — *Back es im Öfelin oder in der Tortenpfann – Fladen, Kuchen, Fastenwähen und anderes Gebäck* (186. Neujahrsblatt GGG, SCHWABE VERLAG, Basel 2008).

Albert Spycher — *Ostschweizer Lebkuchenbuch* (APPENZELLER VERLAG, Herisau 2000).

Tom Standage — *Sechs Getränke, die die Welt bewegten* (ARTEMIS & WINKLER, Düsseldorf/Zürich 2006).

Stiftsbibliothek St. Gallen *(Hg.)* — *Heilkräuter und Gartenanlagen im Kloster St. Gallen – Katalog zur Jahresausstellung in der Stiftsbibliothek St. Gallen Nov. 2009/10* (VERLAG AM KLOSTERHOF, St. Gallen 2010).

Wolf-Dieter Storl, Paul Silas Pfyl — *Bekannte und vergessene Gemüse – Heilkunde, Ethnobotanik, Rezepte* (AT VERLAG, Aarau 2002).

Max Straub *(Hg.)* — *Neuer Fischatlas des Kantons Zürich* (WERD VERLAG, Zürich 2001).

Christian Teubner u. a. — *Das grosse Buch vom Käse* (TEUBNER EDITION, Füssen 1990 [6. Aufl. 1999]).

Hervé This-Benckhard — *Rätsel der Kochkunst* (SPRINGER-VERLAG, Berlin Heidelberg 1996).

Maguelonne Toussaint-Samat — *Histoire natu relle et morale de la nourriture* (LAROUSSE-BORDAS Paris 1987).

Rudolf Trefzer — *Klassiker der Kochkunst – Die fün, zehn wichtigsten Rezeptbücher aus acht Jahrhunder ten* (CHRONOS VERLAG, Zürich 2009).

Friedrich von Tschudi — *Das Thierleben der Alpe* (VERLAGSBUCHHANDLUNG VON J. J. WEBER, Leip zig 1875 [«Zehnte, vielfach verbesserte Auflage»]

Universal-Lexikon der Kochkunst, Reprint der Origi nalausgabe von 1890 (REPRINT-VERLAG, Leipzig'

Bernard Vauthier — *Le patrimoine fruitier de l Suisse romande – Fruits d'aujourd'hui et pomologi ancienne* (RÉTROPOMME NEUCHÂTEL – La Biblio thèque des Arts Lausanne – Graphische Samm lung ETH Zürich, 2011).

Margaret Visser — *Mahlzeit! – Von den Erfindunge und Mythen, Verlockungen und Obsessionen, Geheim nissen und Tabus, die mit einem ganz gewöhnlicher Abendessen auf unseren Tisch kommen* (EICHBORN VERLAG, Frankfurt 1998 [Original 1986]).

Margaret Visser — *The Rituals of Dinner – The Ori gins, Evolution, Eccentricities, and Meaning of Table Manners* (PENGUIN BOOKS, New York 1991).

A. Vogel — *Der kleine Doktor – Hilfreiche Ratschläge fü die Gesundheit* (VERLAG A. VOGEL, Teufen 2004 [71. Auflage; 1952]).

Susanne Vögeli, Al Imfeld — *Schweizer Rezepte – neu entdeckt* (WERD VERLAG, Zürich 2001).

Conrad G. Weber — *Brauchtum in der Schweiz* (WERNER CLASSEN VERLAG, Zürich 1985).

Inge Weibel-Gemsch — *Das Kochbuch der Ost- schweiz* (VERLAG W. HÖLKER, Münster/Zürich 1978).

erzeichnis nach Kategorien

ewürze, Salz, Essig und Öl
Aromat (SH) — 138
Rapsöl (SH, CH) — 140

leisch- und Wurstwaren
Appenzeller Mostbröckli (AI, AR, SG) — 12
Appenzeller Pantli (AI, AR, SG) — 18
Appenzeller Siedwurst (AI, AR, SG) — 20
Fleischkäse (TG, CH) — 164
Frauenfelder Salzisse (TG) — 168
Hallauer Schinkenwurst (SH) — 145
Landjäger, Gendarme (TG, CH) — 171
Schwinigi Stöckli (AI, AR) — 22
St. Galler Kalbsbratwurst
  (SG, AI, AR, TG) — 72
St. Galler Schüblig (SG, TG) — 79
St. Galler Stumpen (SG) — 82
Toggenburger Bauernschüblig (SG) — 84

isch
Gangfisch (TG) — 176

Käse- und Milchprodukte
Appenzeller Käse (AR, SG, TG) — 25
Bloderchäs und Surchäs (SG) — 86
Molke (AI, AR, CH) — 30
Schlipfechäs (AI, AR) — 33
Schwägalpkäse (AR) — 35
St. Galler Alpkäse (SG) — 90
Tilsiter (TG, SG, ZH) — 181

rüchte, Gemüse und Pflanzen
Dörrobst (TG, CH) — 185
Essiggurken (TG, CH) — 189

Getreide
Linthmaismehl (SG, SZ, GL) — 92
Rheintaler Ribel (SG, FL, GR) — 93

Konditorei- und Backwaren
Agathabrot (AI, FR, CH) — 36

Appenzeller Biber und Biberli (AI, AR) — 38
Biberfladen (AI, AR) — 44
Bröötis (AI) — 48
Bürli (SG, CH) — 99
Hosenknöpfe (AI, AR, ZH) — 54
Hüppen (TG, ZH) — 192
Landsgmendchrempfli (AI) — 51
Leckerli (AI, AR, SG) — 55
Mandelfisch (SG, AI, AR) — 101
Mandelgipfel (SG, CH) — 105
Merishauser Bienenstich (SH) — 147
Motschelle (AI) — 57
Nussgipfel (SG, CH) — 105
Schaffhauserzungen (SH) — 150
Schlaatemer Rickli (SH) — 151
Schlorzifladen (SG, AI, AR) — 119
St. Galler Biber (SG) — 111
St. Galler Brot (SG, AI, AR, TG) — 115
St. Galler Klostertorte (SG) — 117
Tabakrolle (SH, ZH) — 152
Thurgauer Böllewegge (TG) — 194
Toggenburger Birnbrot (SG) — 120
Törggabrot (SG) — 122
Waffeln (SG, CH) — 124
Wiigueteli (SH, TG, ZH) — 155
Zimtfladen (AI, AR, SG) — 59

Süss- und Confiseriewaren
Appenzeller Nidelzeltli (AI, AR) — 61

Getränke
Appenzeller Alpenbitter (AI) — 65
Chörbliwasser (SG, BE) — 125
Kräuterschnaps (TG, CH) — 196
Saurer Most (TG, CH) — 198
Sauser (SH, CH) — 156
Süssmost (TG, CH) — 198

Andere
Honig (SG, CH) — 130
Paidol (SG) — 134

Das kulinarische Erbe, Band 1 bis 5

Aargauer Rüeblitorte (Band 1)
Aargauer Sonntagswurst (Band 1)
Abricotine und Abricots du Valais (Band 5)
Absinthe (Band 5)
Agathabrot — 36
Agathabrötli (Band 5)
Agathenringli (Band 1)
Agrino (Band 4)
Amaretti bianchi (Band 4)
Anisbrötli (Band 2)
Anisstange (Band 1)
Ankenzelte (Band 4)
Appenzeller Alpenbitter — 65
Appenzeller Biber und Biberli — 38
Appenzeller Käse — 25
Appenzeller Mostbröckli — 12
Appenzeller Nidelzeltli — 61
Appenzeller Pantli — 18
Appenzeller Siedwurst — 20
Aromat — 138
Asperges du Valais (Band 5)
Augustiner Schüblig (Band 1)
1.-August-Weggen (Band 4)
Aussteller und Schützenwurst (Band 2)
Atriaux (Band 2)

B

Baarer Räben (Band 1)
Baarer Räbentorte (Band 1)
Badener Chräbeli (Band 1)
Badener Steine (Band 1)
Basler Brot (Band 2)
Basler Läckerli (Band 2)
Bassersdorfer Schüblig (Band 1)
Batz neuchâtelois (Band 5)
Bauernbrot (Band 1)
Bauernschinken (Band 2)
Bauernschüblig (Band 1)
Bauernspeck (Band 1)
Baumnussöl (Band 2)
Bätziwasser (Band 1)
Beignets à la rose (Band 5)
Beignets à l'entonnoir (Band 5)
Beignets des brandons de Moudon (Band 5)
Berner Alpkäse und Hobelkäse (Band 2)
Berner Haselnusslebkuchen (Band 2)

Berner Honiglebkuchen (Band 2)
Berner Zungenwurst (Band 2)
Bettlacher Klemenzpastete (Band 2)
Biberfladen — 44
Bier (Band 2)
Birchermüesli (Band 1)
Birnenhonig (Band 1)
Birnenweggli (Band 1)
Biscômes (Band 5)
Bitter des Diablerets (Band 5)
Blauer Kuchen (Band 2)
Bloderchäs und Surchäs — 86
Blutwurst (Band 1)
Bondelles (Band 2)
Bouchon vaudois (Band 5)
Boudin und Chantzé (Band 5)
Bourgeons de sapin au miel (Band 2)
Boutefas (Band 5)
Brächere-Brönnts (Band 2)
Braisi (Band 2)
Brasciadèla (Band 4)
Bratkäse (Band 1)
Bretzeli (Band 2)
Bricelets (Band 5)
Brienzer Krapfen (Band 2)
Brieschmilch (Band 2)
Bröötis — 48
Brunsli (Band 2)
Bûche de Noël (Band 5)
Bundesrat-Schaffner-Torte (Band 1)
Bündner Alpkäse (Band 4)
Bündner Beinwurst (Band 4)
Bündner Bergkäse (Band 4)
Bündner Birnbrot (Band 4)
Bündnerfleisch (Band 4)
Bündner Rohschinken (Band 4)
Bündner Röteli (Band 4)
Bündner Torte (Band 4)
Burgermeisterli (Band 2)
Bürli — 99
Büscion (Band 4)
Büschelibirnen-Schnaps (Band 2)
Bütschella (Band 4)
Buttenmost (Band 2)
Butter (Band 1)

C

Carac (Band 5)
Caramels à la crème (Band 5)

Cardons de Genève (Band 5)
Castagne (Band 4)
Cavigiun (Band 4)
Cenovis (Band 2)
Cervelat (Band 2)
Chaschiel d'alp dal Grischun (Band 4)
Châtaigne (Band 5)
Chèvre (Band 5)
Chocolat Suisse (Band 5)
Chörbliwasser — 125
Churer Pfirsichsteine (Band 4)
Ciambelle (Band 4)
Cicitt (Band 4)
Cidre — 198
Cola-Fröschli (Band 2)
Colomba pasquale (Band 4)
Colostrum (Band 5)
Compote aux raves et choucroute (Band 5)
Coppa (Band 4)
Cordon bleu (Band 2)
Corégones fumés (Band 5)
Cornettes und Cornetti (Band 5)
Cornichon (Band 5)
Cotechino (Band 4)
Crèfli (Band 4)
Crème double de la Gruyère (Band 5)
Cressin (Band 5)
Croissant au jambon (Band 5)
Croquet (Band 5)
Cuchaule (Band 5)
Cuquettes (Band 5)

D

Damassine (Band 2)
Dänzeschiibli (Band 2)
Dinkel (Band 2)
Dörrbirnen (Band 1)
Dörrbohnen (Band 1)
Dörrobst — 185
Dreikönigskuchen (Band 1)
Drusenzelte (Band 4)

E

Eau minérale (Band 5)
Eau-de-vie de gentiane (Band 2)
Eau-de-vie de poire à Botzi (Band 5)
Eau-de-vie de poires William (Band 5)
Eau-de-vie de prunes neuchâteloises (Band 5)
Eaux-de-vie de fruits sauvages (Band 2)
Eierkirsch (Band 2)

Einsiedler Schafbock (Band 1)
Elmer Citro (Band 4)
Emmentaler (Band 2)
Emmentaler Bauernbratwurst (Band 2)
Emmentalerli (Band 2)
Engadiner Hauswurst (Band 4)
Engadiner Torte (Band 4)
Enzianschnaps (Band 5)
Essiggurken — 189
Essigzwetschgen (Band 2)
L'Etivaz (Band 5)

F

Farina bóna (Band 4)
Fasnachtsküchlein (Band 2)
Fastenwähe (Band 2)
Felchen, geräuchert (Band 1)
Fiascia (Band 4)
Fiderisertorte (Band 4)
Fine salée de Corcelles (Band 5)
Fitri (Band 4)
Flange (Band 5)
Fleischkäse — 164
Fleischpastetli (Band 2)
Fleischvogel (Band 2)
Flons de Savièse (Band 5)
Flûtes (Band 5)
Formagella (Band 4)
Formaggio d'alpe ticinese (Band 4)
Formaggio della paglia (Band 4)
Frauenfelder Salzisse — 168
Fromages de Chaux d'Abel (Band 2)
Früchtewähen (Band 2)
Fuatscha grassa (Band 4)

G

Gangfisch — 176
Gaufres (Band 5)
Gâteau à la crème (Band 5)
Gâteau à la crème cuite (Band 5)
Gâteau à la papète (Band 5)
Gâteau à la sèche (Band 5)
Gâteau au vin (Band 5)
Gâteau aux noisettes (Band 5)
Gâteau aux pruneaux du Jeûne (Band 5)
Gâteau bullois (Band 5)
Gâteau du Vully (Band 5)
Gâtelet de Pays d'Enhaut (Band 5)
Gazzosa al limone (Band 4)
Gazzosa al mandarino (Band 4)

Geduldszeltli (Band 1)
Gelée de ménage (Band 2)
Génépi und Reifinu (Band 5)
Glarner Alpkäse (Band 4)
Glarner Birnbrot (Band 4)
Glarner Kalberwurst (Band 4)
Glarner Netzbraten (Band 4)
Glarner Pastete (Band 4)
Glarner Schüblig (Band 4)
Gletscherwein (Band 5)
Gnagi (Band 1)
Grano saraceno (Band 4)
Grappa di vinaccia (Band 4)
Grassins (Band 4)
Graswürmleni (Band 2)
Griebenkuchen (Band 5)
Grittibänz (Band 1)
Gruyère (Band 2 und 5)
Gubel-Krapfen (Band 1)
Gumpesel (Band 2)

H
Hallauer Schinkenwurst — 145
Härdöpfeler (Band 1)
Haslikuchen (Band 2)
Hefegugelhopf (Band 2)
Honig — 130
Hörnli (Band 5)
Hosenknöpfe (auch Band 1) — 54
Huile de colza (Band 5)
Huile de noix (Band 5)
Hüppen (auch Band 1) — 192
Hypokras (Band 2)

I
Iberlitzli (Band 4)
Iva (Band 4)

J
Jambon à la borne (Band 5)
Jambon cru du Valais (Band 5)
Jambon cuit dans l'asphalte (Band 5)

K
Kartoffelwurst (Band 4)
Kirsch (Band 1)
Kirschenmus (Band 2)
Krakauer Wurst (Band 1)
Kräuterbonbons (Band 2)
Kräuterschnaps — 196
Kümmelwurst (Band 2)
Küttiger Rüebli (Band 1)

L
Lammlidji (Band 5)
Landjäger, Gendarme — 171
Landsgmendchrempfli — 51
Lard sec du Valais (Band 5)
Lardo (Band 4)
Leberwurst (Band 1)
Leckerli — 55
Lie und Marc (Band 5)
Linthmaismehl (auch Band 1 und 4) — 92
Liongia engiadinaisa (Band 4)
Longeole (Band 5)
Löwenzahnhonig (Band 2)
Luganighe (Band 4)
Luganighetta (Band 4)
Luzerner Alpenbitter (Band 1)
Luzerner Birnenweggen (Band 1)
Luzerner Lebkuchen (Band 1)
Luzerner Regentröpfchen (Band 1)

M
Mailänderli (Band 2)
Magenbrot (Band 2)
Magenträs (Band 1 und 4)
Maggiwürze (Band 1)
Mandelfisch — 101
Mandelgipfel und Nussgipfel — 105
Marmite de l'Escalade (Band 5)
Mascarpa (Band 4)
Mässmogge (Band 2)
Meitschibei (Band 2)
Meringues (Band 2 und 5)
Merishauser Bienenstich — 147
Mesoltit (Band 4)
Mirabellenschnaps (Band 2)
Mohrenkopf (Band 1 und 2)
Molke — 30
Monta sù e Sciampa (Band 4)
Mortadella di fegato (Band 4)
Motschelle — 57
Moutarde de Bénichon (Band 5)
Munder Safran (Band 5)
Münstertaler Brot (Band 4)
Murtener Nidelkuchen (Band 5)
Mutschli (Band 4)

N
Nidwaldner Alpkäse (Band 1)
Nocino (Band 4)
Nusstorte (Band 4)

O

Obwaldner Alpkäse (Band 1)
Ofenkrapfen (Band 1)
Offleten (Band 1)
Orangenmost (Band 1)
Oss in bogia (Band 4)
Ossi da mordere (Band 4)
Osterfladen (Band 2)
Ovomaltine (Band 2)

P

Paidol — 134
Pains d'anis fribourgeois (Band 5)
Pains de seigle (Band 5)
Pains liturgiques du Valais (Band 5)
Pain aux noix (Band 5)
Pain de Pâques (Band 5)
Pain neuchâtelois (Band 5)
Pain vaudois (Band 5)
Pan jauer (Band 4)
Pan Tranvai und Pan ügheta (Band 4)
Pancetta piana (Band 4)
Pane dei morti und Pan di mort (Band 4)
Pane ticinese (Band 4)
Panettone (Band 4)
Panspezie (Band 4)
Paun cun paira (Band 4)
Pâté à la viande (Band 5)
Pâté des Princes-Evêques (Band 2)
Pepita (Band 2)
Poires à Botzi (Band 5)
Poires à rissoles (Band 5)
Pommes Chips (Band 1)
Pommes et poires en Valais (Band 5)
Praline (Band 5)
Prosciutto crudo della mesolcina (Band 4)
Pulpa (Band 4)

Q

Quittenpästli (Band 1)
Quittenschnaps (Band 2)

R

Raclette du Valais (Band 5)
Rahmtäfeli und Nidletäfeli (Band 2)
Raisinée (Band 5)
Ramswurst (Band 2)
Randenwurst (Band 5)
Rapsöl — 140
Raviö da carnevaa (Band 4)
Rheintaler Ribel — 93

Ribelmais (Band 4)
Ricotta und Züfa (Band 4)
Rigibock und Hölloch-Chräpfli (Band 1)
Rippli (Band 2)
Rivella (Band 1)
Rhubarbe de Vully (Band 5)
Robiola (Band 4)
Roggenbrot (Band 5)
Rosenküchlein (Band 2)
Rosinenweggen und Rosinenkranz (Band 1)
Rosoli (Band 1)

S

Safran de Mund (Band 5)
Salame (Band 4)
Salée au sucre (Band 5)
Salée du Val d'Illiez (Band 5)
Salsiz (Band 4)
Salz (Band 1 und 2)
Salzige Wähen (Band 2)
Salzkuchen (Band 5)
Saucisse au foie (Band 5)
Saucisse aux choux (Band 5)
Saucisse aux racines rouges (Band 5)
Saucisse d'Ajoie (Band 2)
Saucisson neuchâtelois (Band 5)
Saucisse neuchâteloise (Band 5)
Saucisses sèches aux légumes (Band 5)
Saucisson vaudois (Band 5)
Sauerkraut (Band 2)
Sauerrüben (Band 1)
Saurer Most — 198
Sauser — 156
Sbrinz (Band 1)
Schabziger (Band 4)
Schaffhauserzungen — 150
Schambun criv dal Grischun (Band 4)
Schenkeli (Band 2)
Schinkengipfeli (Band 2)
Schlaatemer Rickli — 151
Schlipfechäs — 33
Schlorzifladen — 119
Schlumberger (Band 2)
Schmelzkäse (Band 2)
Schokolade (Band 5)
Schokolade-S (Band 2)
Schüfeli (Band 2)
Schwägalpkäse — 35
Schwartenmagen (Band 2)

Schwartenwurst (Band 2 und 4)
Schwarzwurst (Band 4)
Schweinsbratwurst (Band 2)
Schweinswürstchen (Band 1)
Schwinigi Stöckli — 22
Schwyzer Käse (Band 1)
Schwyzer Krapfen (Band 1)
Sèche (Band 5)
Sensler Bretzeln (Band 5)
Sensler Rua-Brot (Band 5)
Sel de Bex (Band 5)
Selzacher Umgangspastete (Band 2)
Sérac (Band 5)
Solothurner Torte (Band 2)
Spampezie (Band 4)
Spanischbrötli und Spanisch Brödli (Band 1)
Speckkuchen (Band 2)
Spitzbuben (Band 2)
St. Galler Alpkäse — 90
St. Galler Biber — 111
St. Galler Brot — 115
St. Galler Kalbsbratwurst — 72
St. Galler Klostertorte — 117
St. Galler Schüblig — 79
St. Galler Stumpen — 82
Striflates (Band 2)
Strüzel (Band 4)
Sugus (Band 5)
Surseer Honiggans (Band 1)
Süssmost — 198

T
Tabakrolle (auch Band 1) — 152
Taillaule (Band 5)
Taillé aux greubons (Band 5)
Taillé de Goumoëns (Band 5)
Taillé levé (Band 5)
Tannenspitzenhonig (Band 2)
Tête de moine (Band 2)
Thurgauer Böllewegge — 194
Thusner Hosenknöpfe (Band 4)
Tilsiter — 181
Tirggel (Band 1)
Toggenburger Bauernschüblig — 84
Toggenburger Birnbrot — 120
Tommes type Mutschli (Band 5)
Tomme (Band 5)
Törggabrot — 122
Torta di pane (Band 4)

Totché (Band 2)
Träsch (Band 1)
Türkenhonig (Band 1)
Turta da nuschs (Band 4)

U
Uristier Anisgebäck (Band 4)
Urner Alpkäse (Band 4)
Urner Brot (Band 4)
Urner Hauswurst (Band 4)
Urner Pastete (Band 4)

V
Vacherin fribourgeois (Band 5)
Vacherin Mont-d'Or (Band 5)
Veneziane (Band 4)
Vermicelles (Band 1)
Viandes fumées fribourgeoises (Band 5)
Viandes fumées jurassiennes (Band 2)
Viande séchée du Valais (Band 5)
Vin cuit, Raisinée (Band 5)
Vin du glacier (Band 5)
Violini di capra e camoscio (Band 4)

W
Waffeln — 124
Walliser Hauswurst (Band 5)
Walliser Rohessspeck (Band 5)
Walliser Rohschinken (Band 5)
Walliser Trockenfleisch (Band 5)
Weisflog Bitter (Band 1)
Weggli (Band 1)
Wiigueteli (auch Band 1) — 155
Willisauer Ringli (Band 1)
Wurstweggen (Band 1)

Z
Ziger (Band 1)
Zigerkrapfen (Band 1)
Zimtfladen — 59
Zimtstängel (Band 2)
Zimtsterne (Band 2)
Zincarlin (Band 4)
Zofinger Kinderfesttorte (Band 1)
Zofinger Kinderfestweggen (Band 1)
Zopf (Band 2)
Zuger Kirschtorte (Band 1)
Zürcher Brot (Band 1)
Zürcher Leckerli (Band 1)
Zürcher Murre (Band 1)
Zwetschgenwasser (Band 2)
Zwieback (Band 1)

Zum Autor: Paul Imhof, 1952, Journalist und Buchautor, arbeitet für das Monatsmagazin GEO als Schweiz-Redaktor und Autor und als Kolumnist für den TAGES-ANZEIGER. Er konnte während sechs Jahren als Korrespondent in Südostasien seinen geschmacklichen Horizont erweitern. Beim Projekt «Kulinarisches Erbe der Schweiz» wirkt er seit Beginn mit. Er hat mehrere Bücher über Essen und Trinken geschrieben.

1. Auflage. 4. Dezember 2014
Copyright © 2014 Echtzeit Verlag GmbH, Basel
Alle Rechte vorbehalten

ISBN 978-3-905800-62-3

Autor: Paul Imhof
Gestaltung: Müller+Hess, Basel
Fotografie: Hans-Jörg Walter
Illustration: Markus Roost und Roland Hausheer
Korrektorat: Max Wey
Druck: CPI – Ebner & Spiegel, Ulm
www.echtzeit.ch

Dank: Der Autor bedankt sich bei der Journalistin Stephanie Riedi und beim Gebäckforscher Albert Spycher fürs kompetente Gegenlesen, bei seinem Leibkoch Christian Flubacher für manchen hilfreichen Hinweis in Worten, auf Erkundungstouren und am Herd.

Erhellende Gespräche und klärende Bemerkungen über die Ostschweiz als Ganzes und in Details verdankt der Autor Jost Auf der Maur, Gaby Labhart, Andreas Heller, André Jaeger, Thomas Widmer und Josef Zindel.

Ein ganz spezieller Dank gilt all jenen Bauern und Gewerbetreibenden, die sich tagtäglich ins Zeug legen und demonstrieren, wie lebendig das kulinarische Erbe der Schweiz im Grunde ist. Insbesondere auch jenen Betrieben und Personen, die den Verlag für Band 3 unterstützt haben, um die Illustrationen zu realisieren: Bäckerei-Confiserie Böhli in Appenzell, Confiserie Reber in Schaffhausen, die Glasi in Hergiswil, das Restaurant Alpenrose in Zürich.

Zur Halbzeit des Projekts mit fünf Bänden ist es angebracht, das Geheimnis der Illustrationen zu lüften. Für die *Tableaux culinaires,* wie die Bilder in einer Buchbesprechung treffend bezeichnet wurden, werden die ausgewählten Produkte von Hans-Jörg Walter einzeln oder gruppenweise in einer Schublade, einem Harass oder einem anderen Gebinde fotografiert. Die Bilder arrangiert der wissenschaftliche Illustrator Markus Roost am Computer und diskutiert die Ergebnisse mit Verleger Wendelin Hess, bevor er sie mit dem digitalen Pinsel in der Art eines Stilllebens aus dem 16., 17. Jahrhundert übermalt; unterstützt wird er von Roland Hausheer.

Der Autor bedankt sich beim Echtzeit Verlag für das Vertrauen, ein weitreichendes Thema in fünf Bänden zu realisieren, und die Sorgfalt, wie er dieses Projekt behandelt; und natürlich bei den Mitarbeitern, die voll bei der Sache sind – Matylda Walczak, Kommunikatorin, Max Wey, Korrektor, und Claudio Casutt, Typograf und geduldiger Buchstaben-Chirurg.

Am Anfang war die Idee, das kulinarische Erbe der Schweiz aufzuschreiben, bevor es in Vergessenheit geriete – als Postulat formuliert von Josef Zisyadis, damals Nationalrat aus Lausanne, und weitergereicht an das Bundesamt für Landwirtschaft. Via AOP (Schweizerische Vereinigung der AOP-IGP) hat sich in Lausanne ein kleiner Verein konstituiert, IPPACS *(Inventaire des produits du patrimoine culinaire suisse),* dem der Autor auch angehört. Dank gebührt Anne Gaudard, Isabelle Raboud-Schüle, Martine Jaques, Elisabeth Bavaud, Stéphane Boisseaux und Tobias Eisenring für fesselnde Gespräche und den erfreulichen Brauch, jede Sitzung mit einer Runde kulinarischer Spezialitäten abzuschliessen (die mit Eckdaten im Protokoll vermerkt wurden).

Ohne die Arbeit des Vereins Kulinarisches Erbe der Schweiz wäre das Inventar kaum zustande gekommen. Gründungsmitglieder: KOLAS (Konferenz der kantonalen Landwirtschaftsämter der Schweiz), Slow Food Schweiz, Agridea und IPPACS.

Von 2005 bis Ende 2008 erstellte eine Equipe im Auftrag des Vereins in den Sprachregionen das Inventar: Stéphane Boisseaux, Chef du projet, Franziska Schürch, wissenschaftliche Leiterin, Elisa Domeniconi, Jan Jirát, Fabian Meier, Alexandra Rückert, Samuel Sandoz, Heike Zimmermann und andere.

DAS STANDARDWERK

Mit dem Buch über die Schweizer Küche hat Marianne Kaltenbach ein Standardwerk geschrieben, wie es in jeder Generation nur eines gibt. Die Sammlung von Kochanleitungen aus allen Landesteilen, nach saisonalen Schwerpunkten geordnet, gilt seit jeher als Kanon des Kochens in der Schweiz und machte die Kaltenbach zum Star.

Aus Schweizer Küchen

Gebunden, 560 Seiten. Mit Radierungen von Lorenz Meier und einer profunden Übersicht über den Schweizer Wein von Philipp Schwander
68 Franken, 52 Euro, ISBN 978-3-905800-31-9

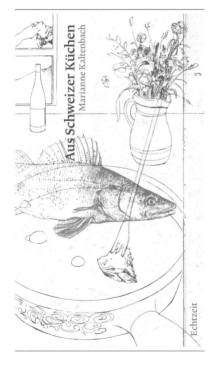

In allen guten Buchhandlungen oder direkt bei:
www.echtzeit.ch